DE L'INDIFFÉRENCE

CHRISTIAN DELACAMPAGNE

DE L'INDIFFÉRENCE

ESSAI SUR LA BANALISATION DU MAL

© ÉDITIONS ODILE JACOB, OCTOBRE 1998
15, RUE SOUFFLOT, 75005 PARIS
INTERNET : http://www.odilejacob.fr

ISBN : 2-7381-0629-3

Le Code de la propriété intellectuelle n'autorisant, aux termes de l'article L. 122-5, 2° et 3° a, d'une part, que les « copies ou reproductions strictement réservées à l'usage privé du copiste et non destinées à une utilisation collective » et, d'autre part, que les analyses et les courtes citations dans un but d'exemple et d'illustration, « toute représentation ou reproduction intégrale ou partielle faite sans le consentement de l'auteur ou de ses ayants droit ou ayants cause est illicite » (art. L. 122-4). Cette représentation ou reproduction, par quelque procédé que ce soit, constituerait donc une contrefaçon sanctionnée par les articles L. 335-2 et suivants du Code de la propriété intellectuelle.

« Si l'on a souvent justement déploré, dans l'ordre matériel, l'ouvrier exclusivement occupé, pendant sa vie entière, à la fabrication de manches de couteaux ou de têtes d'épingles, la saine philosophie ne doit peut-être pas, au fond, faire moins regretter, dans l'ordre intellectuel, l'emploi exclusif et continu d'un cerveau humain à la résolution de quelques équations ou au classement de quelques insectes : l'effet moral, en l'un et l'autre cas, est malheureusement fort analogue ; c'est toujours de tendre essentiellement à inspirer *une désastreuse indifférence* pour le cours général des affaires humaines, pourvu qu'il y ait sans cesse des équations à résoudre et des épingles à fabriquer... »

Auguste COMTE,
Cours de philosophie positive.

AVANT-PROPOS

Nous tracassons-nous fort pour les malheurs de nos voisins ?
Nous faisons-nous beaucoup de souci pour le reste de l'humanité ?
La réponse, dans les deux cas, n'est que trop évidente.
Nous avons une famille, un métier, des amis : c'en est assez pour meubler notre vie. Nous lisons. Nous voyageons. Comme le temps passe ! Il nous arrive d'aimer... Comme le temps passe encore plus vite !
Où trouverions-nous celui de nous intéresser, tant soit peu sérieusement, à ceux qui ont moins de chance que nous ?
La lecture du journal – cette « prière du matin de l'homme moderne » selon Hegel – nous rappelle, il est vrai, qu'il existe de bien vilaines choses auxquelles, fort heureusement, nous échappons : le chômage, la misère, l'exclusion. Et la télévision se charge de nous en livrer des images à domicile. Même que, des fois, elle exagère...
Mais au fond, ces images, il n'est pas si désagréable de les regarder. Comme le spectacle de la tragédie, au dire d'Aristote, elles remplissent une fonction « cathartique ». Elles nous donnent des frissons. Des frissons d'autant plus délectables que, si le malheur du héros tragique fait peine à voir, il est bien rassurant de songer que le héros, c'est lui,

le pauvre ! *Suave mari magno...* Comment ne pas se souvenir, ici, du poème de Lucrèce ? Ah ! Offrez-nous de belles tempêtes, de beaux naufrages, des *Titanic* – pourvu qu'il nous soit accordé de les contempler de loin, sur la terre ferme, un whisky à la main !

Car les mêmes spectacles, rencontrés de plus près, sont beaucoup moins jolis. Par bonheur, il suffit d'un peu d'entraînement pour réussir à ne pas les voir.

Prenez ce SDF dont le corps immobile, couvert de loques, s'étale sur le trottoir, mal protégé des intempéries par un morceau de carton : il n'est rien de plus aisé, je vous assure, que de passer à côté sans lui jeter un coup d'œil.

Et que faire de cet autre qui, surgissant de l'abri d'une porte cochère, s'avance vers vous pour vous demander un franc ? Vous pourriez bien le lui donner. Vous le faites d'ailleurs de temps en temps – mais pas toujours, car vous n'en finiriez jamais. Il y en a des milliers comme lui. Rien de plus simple, en ce cas, que de traverser la rue tout en hâtant le pas. Vous n'êtes probablement pas loin du restaurant où vous vous apprêtiez à retrouver des amis pour dîner.

Quant aux tragédies collectives (et bien réelles) qui se déroulent sous nos yeux, ou plus exactement très loin d'ici, sous l'œil de quelques photographes de guerre (qui ne font que leur métier, bien payé de surcroît), comme par exemple ce génocide qui vient d'avoir lieu au Rwanda, ces guerres interminables qui sévissent du Kosovo au Cachemire en passant par la Tchétchénie ou l'Afghanistan, ce terrorisme qui tue, chaque jour, des dizaines de victimes innocentes en Algérie ou ailleurs – franchement, qu'y pouvons-nous ? Ce sont des sauvages, voilà tout. Et les sauvages, comme chacun sait, ne savent que s'entre-tuer.

Il faudrait les en empêcher ? Bien sûr. Mais ce n'est pas à moi de le faire. En tout cas, il n'y a pas de raison que ce soit moi qui commence. Vous me voyez, dans le rôle de *Tintin au Rwanda* ? L'occasion serait trop belle de dénoncer le retour du colonialisme !

Et puis, dans tout cela, il n'y a rien de vraiment nouveau. L'histoire, dit fort justement Hegel (encore lui), n'est que l'histoire du malheur des hommes. Le malheur dure depuis toujours. Il est à craindre qu'il ne dure très longtemps encore.

Surtout dans certaines régions de la planète. Question de climat, sans doute. Question de fatalité.

Est-il donc si facile de se laver les mains ? Serions-nous de parfaits égoïstes ? De vrais « salauds », aurait dit Sartre ?

Il ne faut rien exagérer. Je ne suis pas un mauvais bougre. Je ne suis pas pire que mon voisin. J'ai des principes. J'ai même une « conscience politique » – puisque je vote à gauche, bien sûr.

Je suis simplement – comme mon voisin – trop occupé pour prendre sur mes épaules toute la misère du monde.

D'abord, c'est l'affaire de l'État. Nous payons des impôts (et quels impôts !) : n'est-ce pas pour que l'État apporte, à ceux qui en ont vraiment besoin (il y a des tricheurs), l'assistance nécessaire ? Et n'est-ce pas à l'ONU de se charger de la paix mondiale ?

Nous, nous avons autre chose à faire. Nous devons « bosser » pour gagner notre vie, assurer celle des nôtres et garantir notre futur – sans oublier de payer les fameux impôts, ni de donner au Téléthon et à la recherche sur le cancer. Franchement, ce n'est pas rien.

Et n'allez pas me reprocher, après cela, d'aller de temps en temps au cinéma. Se distraire est indispensable au bon fonctionnement de la machine humaine. Sans compter qu'il est difficile de résister aux tentations auxquelles nous expose notre société capitaliste – dans laquelle tout s'achète, y compris le plaisir.

Le monde actuel, voyez-vous, n'a pas que de mauvais côtés.

Cessons d'ironiser. Ce n'est pas très difficile de nous moquer de nous-mêmes. Ce n'est pas très drôle, non plus.

L'*indifférence* serait-elle la chose du monde la mieux partagée ?

Il semble bien. Mais il est clair, aussi, que chacun de nous a de bonnes raisons de n'être pas moins indifférent que son voisin. Et que l'auteur de ces lignes ne s'excepte pas du lot commun. Ce qui le prive du droit de faire la morale aux autres – droit au demeurant douteux, qu'il exerce le moins souvent possible, et dont il supporte mal que les autres usent (et abusent).

Le vrai problème n'est pas là. S'il existe quelque chose comme une « nature humaine », on ne la changera pas. D'où il s'ensuit que « faire la morale » ne sert, de toute façon, à rien.

Où est, alors, le vrai problème ? Je dirai, pour faire vite, qu'il réside dans la signification d'un petit mot tout simple : le mot « nous ».

Si « nous » sommes tous indifférents les uns aux autres, et si, à la limite, « nous » n'en rougissons pas, que peut encore vouloir dire le fait d'habiter ensemble ? De partager une existence sociale ? D'appartenir à une même communauté politique ? Voire à une même espèce ?

Que peut encore signifier le vocable « humanité » ? Serait-il bon à jeter à la poubelle – avec les autres oripeaux de l'idéologie humaniste, envisagée dans sa version « communiste » aussi bien que dans sa version « judéo-chrétienne » ?

« Fin de siècle » serait-il synonyme, pour ceux qui se croyaient les héritiers des Lumières, de « dépôt de bilan » ?

Il faudra peut-être s'y résigner. Mais pas avant d'avoir prouvé que toutes les autres voies ne mènent nulle part.

Car la question dont il s'agit ici n'est pas une mince question. J'ai même la faiblesse de penser qu'il s'agit d'une des plus importantes qu'un philosophe puisse, actuellement, poser.

Il n'y va de rien de moins que de l'avenir d'un « vivre avec » – ou d'une *cité* humaine.

Si « nous » prétendons vivre, demain, les uns *avec* les

autres, si « nous » croyons malgré tout qu'il y a quelque chose de « commun » aux hommes (ou bien *entre* les hommes), si « nous » voulons que le mot « nous » reprenne un sens (comme on dit d'un visage qu'il reprend des couleurs), il « nous » faut essayer, en tant que collectivité, de lutter par tous les moyens (et d'abord par les moyens institutionnels) contre « notre » propre tendance à l'indifférence. Ou, du moins, contre ses aspects les plus dangereux.

Il « nous » faut, en d'autres termes, cesser de « banaliser » le mal, lorsque « nous » le rencontrons. Cesser de dire en chaque occasion, comme « nous » le faisons constamment : « oh ! vous savez, ce n'est pas si grave. Et, d'ailleurs, ce n'est pas la première fois... ».

Car la racine de notre impuissance à construire une « cité » humaine est là. Elle tient à ce que, de plus en plus, nous « banalisons » tout. Et surtout le pire.

Après avoir suivi, à Jérusalem, le procès d'Adolf Eichmann, après avoir constaté que le technicien de la « solution finale » – loin d'être, psychologiquement, un « monstre » – ressemblait à s'y méprendre à n'importe quel homme « ordinaire », Hannah Arendt écrivit un essai sur la « banalité » du mal.

On le lui reprocha amèrement à l'époque. Elle n'avait pourtant pas tort. Elle était même en deçà de la réalité. Car ce qu'il faudrait expliquer, c'est moins le fait que le mal soit « banal », que la raison pour laquelle, même lorsqu'il ne l'est pas, nous nous empressons de le « banaliser ».

Le thème, il est vrai, n'est guère nouveau. De tout temps, les hommes ont eu tendance à fermer les yeux sur les malheurs de leurs voisins. Et, plus encore, sur ceux des « étrangers ». L'indifférence, en somme, est aussi vieille que le mal lui-même. Et que le monde.

Rappelez-vous Attila. Lorsqu'il faisait ce qu'il fallait pour empêcher l'herbe de repousser derrière lui, on ne sache pas que son entourage immédiat se soit posé beaucoup de problèmes de conscience. Parmi ses contemporains, ceux qui vivaient trop près sont morts sans avoir eu le droit de protester, tandis que ceux qui vivaient plus loin, ayant d'autres chats à fouetter, ont eu le bon goût de regarder ailleurs. Ni les uns, ni les autres, en tout cas, ne nous ont fait part de leur indignation. Heureux temps.

Seulement, voilà : les temps ont changé. D'une part, nos « normes » en matière de morale économique, sociale ou politique ne sont plus ce qu'elles étaient à l'époque d'Attila. Nos exigences sont devenues plus élevées. C'est le « prix » à payer pour ce qu'il est convenu d'appeler « progrès ».

D'autre part, Attila n'était, à tout prendre, qu'un gueux. Il n'avait que de petits moyens. Ses quelques milliers de sbires, armés de mauvais sabres, ne pouvaient tuer que ce qui tombait sous les pattes de leurs chevaux. Il y avait de la place à côté.

Aujourd'hui, il n'y a plus de place nulle part. Attila dispose d'un ordinateur sophistiqué. Ses modernes émules utilisent les technologies les plus performantes pour tuer – partout, en masse, à distance, « proprement ». « Notre » siècle peut être fier de lui. En matière de crime, il est allé beaucoup plus loin que tous ceux qui l'ont précédé.

La tendance à « banaliser » n'a pas, pour autant, diminué.

Au contraire. Plus l'horreur grandissait, plus nous fermions les yeux.

Tout se passe même comme si, à chaque degré supplémentaire dans le mal, correspondait, depuis cent ans, un degré supplémentaire dans l'indifférence.

Pourquoi nous étonner, dès lors, de ce que nous en soyons là où nous en sommes ?

La « banalisation » a donc une histoire. Une histoire qui ne fait qu'un, peu ou prou, avec celle des grandes tragédies collectives du XXe siècle. Et, plus particulièrement, avec celle des grands « crimes de masse ».

Certes, l'horreur contemporaine a pris bien des visages divers. Elle ne se réduit pas à la forme « classique » (et, pour cela, souvent citée) du « génocide ». Ni même à celle du « crime contre l'humanité » (pour autant que le « génocide » ne soit, comme le veut l'usage actuel, qu'une « espèce » de « crime contre l'humanité »).

Mais il faut reconnaître que, par leur ampleur, « génocides » et autres « crimes contre l'humanité » ont occupé, sur la scène de l'histoire récente, une place centrale. Si j'y reviens, dans ce travail, c'est parce que le sujet l'exige. Je prétends, en effet, que nous n'aurions pu devenir à ce point indifférents au chômage, à l'exclusion, à la misère, bref à toutes les catastrophes « ordinaires », si nous n'avions pas commencé (nous-mêmes ou nos parents) par nous montrer indifférents aux catastrophes « extrêmes ».

Et qu'on ne dise pas que j'exagère, lorsque je parle, à propos de ces dernières, d'« indifférence ». Il me suffira de prendre un unique exemple, celui du génocide des Arméniens, pour montrer que le terme, ici, est tristement pertinent.

Le génocide des Arméniens est, chronologiquement, le premier génocide du XXe siècle. Il s'est déroulé sur un an environ, en 1915-1916. Il n'était pas vraiment impossible à prévoir : il y avait belle lurette que, dans l'Empire ottoman, les chrétiens arméniens étaient persécutés. Les années 1894-1896 et 1909, en particulier, avaient déjà été marquées par de retentissants massacres (deux cent mille morts, au moins [1]) – dont la nouvelle avait, à l'autre bout de l'Europe, provoqué la colère de quelques intellectuels (Péguy), et de vagues remontrances de la part des gouvernements.

Lorsque le génocide se déclencha, le 24 avril 1915, au terme d'une période durant laquelle il fut conçu et planifié dans le plus grand secret par les « Jeunes Turcs », il fut immédiatement connu – d'autant qu'il se déroulait, pratiquement, « en public ». Ambassadeurs et consuls étrangers transmirent sans tarder, à leurs chancelleries respectives, des informations précises sur ces massacres déguisés en « déportations ». Le 24 mai 1915, les puissances de l'Entente protestèrent contre ce qu'elles nommèrent « un crime de lèse-humanité ». Dans les douze mois suivants, le crime en question n'en réussit pas moins à faire disparaître les deux tiers de la communauté arménienne vivant alors dans l'Empire ottoman. Soit, selon les estimations, entre 1 000 000 et 1 500 000 personnes – dont 800 000, au moins, furent directement assassinées, les autres étant mortes à cause des conditions terribles régnant pendant les « déportations »[2]. Encore faudrait-il, pour être exhaustif, ajouter à ce nombre celui des centaines de milliers d'Arméniens « qui périrent lorsque les Turcs essayèrent d'étendre le génocide à l'Arménie russe en Transcaucasie au printemps et en été 1918, puis en automne 1920, lorsque le gouvernement récemment mis en place à Ankara ordonna à l'armée du général Karabekir d'" annihiler physiquement l'Arménie "[3] ».

Aucune intervention extérieure ne fut tentée, en 1915-1916, pour limiter l'étendue du désastre. La guerre, souvent invoquée pour expliquer ce manque d'intérêt, aurait dû, au contraire, constituer une raison majeure pour intervenir : la Turquie étant l'alliée de l'Allemagne, les adversaires de celle-ci tenaient là une belle occasion de mettre l'une et l'autre en difficulté. Ils n'en firent rien. Bien plus, lorsque la paix fut revenue, et que le traité de Sèvres (10 août 1920) eut ouvert la possibilité de poursuivre en justice les responsables du génocide, le traité de Lausanne (24 juillet 1923), revenant en arrière, accorda l'amnistie à tous les « crimes de guerre » commis depuis 1914.

Il y a pire. Dès 1919, il apparut, durant les travaux de la conférence de paix, que le gouvernement turc avait tendance à minimiser l'importance des massacres (ou bien leur caractère prémédité) – ainsi qu'à rendre les Arméniens responsables de leurs propres malheurs, en les accusant (avec une parfaite mauvaise foi) d'avoir globalement « trahi » leur pays dès les débuts de la guerre. À peine le génocide consommé, se mettait ainsi en place une logique qui, de « révisionniste » d'abord, ne tarda pas à devenir « négationniste ».

Et plus jamais, depuis lors, les différents gouvernements qui se sont succédé en Turquie n'ont dévié d'un millimètre par rapport à cette stratégie « négationniste »[4]. Aujourd'hui encore, pour la majorité des Turcs, le génocide n'a pas eu lieu. Cette « vérité » est globalement acceptée par la presse, diffusée par des livres qu'on peut trouver dans toute l'Europe[5], et « vendue », hors de Turquie, par des universitaires à la solde d'Ankara[6] – ou qui, pour d'autres motifs, croient opportun d'apporter leur caution à la version officielle turque[7].

Il en résulte que si, pour la majorité des historiens sérieux, la situation est parfaitement claire, elle est loin de l'être au même degré pour la communauté des États.

Dans les enceintes internationales, toute tentative pour faire reconnaître (fût-ce en se bornant à le nommer) le génocide des Arméniens se trouve, depuis quatre-vingts ans, systématiquement bloquée par les représentants du régime d'Ankara.

Le gouvernement américain, qui (en dehors du Parlement européen) est le seul à faire, de temps à autre, quelques efforts pour mettre fin à cette situation scandaleuse, s'interdit cependant d'aller trop loin, de peur de se voir privé des « facilités » militaires que lui accorde l'État turc – membre influent de l'OTAN et, de plus, « allié » de l'Occident à la fois contre Saddam Hussein et contre l'islamisme iranien.

Enfin, même dans un pays comme la France, qui n'a aucune espèce de « dette », militaire ou autre, envers la Turquie, le gouvernement n'a, pendant des décennies, jamais pris le risque d'appeler un chat un chat. Chaque fois qu'il a fallu commémorer le 24 avril, ses représentants se sont ingéniés à employer, au risque de sombrer dans le ridicule, d'autres mots que le terme « génocide »[8]. Et il aura fallu attendre quatre-vingt-trois ans pour que l'Assemblée nationale française finisse par voter, le 29 mai 1998, une proposition de loi visant à reconnaître la réalité des faits – proposition dont on ignore encore, à l'heure où j'écris ces lignes, le sort final.

Il est vrai que l'opinion internationale, dans son ensemble, a depuis belle lurette cessé de considérer comme prioritaire le « dossier » du génocide des Arméniens. Pour mesurer l'ampleur de l'indifférence dans laquelle celui-ci a baigné durant un demi-siècle au moins, il suffit de parcourir les bibliographies : très peu de livres et un nombre insignifiant d'articles lui ont été consacrés tout au long de la période 1925-1975. La situation n'a commencé à évoluer qu'à la fin des années 1970, lorsque, par divers moyens (y compris la violence armée), les Arméniens ont entrepris d'attirer activement l'attention sur leur propre passé.

Peut-on dire, pour autant, que l'intérêt porté, depuis lors, aux événements de 1915 ait dépassé le cercle des historiens professionnels ? Le grand public y est-il vraiment sensible ? On peut craindre le contraire. Dans un monde parcouru par des vagues « communautaires » de plus en plus nombreuses, les Arméniens ne sont, au fond, qu'une communauté parmi d'autres. Leur génocide s'est déroulé il y a longtemps. Il a été, depuis, dépassé en horreur par celui dont ont été victimes les juifs. Et même la mention de ce dernier ne tend-elle pas, aujourd'hui, à provoquer des signes d'agacement ?

J'aurais pu, sans difficulté, choisir un autre exemple. Mais en est-il de meilleur que celui-là, pour prouver que les « victimes » ne font jamais recette, et leurs descendants encore moins ? Notre système social n'aime ni les « perdants », ni les « vaincus ». Voilà pourquoi il nous est plus facile de les oublier que de leur rendre justice. Ou de leur accorder l'élémentaire *réparation* à laquelle ils ont droit.

Quitte, une fois que nous avons appris à fermer les yeux, à les fermer de nouveau chaque fois qu'ils s'exposeraient à voir un spectacle « dérangeant ». Et à finir par vivre, en permanence, les yeux fermés.

Comme si nous étions déjà morts.

J'entends d'ici les objections.
Vous exagérez – se récrient ceux qui veulent dormir tranquilles.
D'abord, nous ne sommes pas si indifférents que vous le dites. Nous pratiquons assidûment le « devoir de mémoire ». L'histoire du Troisième Reich, et en particulier, celle de Vichy, suscitent chaque jour un nouveau livre, un nouveau colloque. Partout, nous élevons des monuments ou des musées en souvenir de la Shoah. Nous ne faisons d'ailleurs pas que « conserver ». Nous agissons. En France, par exemple, nous avons voté la loi Gayssot (1990). Et nous avons même fini par juger le méchant Papon, après avoir jugé l'affreux Barbie et l'ignoble Touvier.

Ensuite, nous avons bien le droit de vouloir dormir en paix. L'histoire est une bonne chose. Il en faut. Les commémorations, nul ne le nie, ont leur utilité. Mais, de grâce, n'en abusons pas. Nous ne pouvons pas vivre les yeux éternellement fixés sur le passé. Songeons plutôt à l'avenir, au monde que nous devons bâtir pour nos enfants. Quel sens y aurait-il à avancer sur la route en regardant sans arrêt derrière nous ?

Enfin, dans votre manière obsessionnelle d'accuser celui-ci ou celui-là, de nous accuser tous et, finalement, de vous accuser vous-même, dans cette façon que vous avez de vous complaire dans le remords et le repentir, êtes-vous bien sûr que vous n'êtes pas en train de chercher à assouvir votre masochisme pervers, votre soif – d'origine infantile ou, qui sait, catholique – de culpabilité à tout prix ?

Ces objections sont légitimes.
J'y réponds.
Primo, l'indifférence est sélective. Je ne dis pas le contraire. Tout se passe même comme si notre fin de siècle avait fait ses choix. Il y a les choses qu'elle aime rappeler ; celles qu'elle ne peut tout à fait se permettre d'oublier ; et celles dont elle persiste à ignorer l'importance. Le communisme, par exemple, est sa « bête noire » ; les crimes du

communisme, son « lieu de mémoire » favori. Ceux du nazisme et de Vichy se rattachent à la seconde catégorie, déjà moins « attrayante » que la première. Le génocide des Arméniens et celui des Tutsis semblent relever, eux, de la troisième.

Et si, dans de tels choix, il y avait une cohérence à déchiffrer ? Si l'occultation (ou la sous-évaluation) de certaines tragédies, par exemple, était le prix à payer pour que d'autres soient officiellement reconnues ? Si une règle secrète, ou plus exactement une loi cachée, présidait à la répartition des zones d'amnésie et des zones de mémoire ? Est-ce qu'un historien philosophe, ou bien un philosophe historien, ne devrait pas, en toute rigueur, s'intéresser à cet étrange labyrinthe, tenter d'en explorer les voies ?

Deuxio, l'indifférence est positive. Je l'admets volontiers. Il y a une incontestable vertu de l'oubli. Pour vivre, il faut, chaque matin, rejeter dans le néant une partie de ce qu'on a fait la veille. Reste à savoir quelle partie, au juste. Oublier les erreurs ? Pourquoi pas, en effet. Encore faut-il ne pas se tromper d'erreur. Il y a des erreurs négligeables. Et des erreurs mémorables – que l'on ferait mieux d'appeler des fautes.

Je n'aime pas beaucoup le mot « faute ». Je déteste le vocabulaire de la « culpabilité ». Je suis peut-être infantile, mais je ne suis ni catholique, ni croyant. Je n'ai aucun goût pour le masochisme, ni pour les « repentances » (quel mot !). Je n'accuse personne, car je ne suis personne pour accuser. Je ne m'accuse même pas moi-même, car je ne me sens pas assez important pour cela. Et par-dessus tout – je le répète – je ne supporte ni qu'on me « fasse la morale », ni d'avoir à la faire.

Il ne s'agit donc pas, ici, de s'enfermer dans une problématique du regret ou du remords. Il s'agit d'essayer de penser. Autrement dit, de tracer des lignes de démarcation – entre ce qui est « oubliable » et ce qui ne l'est pas, par exemple. Entre la « bonne » et la « mauvaise » indifférence, si l'on préfère.

AVANT-PROPOS

Explorer des voies. Tracer des lignes de démarcation. Ces métaphores ont un côté géographique et militaire, qui en révèle bien les limites. Mais ce ne sont que des métaphores. L'important est ce qu'elles tentent d'exprimer. Et ce qu'elles tentent d'exprimer, c'est, tout simplement, une tâche pour les intellectuels. Une tâche à la réalisation de laquelle le présent livre voudrait – modestement – contribuer.

Je ne crois certes pas qu'un livre puisse, à lui seul, inverser la tendance.

Mais un livre peut, au moins, poser quelques problèmes. Et suggérer des voies sur lesquelles notre société et nos institutions pourraient avancer – au cas où elles souhaiteraient vraiment tenter de résoudre les problèmes en question.

C'est pourquoi j'ai fini par entreprendre ce travail – non sans avoir, auparavant, longuement hésité devant le risque de me voir enfermé, par ceux que je dérangerais, dans le rôle que je refuse par-dessus tout : celui du « moraliste » à la petite semaine. Ou du « prêcheur » laïque.

J'ai préféré choisir celui du « chroniqueur » – même si la chronique de nos aveuglements n'a rien de très excitant.

Du coup, le texte qu'on va lire s'ordonne autour de quelques thèmes incontournables.

Le chapitre I pose, pour commencer, la question de savoir ce que sont, sur le terrain du droit, un « crime contre l'humanité » ainsi qu'un « génocide ». Se concentrant sur ce dernier concept, le chapitre II tente d'en articuler la définition juridique à la réalité historique. Il débouche ainsi sur un problème d'actualité, celui de la « banalisation » des génocides – à laquelle tend l'entreprise à la mode qui consiste à déclarer le communisme plus « meurtrier » que le nazisme.

Après avoir exploré ce problème plus en détail dans le chapitre III, je montre que toute tentative pour « aligner » le communisme sur le nazisme ne peut procéder que d'un « oubli » – intentionnel ou non – de la Shoah (chapitre IV).

Les chapitres V, VI et VII donnent, de cet « oubli », deux exemples philosophiquement déterminants, délibérément choisis dans des camps politiquement opposés : ceux de Martin Heidegger et de Michel Foucault.

Le chapitre VIII revient sur une illustration récente de « notre » indifférence à la Shoah, tirée du procès du seul haut fonctionnaire du régime de Vichy qui ait été inculpé de complicité de crimes contre l'humanité : Maurice Papon.

Le chapitre IX examine les avatars de notre lâcheté politique depuis 1945 – autrement dit, depuis la première répression coloniale sanglante de l'après-guerre, en Algérie, jusqu'aux ravages exercés dans cette même Algérie, au moment où j'écris, par d'autres terroristes.

Le chapitre X, enfin, s'aventure à dessiner les lignes directrices d'une éthique dont les intellectuels, s'ils voulaient bien en prendre la peine, pourraient s'inspirer pour redonner, à leurs petites activités de chaque jour, une sorte de signification historique qui ne leur ferait pas de mal.

Au lecteur de déterminer quelles conséquences pratiques il pourra tirer de sa lecture.

Quant à moi, le sentiment qui me domine est celui de n'avoir fait qu'effleurer la matière, tant celle-ci était vaste. Si je suis parvenu à échapper au découragement qui, en cours de route, m'a plus d'une fois saisi, je le dois, avant toute chose, à l'aide et à la compréhension de quelques amis qui (j'espère qu'ils ne le regretteront pas) ont bien voulu me laisser entendre que, même si je n'étais pas à la hauteur du sujet, le sujet, lui, méritait qu'un philosophe s'y « accrochât ».

Au premier rang de ces amis, je citerai Odile Jacob, qui a eu le courage, à un moment où cela n'avait rien d'évident, d'offrir à ce travail l'hospitalité de sa maison. Qu'elle en soit remerciée.

Et que les autres que je ne puis citer, mais qui m'ont soutenu à chaque pas, sachent que, même si je n'écris pas ici leur nom, je pense sans cesse à eux.

Chapitre I

PUISSANCES DU MAL, FORMES DU DROIT

Qu'est-ce qu'un *crime contre l'humanité* ?
Qu'est-ce qu'un *génocide* ?
Et pourquoi l'un et l'autre seraient-ils *imprescriptibles* ?
Ces questions, qui ont l'air simple, sont loin de l'être.
Les philosophes contemporains, pourtant, y ont peu réfléchi. Il est même surprenant que des gens qui font profession de penser, confrontés à quelques-unes des interrogations les plus graves de leur siècle, aient si peu essayé de leur apporter des réponses satisfaisantes.
Bref, tout est à reprendre.
Je commencerai, pour ce faire, par replacer le problème sur le terrain qui fut le sien au départ : celui du droit.

De Grotius à Lemkin

Juridiquement, les notions de « génocide » et de « crime contre l'humanité » ne se recouvrent pas. Le génocide, selon l'usage actuellement en vigueur, est considéré comme une « espèce » (ou comme une « forme ») de crime contre l'humanité. Usage discutable, s'il est vrai – comme je le crois – que le génocide, par sa monstruosité, échappe à toute tentative de faire de lui l'espèce d'un « genre ». Bref, de le réduire à une « variété » de crime parmi d'autres.

Quoi qu'il en soit, les deux notions ont une histoire commune. Elles ont émergé, toutes deux, au même moment : vers la fin de la Seconde Guerre mondiale. Et sous l'effet de la même « découverte » : celle de l'ampleur, jusque-là inégalée, de l'entreprise d'extermination lancée par les nazis contre les juifs et les Tsiganes.

Mais, si la date exacte de leur apparition (1942 pour le concept de « crime contre l'humanité », 1944 pour celui de « génocide ») est évidemment liée aux événements de la guerre, la possibilité même de ces deux concepts, sur un plan théorique, se rattache, quant à elle, à une histoire beaucoup plus ancienne.

Il n'est pas sans intérêt, par exemple, de noter que l'expression « actes atroces contre l'humanité » se trouve employée par Joseph Cambon, le 23 novembre 1794, à la tribune de la Convention, pour désigner les « noyades » – autrement dit, les assassinats perpétrés par un autre révolutionnaire, Jean-Baptiste Carrier, à Nantes, durant l'hiver précédent. Carrier avait beaucoup tué, en effet, pour se conformer à la volonté du gouvernement de l'époque. L'accusation portée par Cambon revient donc à rappeler qu'au-dessus des lois politiques ou des ordres donnés par l'État, il existe des « lois non écrites » que nul ne saurait se dispenser de respecter. Mais si la tradition philosophique relative à ces *nomoï agraphoï* remonte au célèbre conflit d'Antigone et Créon mis en scène par Sophocle, il faut attendre la première moitié du XVIIe siècle pour que lui soit explicitement reconnu un statut juridique.

C'est en 1625 que le juriste hollandais Hugo Grotius publie son principal ouvrage, *Du droit de la guerre et de la paix*. Injustement oublié, depuis lors, par les non-spécialistes, ce livre possède un triple mérite. Il jette, pour la première fois, les bases d'un « droit international » ou « droit des gens » *(jus gentium)*, c'est-à-dire d'un droit qui régirait, en temps de guerre comme en temps de paix, les rapports des États. Il conteste, du même coup, que l'État réputé « souverain », considéré par d'autres juristes (Jean Bodin, par exemple) comme la source de tout droit et de toute loi, le soit de manière absolue : aucun État n'est dispensé de se soumettre, dans ses relations avec d'autres États, à certaines « règles de conduite » – correspondant à des lois d'un « niveau » plus « élevé » que celui des législations « nationales ». Il assimile, enfin, les principes de ce « droit international », supérieur aux États, à ceux d'un droit « naturel ». C'est-à-dire aux principes d'une « morale » universelle, indépendante de toutes les stratégies politiques, et plus fondamentale qu'elles.

On peut donc attribuer à Grotius la paternité de l'idée selon laquelle il conviendrait de « moraliser » – par des dispositifs d'ordre juridique, et non par un vague appel aux « bons sentiments » – les relations internationales. Ce n'est pas tout. Du fait qu'il entend réintroduire les notions de « juste » et d'« injuste » dans le champ des relations entre États, Grotius est amené à distinguer deux sortes de guerres : les guerres « injustes », parmi lesquelles il range les guerres de conquête, et les guerres « justes », au nombre desquelles il compte toute guerre entreprise contre les responsables d'un État étranger qui « maltraiteraient » injustement leurs propres sujets [1]. Autrement dit, au nom du « droit naturel », qui n'est ici qu'un autre nom de la morale individuelle étendue aux rapports entre nations, Grotius établit la légitimité de ce que nous appellerions aujourd'hui « droit d'intervention » : tout État, membre de droit de la communauté des nations, qui constate qu'un autre peuple est, sur son propre territoire, victime d'injustices majeures, est fondé à intervenir militairement pour défendre ce dernier.

Il serait fastidieux de nommer, ici, tous ceux (théoriciens du « droit naturel », entre autres) qui se sont avancés dans la voie ouverte par Grotius (ou qui ont au contraire, comme Rousseau, rejeté sa conception du « contrat social »). Rappelons cependant que le dernier grand philosophe des Lumières, Emmanuel Kant, a lui aussi, à la fin de sa vie, consacré deux textes importants au thème d'un « ordre international ».

Premier texte : en 1784, à l'âge de soixante ans, alors qu'il vient à peine d'achever la *Critique de la raison pure*, Kant publie un article intitulé « Idée d'une histoire universelle au point de vue cosmopolitique ». La septième des neuf « propositions » dont se compose ce bref écrit, observant que les États sont actuellement entre eux dans un état de nature de type « hobbesien », c'est-à-dire dans un état de « guerre de tous contre tous » ou, comme dit Kant, dans un « état anarchique de sauvagerie », les exhorte à en sortir le plus vite possible pour entrer dans une véritable « société des nations *(Foedus Amphyctionum)* [2] ». Une « société » de ce genre ne parviendrait pas seulement à imposer, aux États qui en seraient membres, le respect d'un droit international. Elle pourrait également réussir à produire, au bout d'un certain temps, une « unification politique totale » de l'espèce humaine – comme le laisse entrevoir, de son côté, la neuvième « proposition » [3].

Un peu plus tard, à l'automne de 1795 (quelques semaines après qu'a été signée, le 5 avril, la paix de Bâle entre la France et la Prusse), Kant publie un second texte, *Vers la paix perpétuelle*, dans lequel, tout en affirmant qu'« avec le temps, les armées permanentes doivent disparaître totalement [4] », il détermine les conditions concrètes auxquelles une paix universelle et éternelle serait possible. Ces conditions lui paraissent être, pour l'essentiel, au nombre de deux : la constitution politique de chaque État devrait être « républicaine » ; et les États ainsi devenus « républicains » devraient former entre eux une « fédération », c'est-à-dire une « république mondiale » – qui serait susceptible, à son tour, de déboucher ultérieurement sur un « État des peuples » totalement unifié [5].

Dans le même opuscule, Kant se prononce sur le « droit d'intervention ». L'exercice de celui-ci, souligne-t-il, doit être soumis à restrictions. On ne saurait tolérer que chacun se mêle, en permanence, de ce qui se passe chez le voisin.

Mais l'intervention reste bien légitime dans un cas précis : lorsqu'un État est déchiré par un « conflit intérieur » si violent qu'il finit par se diviser en « deux parties dont chacune représente pour soi-même un État particulier », et que n'existe plus l'espoir de pouvoir réunir ces « parties » séparées sous des lois communes, il n'est pas interdit de porter secours à l'une ou bien à l'autre [6].

Quatre siècles après Grotius, et deux siècles après Kant, le projet d'un « ordre international », logiquement assorti d'une batterie de sanctions à l'intention des contrevenants, reste toujours aussi actuel ; et sa réalisation, toujours aussi difficile. S'abritant derrière la nécessité d'avoir à se soucier, en priorité, de leurs propres intérêts, les États répugnent à se soumettre, dans leur fonctionnement quotidien, à des normes d'ordre moral. Et, par l'effet de la solidarité implicite qui lie entre eux ces « monstres froids », ils hésitent également à s'obliger les uns les autres à respecter, chacun chez soi, les normes en question. Aucune instance d'ordre supraétatique n'existe encore, qui serait en mesure de s'imposer aux États membres de la communauté internationale, et encore moins de sanctionner leurs infractions aux règles les plus fondamentales du droit. Même l'Organisation des nations unies (1945), héritière de l'éphémère Société des nations (1919), qui procédait elle-même de la philosophie kantienne (ou de l'esprit des Lumières), ne possède, ni en fait ni en droit, un tel pouvoir.

Ce n'est pas dire que, depuis Kant, quelques progrès n'aient été enregistrés – tout au moins sur le plan des principes.

Ces progrès ont commencé à se faire sentir vers la fin du XIXe siècle, lorsque les grands États européens se décidèrent, tout doucement, à étudier l'idée de soumettre leurs différends à des tribunaux internationaux. « La conférence de La Haye, réunie en 1899 sur l'initiative du tsar Nicolas II, s'acheva par la signature de quatre conventions sur la solution pacifique des litiges internationaux et de quatre conventions sur le droit de la guerre », ainsi que le rappelle

Yves Ternon [7]. Une cour permanente de justice internationale fut alors créée à La Haye, « mais sa compétence n'était pas obligataire, et les États pouvaient se soustraire à son arbitrage. En 1907, les États-Unis organisèrent une seconde conférence à La Haye : le principe de l'arbitrage obligataire y fut affirmé, mais la cour ne reçut pas les moyens de l'appliquer ».

Une clause, la clause Martens, figurait dans le préambule du Règlement de La Haye (1899 et 1907). Elle stipulait que, en attendant qu'un code complet des lois de la guerre fût édicté, les « Hautes Parties contractantes » considéraient que, dans les cas non prévus par les dispositions qu'elles venaient d'adopter, les populations en guerre devaient rester « sous l'empire du droit des gens » – c'est-à-dire sous celui « des usages établis entre nations civilisées, des lois de l'humanité et des exigences de la conscience publique ».

Dans un esprit voisin, « les conventions de Genève (1864 et 1906) posaient les fondements d'un droit humanitaire » en temps de guerre, en même temps qu'elles envisageaient la répression des actes violant les règles qu'elles établissaient. Les occasions de développer un tel état d'esprit ne manquaient pas. Du reste, il vaut la peine de remarquer, comme le fait à juste titre Ternon, que tout au long du XIXe siècle « le prétexte humanitaire » avait déjà été « invoqué par les puissances européennes » – même si c'était surtout dans le but équivoque de « justifier leur intervention dans l'Empire ottoman ». La justification en question résidait, comme on sait, dans la volonté affichée par les États occidentaux de se poser en protecteurs des minorités chrétiennes d'Orient. Les persécutions contre les Arméniens, entre autres, avaient heurté la conscience européenne, et provoqué – surtout entre 1894 et 1897 – diverses réactions. Quelques années plus tard (1904), le président américain Theodore Roosevelt plaidait, lui aussi, en faveur de l'intervention d'une nation « civilisée » chaque fois que l'exigerait la situation d'un peuple maltraité par un autre. Malheureusement, « la plupart des juristes considéraient alors qu'il n'y avait pas à légiférer sur l'intervention humanitaire » - dans la mesure où celle-ci leur paraissait être davantage « une question de choix politique ou moral qu'une question de droit ». On en resta donc là.

Ce fut bien la malchance des Arméniens. Survenant au milieu de ce carnage collectif sans précédent (et conduit au mépris de toutes les conventions internationales) que fut la Première Guerre mondiale, la tentative de génocide dont ils furent victimes de la part de l'État turc en 1915 faillit passer inaperçue. Elle provoqua, certes, une déclaration commune des ministres des Affaires étrangères de l'Entente, qui, le 24 mai 1915, dénoncèrent verbalement ce crime en le qualifiant d'une expression jusqu'alors inédite, celle de « crime de lèse-humanité » (expression qui n'est pas sans rappeler la formule employée par Cambon dans ses accusations contre Carrier). Mais elle ne suscita, comme je l'ai dit, aucune réaction concrète, et se poursuivit donc tranquillement jusque dans le courant de l'année 1916 – laissant derrière elle au moins un million de morts. Maigre consolation : le traité de Sèvres reconnut la responsabilité pénale des organisateurs du génocide. Toutefois, aucun tribunal international ne fut institué. Et le traité de Sèvres (1920) fut bientôt annulé par celui de Lausanne (1923).

Entre-temps, la Première Guerre mondiale s'était achevée, provoquant une tardive – mais néanmoins utile – prise de conscience des diverses horreurs auxquelles elle avait donné lieu (depuis les premiers bombardements aériens jusqu'à l'invention des gaz asphyxiants), ou bien (comme le génocide des Arméniens) qu'elle avait servi à couvrir.

De cette prise de conscience, témoignent, à des titres divers, les fameux « quatorze points » du président Wilson (c'est-à-dire le message au Congrès du 8 janvier 1918, dans lequel Wilson promettait la création d'un nouvel ordre international) ; les articles 227 et 228 du traité de Versailles (juin 1919), consacrés à la répression des actes contraires aux lois et coutumes de la guerre (autrement dit, des « crimes de guerre ») ; le pacte fondateur de la Société des nations ; les réflexions (au fil des années 1920) de juristes distingués (comme le Français Donnedieu de Vabres ou le Roumain Pella) sur la guerre d'agression considérée comme « crime contre la paix », ainsi que sur la notion (également nouvelle) de « criminalité collective des États » ; le pacte Briand-Kellogg (1928), qui mettait la guerre hors la loi mais demeurait sur un plan strictement moral et non légal ; le projet (demeuré sans lendemain) d'instaurer un tribunal pénal international pour juger les actes de terrorisme (1937) – et, enfin, les premiers travaux d'un autre juriste, le Polonais Raphael Lemkin, préoccupé par le problème de la violation du « droit des gens », dans et hors de la guerre.

En 1934, à la cinquième conférence pour l'unification du droit pénal, qui se tenait à Madrid, Lemkin proposa d'introduire, dans le droit pénal des trente-sept États qui participaient à cette réunion, les concepts de deux nouveaux crimes : « le *crime de barbarie*, actes d'oppression et de destruction dirigés contre des individus membres d'un groupe national, religieux ou racial ; et le *crime de vandalisme*, destruction intentionnelle d'œuvres artistiques et culturelles qui sont les créations spécifiques du génie de ces groupes, et constituent son patrimoine [8]. »

Malheureusement, encore une fois, ses propositions furent repoussées. Si elles ne l'avaient pas été, elles auraient pu fournir aux tribunaux un cadre juridique couvrant les crimes commis par les puissances de l'Axe durant la Seconde Guerre mondiale. Et auraient, du même coup, « interdit à ces criminels de trouver refuge dans des pays neutres [9] ».

D'Auschwitz à Nuremberg

Plus encore que la Première, la Seconde Guerre mondiale se déroula d'un bout à l'autre sous le signe de la violation des droits les plus élémentaires des peuples et des individus.

En septembre 1939, le président Benes révélait aux Anglais les meurtres de citoyens tchèques perpétrés par les nazis depuis le mois de mars précédent. En décembre de la même année, l'ambassadeur polonais à Londres protestait, auprès du ministre britannique des Affaires étrangères, contre la terreur exercée dans son pays par l'occupant allemand. Le 17 avril 1940, les gouvernements anglais, français et polonais lançaient un appel à la conscience mondiale contre les crimes commis par le régime national-socialiste en Pologne. Le 25 octobre 1941, le président Roosevelt et Winston Churchill exprimaient leur indignation devant les exécutions d'otages auxquelles procédaient les Allemands, et Churchill demandait que le châtiment des responsables de ces exécutions figurât désormais parmi les buts de la guerre. Le 13 janvier 1942, les représentants de dix-huit gouvernements réunis à Saint-James Palace publiaient une déclaration commune, dénonçant les crimes d'occupation et posant les deux principes fondamentaux d'un futur droit pénal international : le « crime de guerre » est différent de l'acte de guerre ; et sa répression exige la solidarité internationale. Au mois de juillet suivant, les signataires de la déclaration de Saint-James adressaient une note aux Trois Grands, les pressant de passer à l'action. Le 7 octobre, le ministre britannique de la Justice annonçait la création, en accord avec le gouvernement américain, d'une commission d'enquête sur les crimes de guerre. La semaine suivante, le gouvernement soviétique s'associait à cette initiative à travers une note, signée de Molotov, dans laquelle figurait pour la première fois l'idée d'inculper les organes directeurs d'un État « criminel » : en l'occurrence, le gouvernement et le haut état-major allemands.

Et pourtant, il était trop tard. Depuis près de dix-huit mois, déjà, avait débuté la mise en œuvre, par les nazis, de leur programme d'extermination des juifs d'Europe – mise en œuvre qui commence, il faut le rappeler, non pas avec les premiers « gazages » (décembre 1941), mais, six mois plus tôt, avec les premiers massacres systématiques accomplis par les « groupes d'interventions » *(Einsatzgruppen)*, lors de l'invasion de l'URSS par l'armée allemande (juin 1941). Très rapidement, des informations sur les progrès de l'extermination en cours filtraient hors des zones occupées. Les premiers rapports sur les massacres perpétrés par les *Einsatzgruppen* étaient évoqués par un article du *New York Times* daté d'octobre 1941. Le 26 juin 1942, le *Boston Globe* signalait que sept cent mille juifs européens, déjà, avaient péri de mort violente. Deux mois plus tard, en août, des témoignages révélant l'existence des chambres à gaz parvenaient aux États-Unis. Le *National Jewish Monthly* les rendait publics dans son numéro d'octobre. À la fin de l'année 1942, il ne pouvait subsister aucun doute, dans le monde libre, sur la réalité du processus d'extermination.

Les gouvernements alliés n'en tirèrent, comme on sait, nulle conséquence pratique. Pour des raisons sur lesquelles je ne puis revenir ici, mais qui ont été assez bien évoquées par David S. Wyman [10], aucun plan spécifique, visant au sauvetage immédiat des juifs, ne fut mis sur pied. Concrètement, ces derniers furent « abandonnés » avec la même indifférence que l'avaient été, durant la Première Guerre mondiale, les Arméniens.

Les protestations verbales, en revanche, se firent de plus en plus fortes. Le 17 décembre 1942, une déclaration commune, publiée simultanément à Londres, Washington et Moscou, et faisant état des informations reçues sur les violences dont étaient victimes les juifs, affirmait que les responsables de ces crimes n'échapperaient pas au châtiment. La situation ne faisant qu'empirer, les Trois Grands signaient, le 30 octobre 1943, la déclaration de Moscou. Celle-ci jetait les bases de la « doctrine de Nuremberg », en posant que les coupables seraient ramenés sur les lieux de leurs forfaits, et jugés sur place, par les tribunaux des pays où les crimes auraient été commis.

À peu près au même moment, la Commission des Nations unies pour les crimes de guerre, mise en place le 20 octobre 1943, constatait que les nazis étaient en train de se livrer à des actes « inouïs » – qui ne pouvaient, en tout cas, rentrer dans aucune des catégories de crimes de guerre dont la liste avait été établie en 1919. En mars 1944, le délégué américain au sein de cette Commission proposait de définir ces crimes nouveaux, « perpétrés contre des personnes apatrides ou contre toutes autres personnes en raison de leur race ou de leur religion », comme « crimes contre l'humanité ». Il reprenait ainsi une expression *(crimes against mankind)* qui avait figuré pour la première fois, semble-t-il, dans une note datée du 12 octobre 1942 et préparée par une autre commission juridique, constituée, celle-là, par la London International Assembly [11].

À partir de cette date, les travaux de la Commission des Nations unies inspirèrent la suite des événements. Et, d'abord, le mémorandum de Yalta (22 janvier 1945), qui, tout en développant l'idée selon laquelle les crimes nazis dépassaient la notion classique de crimes de guerre, ajoutait que les forfaits en question, fruits d'un « plan concerté » (autrement dit, prémédités de longue date), avaient en fait commencé dès 1933. Le 30 avril 1945, à la conférence de San Francisco, le gouvernement américain soumettait aux trois autres grandes puissances une note dérivée de ce mémorandum. Celle-ci ayant été acceptée, le président Truman nommait, le 2 mai, le juge Jackson représentant des États-Unis pour la préparation de poursuites contre les dirigeants de l'Axe. De juin à août, les représentants des quatre gouvernements se réunissaient à Londres pour mettre au point leur plan d'action. Le 8 août, celui-ci était rendu public. Connu sous le nom d'accord de Londres, ce document, qui constituait le Statut fondateur du futur Tribunal militaire international (TMI), consacrait enfin l'existence d'un droit pénal international.

Il distinguait trois chefs d'accusation possibles. Un, qui était déjà connu : celui de « crime de guerre ». Et deux nouveaux, qui (à la différence du « crime de guerre ») supposaient l'idée de préméditation ou de « plan concerté » : celui de « crime contre la paix » et celui de « crime contre l'humanité » (formule qui faisait ici sa première apparition dans le cadre d'un document « officiel »).

L'article 6 définissait comme crimes contre l'humanité des actes tels que « l'assassinat, l'extermination, la réduction en esclavage, la déportation et tout autre acte inhumain commis contre toutes populations civiles avant ou après la guerre », ainsi que « les persécutions pour des motifs politiques, raciaux ou religieux », lorsque ces actes ou persécutions, « qu'ils aient constitué ou non une violation du droit interne des pays où ils ont été perpétrés, ont été commis à la suite de tout crime rentrant dans la compétence du tribunal, ou en liaison avec ce crime [12] ». En étendant l'application de ce concept à des actes commis hors de la guerre, ainsi qu'à des actes commis contre la population même d'un État criminel, l'article 6 achevait de briser le dogme de la souveraineté de l'État, tout en fournissant enfin une justification précise au droit d'intervention.

L'article 7, de son côté, supprimait l'excuse selon laquelle des chefs d'État ne sauraient être poursuivis pour leurs activités « professionnelles ».

Quant à l'article 8, il refusait de considérer comme circonstance atténuante la « nécessité » d'obéir aux ordres d'un supérieur hiérarchique. Ces deux derniers articles rompaient ainsi avec un autre dogme classique – le dogme selon lequel, en droit international, seuls les États peuvent être considérés comme sujets de droit. Dans la foulée, enfin, les juristes de Nuremberg abandonnèrent sans difficulté un dernier dogme : celui de la non-rétroactivité des lois. La nouveauté, aussi bien que l'extrême gravité, des actes poursuivis justifiaient amplement cette entorse à un principe pourtant consacré.

L'acte d'accusation, lu le 18 octobre 1945 à l'ouverture du procès de Nuremberg, reprit ces trois chefs d'accusation (crimes contre la paix, crimes de guerre, crimes contre l'humanité), en les reliant à un quatrième : le « plan concerté » – c'est-à-dire la préméditation. Mais le TMI, en raison de son caractère militaire, se déclara incompétent pour juger les violences commises entre 1933 et 1939. Il distingua, par ailleurs, entre les grands criminels, qui avaient dirigé un appareil d'État conçu pour l'extermination, et les simples exécutants, considérés comme responsables, eux aussi, mais qui furent renvoyés devant d'autres tribunaux.

Des milliers de coupables allemands (et certains « collaborateurs » des pays occupés) furent ainsi jugés ultérieurement, pour crimes ou complicité de crimes contre l'humanité, soit par les tribunaux américains qui succédèrent au TMI dans les locaux du palais de justice de Nuremberg, soit par des tribunaux des puissances alliées ou même d'Allemagne de l'Ouest. Le procès de Maurice Papon ne fut, de ce point de vue, que le dernier – pour ce qui concerne la France – des procès destinés à s'inscrire dans la lignée de Nuremberg.

Ce même acte d'accusation, lu le 18 octobre 1945, reste également le premier document juridique officiel dans lequel figure le terme « génocide ». Il déclare en effet que les inculpés « se livrèrent au génocide délibéré et systématique, c'est-à-dire à l'extermination de groupes raciaux et nationaux parmi la population civile de certains territoires occupés, afin de détruire des races ou classes déterminées de populations et de groupes nationaux, raciaux ou religieux, particulièrement les juifs, les Polonais, les Tsiganes [13] ».

Le terme « génocide » (qui ne figure même pas dans l'arrêt final de la cour, daté du 1er octobre 1946) fut cependant moins employé, au fil des audiences, que celui de crime contre l'humanité. Et pour cause : il s'agissait d'un néologisme de création toute récente, puisqu'il venait d'apparaître dans un livre, *Axis Rule in Occupied Europe*, publié à Washington en 1944, et écrit par le juriste polonais Raphael Lemkin – lequel, étant juif, s'était réfugié aux États-Unis dès le début de la guerre.

Il n'en était pas moins appelé à un certain avenir. Après avoir assisté sans rien faire à deux génocides successifs – celui des Arméniens, puis celui des juifs et des Tsiganes –, la communauté internationale ne pouvait se permettre, en effet, de refuser plus longtemps d'élaborer une législation appropriée contre ce crime majeur.

Il ne restait plus qu'à passer le relais à une instance qualifiée pour entreprendre ce travail.

C'est alors que l'ONU entra en scène.

Le génocide : définition juridique

L'Assemblée générale des Nations unies commença, par sa résolution 95 (I) du 11 décembre 1946, par confirmer les principes de droit international mis en œuvre par le TMI. Elle créa ensuite, le 21 novembre 1947, une Commission pour le droit international, composée d'experts indépendants et chargée de réfléchir à la fois à la rédaction d'un code des infractions internationales, ainsi qu'à la création d'une Cour pénale internationale.

Aucun de ces deux projets n'a, jusqu'ici, abouti – en raison des réticences éprouvées par la plupart des États membres à voir leur souveraineté limitée de manière permanente. Du reste, la Commission instituée en 1947, « prise en otage » par la guerre froide, ne tarda pas à cesser ses travaux – qui n'ont été (timidement) relancés, à la demande de l'ONU, qu'en décembre 1993, après la création d'un Tribunal international *ad hoc* pour l'ex-Yougoslavie. Reconnu à Nuremberg, le principe d'une limitation de la souveraineté des États nationaux apparaît donc de plus en plus, avec le recul du temps, comme une « exception » imaginée et tolérée en 1945, au vu des circonstances de l'époque – mais qui n'était pas vraiment destinée à durer.

Le thème de « la prévention et de la répression du crime de génocide » fut cependant inscrit à l'ordre du jour de la même séance du 11 décembre 1946, et donna lieu, dans la journée, à une seconde résolution – la résolution 96 (I) – qui le définissait comme suit : « Le génocide est le refus du droit à l'existence de groupes humains entiers, de même que l'homicide est le refus du droit à l'existence d'un individu. » La résolution ajoutait : « On a vu perpétrer des crimes de génocide qui ont entièrement ou partiellement détruit des groupements raciaux, religieux, politiques ou autres (...). L'Assemblée générale, en conséquence, affirme que le génocide est un crime du droit des gens, que le monde civilisé condamne, et pour lequel les auteurs principaux et leurs complices, qu'ils soient des personnes privées, des fonctionnaires ou des hommes d'État, doivent être punis, qu'ils agissent pour des raisons raciales, religieuses, politiques ou pour d'autres motifs [14]. »

Cette définition, faut-il le souligner, était plus large que la définition du « crime contre l'humanité » proposée en mars 1944 par le délégué américain auprès de la Commission des Nations unies pour les crimes de guerre. Celle-ci n'entendait considérer que les crimes perpétrés sur la base de la « race » et de la « religion ». De même, l'acte d'accusation lu devant le TMI le 18 octobre 1945 ne mentionnait, parmi les chefs d'accusation, que la volonté de détruire des groupes « nationaux, raciaux ou religieux ».

À ces « critères » – la nation, la race, la religion – relativement cohérents entre eux, la résolution 96 (I) en ajoutait donc un autre, qui l'était moins : les raisons « politiques » – et invoquait même, de peur d'être trop restrictive, d'éventuels « autres motifs », sans préciser lesquels. Ce faisant, elle se rapprochait d'un autre texte, le Statut fondateur du TMI (8 août 1945), lequel incriminait lui aussi, dans son article 6, toutes les « persécutions pour des motifs politiques, raciaux ou religieux ».

Prenons-y garde : la divergence entre ces deux lignes interprétatives, « restrictive » ou « extensive », était loin de se réduire à une querelle de mots. Elle enveloppait, comme on ne va pas tarder à s'en rendre compte, un enjeu décisif pour la compréhension de l'histoire contemporaine.

On peut s'étonner, en tout cas, de voir l'interprétation « extensive » s'imposer dans la résolution 96 (I), dans la mesure où il semble que cette dernière fut, pour l'essentiel, l'effet d'un intense travail de *lobbying* de la part de Lemkin – lequel était plutôt, quant à lui, partisan de l'interprétation « restrictive ». Dans son intervention (demeurée sans écho) à la conférence de Madrid (1934), il avait proposé, on l'a vu, de définir le « crime de barbarie » (ancêtre du « génocide ») comme un acte dirigé « contre des individus membres d'un groupe national, religieux ou racial ». Dix ans plus tard, dans *Axis Rule in Occupied Europe* (1944), il écrivait ceci : « Par génocide, nous voulons dire la destruction d'une nation ou d'un groupe ethnique. Ce nouveau mot, forgé par l'auteur pour décrire une pratique ancienne dans ses développements modernes, est constitué par le mot grec ancien *genos* (race, tribu) et le latin *cide* (tuerie), correspondant donc dans sa formation à des mots tels que tyrannicide, homicide, infanticide, etc.[15] » On a beau retourner sous tous les angles ces deux définitions : force est de constater qu'elles n'incluent pas le crime qui serait perpétré pour des raisons d'ordre « politique ».

Du reste, la référence à ce dernier critère finit par être abandonnée par les Nations unies elles-mêmes. Mais cet abandon fut l'effet d'un processus long et complexe, dans lequel les rapports de force entre États membres jouèrent, de toute évidence, un rôle beaucoup plus décisif que le désir de revenir à la « pureté » originelle des réflexions de Lemkin.

Par la résolution 96 (I), l'Assemblée générale de l'ONU avait en effet chargé le Conseil économique et social d'entreprendre les études nécessaires à la rédaction d'un projet de Convention sur le crime de génocide. Le Conseil s'était donc associé le concours des trois plus grands « spécialistes » du moment (Lemkin, Pella et Donnedieu de Vabres) pour élaborer un « brouillon ». Celui-ci revint, en novembre 1947, devant l'Assemblée générale, qui le renvoya au Conseil économique et social. Il fallut instituer un Comité spécial (composé de représentants de la Chine, des États-Unis, de la France, du Liban, de la Pologne, de l'URSS et du Venezuela) pour réviser le projet, au cours de discussions qui se prolongèrent pendant une partie du printemps de 1948. Finalement, après de nouvelles révisions, l'Assemblée générale, réunie à Paris, décida, par sa résolution 260 A (III) du 9 décembre 1948, d'approuver – à l'unanimité – le texte désormais connu sous le nom de « Convention pour la prévention et la répression du crime de génocide ». Texte qui sert, depuis lors, de référence de base à toute définition juridique du crime en question.

L'essentiel y est dit dans l'article II :

« Dans la présente Convention, le génocide s'entend de l'un quelconque des actes ci-après, commis dans l'intention de détruire, en tout ou en partie, un groupe national, ethnique, racial ou religieux, comme tel :

a) Meurtre de membres du groupe ;

b) Atteinte grave à l'intégrité physique ou mentale de membres du groupe ;

c) Soumission intentionnelle du groupe à des conditions d'existence devant entraîner sa destruction physique totale ou partielle ;

d) Mesures visant à entraver les naissances au sein du groupe ;

e) Transfert forcé d'enfants du groupe à un autre groupe ([16]). »

On constate, tout d'abord, l'apparition de l'adjectif « ethnique » à côté des adjectifs « national », « racial » et « religieux ». Cette adjonction apporte-t-elle un éclaircissement supplémentaire ? J'en doute – et j'en doute d'autant plus que personne ne peut dire ce qui, en grec, distingue exactement les mots *genos* et *ethnos* : l'un et l'autre désignent un ensemble d'individus ayant même origine « biologique » – un groupe descendant, autrement dit, d'ancêtres communs. Bref, ces deux termes pourraient se traduire, l'un et l'autre, par « race » – aussi bien, d'ailleurs, que par « famille », par « peuple » et (pourquoi pas ?) par « ethnie » ou « nation ». Il est vrai que le terme « ethnie », tout au moins dans l'anthropologie française, est aujourd'hui déconnecté de celui de « race », en ce sens qu'il est plus souvent employé pour indiquer une homogénéité culturelle que pour marquer une cohésion biologique (laquelle peut exister, ou non, derrière la communauté de culture). Mais il n'est sans doute pas nécessaire d'ergoter à perte de vue sur l'opportunité de ces termes : tout le monde voit aisément que, s'il n'est pas compliqué de définir une « religion » ou un groupe « religieux », il l'est beaucoup plus de dire en quoi consiste, exactement, un « peuple ». Et, plus encore, de dire en quoi consiste, par exemple, la spécificité d'un « peuple » tel que le « peuple » juif.

La « judéité », en effet, ne se réduit pas à une simple appartenance religieuse ou culturelle (beaucoup de juifs ne se souciant ni de leur religion, ni de leur culture). Et, pourtant, il n'y a pas non plus de « race » juive (puisqu'il existe des juifs russes, argentins, indiens, noirs, etc.), ni même (en dépit de la pratique, fort inégalement répandue, de l'endogamie) de traits physiques communs à tous les membres du « peuple » juif. Telle est probablement l'une des raisons pour lesquelles, désireux à la fois d'échapper à de stériles apories et de parer par avance à toute objection éventuelle, les rédacteurs de la Convention décidèrent de multiplier les adjectifs. Des adjectifs qui, il faut le reconnaître, ne s'éclairent guère les uns les autres – mais dont la réunion était destinée à couvrir à peu près tous les cas qu'ils pouvaient avoir en tête.

Ce qui est sûr, en revanche, c'est qu'ils renoncèrent à faire figurer, sous la catégorie de « génocide », les assassinats et les massacres accomplis pour des motifs « politiques ». Je me garderai bien de le leur reprocher. Je suis même convaincu, pour des raisons que j'exposerai au chapitre suivant, qu'ils firent bien. Pourtant, les considérations qui les conduisirent à une telle décision, étant elles-mêmes d'ordre strictement politique, n'ont rien de particulièrement honorable. Il était clair, en effet, que, si les crimes rentrant dans la catégorie des persécutions politiques devaient être regardés comme « génocidaires », presque aucun des États membres de l'ONU ne s'en serait sorti indemne. Malgré le discours officiel, auquel ils faisaient semblant d'adhérer, sur la nécessité de réprimer le génocide, la quasi-totalité de ces États ne souhaitait donc pas signer un texte qui risquait de limiter gravement leur souveraineté – ou, pour mieux dire, ce qu'ils estimaient être leur liberté de maltraiter « souverainement » leurs propres opposants.

Dans ce « combat », l'URSS était au premier rang. Elle espérait qu'en fin de compte le crime de « génocide » ne servirait qu'à qualifier l'entreprise d'extermination menée par les nazis, et que les autres États, coupables ou non, pourraient dormir tranquilles. Ses vœux – compte tenu du fait qu'il s'agissait d'arriver à un compromis – ne furent qu'à moitié exaucés. Il fut convenu que le concept de « génocide » ne pouvait, en aucun cas, se limiter à la Shoah – puisqu'il y avait au moins un précédent historique, celui des Arméniens. Mais il fut également reconnu que les persécutions pour raisons « politiques » ne pouvaient être assimilées à des « génocides ».

Ce dernier point constituait également un premier élément « discriminant » entre les notions de « crime contre l'humanité » et de « génocide » – puisque le « crime contre l'humanité », tel qu'il avait été défini par l'article 6 du Statut du TMI, incluait les persécutions « pour des motifs politiques ». Le texte de l'article II de la Convention de 1948 introduisait, par la même occasion, un second élément « discriminant », en précisant que le « génocide » supposait « l'intention de détruire (...) un groupe (...) comme tel ». Le « crime contre l'humanité » peut, en effet, s'exercer contre une victime isolée. Le « génocide », en revanche, implique nécessairement l'intention de détruire, en totalité ou au moins en partie, le groupe auquel appartient la victime. Le « génocide » relève donc, si l'on veut, d'une intention criminelle plus large, quant à sa « cible », et, partant, plus méthodiquement réfléchie, que les autres formes de « crime contre l'humanité ». De sorte que, si l'on persistait à le définir comme une « espèce » de « crime contre l'humanité », il faudrait le définir comme cette « espèce » dans laquelle la volonté criminelle est poussée à son degré maximal.

Peut-on considérer qu'avec ces dernières précisions la doctrine juridique relative au crime de « génocide » était close ? Oui, à un article près : celui qui concernait le délai de prescription du crime en question. Car, comme en 1948 le problème ne se posait plus pour les Arméniens, et pas encore pour les juifs et les Tsiganes, on se garda paresseusement de l'évoquer. Il ne refit surface que lorsqu'il faillit être trop tard. Autrement dit, vers 1965.

Il fut d'ailleurs assez vite réglé. On se souvint que l'imprescriptibilité des infractions tombant dans le champ de compétence du TMI avait été affirmée dans le Statut fondateur de celui-ci. On rappela que la notion de « prescription », issue du droit privé, n'était pas universellement consacrée en droit pénal, et qu'il n'y avait aucune raison de la considérer comme essentielle au « droit naturel », non plus qu'au droit international. On cita, enfin, la phrase célèbre de Cesare Beccaria, le juriste italien qui avait le plus fait, à l'âge des Lumières (1764), pour obtenir un adoucissement général des peines : « les crimes affreux dont les hommes gardent longtemps le souvenir n'admettent, une fois prouvés, aucune prescription en faveur d'un condamné qui se serait soustrait au châtiment par la fuite [17] ». Et comme les criminels nazis et leurs collaborateurs des pays occupés ne témoignaient – pas plus qu'avant eux les criminels turcs – du moindre zèle pour se livrer à la justice, on en conclut ce qu'il fallait conclure.

Le 26 novembre 1968, par la résolution 2391 (XXIII), l'Assemblée générale des Nations unies adoptait la « Convention sur l'imprescriptibilité des crimes de guerre et des crimes contre l'humanité » – qui, dans son article I, individualisait le crime de « génocide » tel qu'il avait été défini par la Convention de 1948. Six ans plus tard, le 25 janvier 1974, le Conseil de l'Europe approuvait un texte similaire.

En France, la répression du crime de « génocide » a finalement été introduite dans la dernière version du code pénal, en vigueur depuis le 1ᵉʳ mars 1994. L'article 211-1 de celui-ci définit le « génocide » comme « le fait, en exécution d'un plan concerté tendant à la destruction totale ou partielle d'un groupe national, ethnique, racial ou religieux, ou d'un groupe déterminé à partir de tout autre critère arbitraire, de commettre ou de faire commettre, à l'encontre de membres de ce groupe, l'un des actes suivants... » : suit une liste semblable à celle qui figure dans l'article II de la Convention de 1948 [18].

Mais si, cinquante ans après la fin de la Seconde Guerre mondiale, le crime de « génocide » est enfin devenu punissable (et imprescriptible) en France, ainsi que dans quelques autres nations occidentales, il continue à jouir, dans la majorité des pays composant le reste du globe, d'une impunité totale. L'ONU n'a toujours pas le pouvoir de contraindre les États membres à modifier, de ce point de vue, leurs législations pénales. Et n'a pas davantage celui de « s'ingérer » dans les affaires, nationales ou internationales, dans lesquelles, cependant, son intervention, et elle seule, pourrait permettre d'éviter des tragédies collectives.

On ne dira jamais assez, de ce point de vue, à quel point il est scandaleux que, moins d'un demi-siècle après la Convention de 1948, la communauté internationale ait laissé se dérouler, au Rwanda, le troisième génocide de l'ère contemporaine – avec la même désinvolture qui lui avait permis d'assister sans broncher aux deux précédents. Et, entre-temps, à quelques dizaines d'autres massacres, de nature différente, mais à peine moins horrible.

Comme quoi l'évolution du droit est une bonne chose. Mais qui ne sert à rien, si elle n'est pas accompagnée d'une évolution des esprits, susceptible de déboucher à son tour sur une réelle volonté politique d'intervenir, quand il en est encore temps, et de poursuivre ensuite les coupables avec détermination – au lieu de se contenter, comme on l'a fait pour le Rwanda, d'attendre que le massacre se termine pour créer un Tribunal international *ad hoc*, sur le modèle de celui qui l'avait été pour l'ex-Yougoslavie. C'est-à-dire un tribunal privé de moyens et qui ne prononcera sans doute, pour solde de tout compte, que quelques condamnations de pure forme.

Seul signe d'espoir, de ce point de vue : les travaux de la Commission de l'ONU pour le droit international, « gelés » par la guerre froide puis relancés en décembre 1993 après presque un demi-siècle de sommeil, ont quand même fini par déboucher, en mai 1994, sur un projet visant à instaurer, à terme, une « Cour pénale » (expression plus correcte que l'anglicisme « Cour criminelle ») internationale et permanente.

Après quatre années supplémentaires de difficiles tractations politiques (dans lesquelles les gouvernements français successifs, de gauche comme de droite, se sont tristement singularisés en faisant tout leur possible, sous la pression de l'armée, pour bloquer le projet ou le vider de son sens), le dossier a été de nouveau examiné, à Rome, par une conférence qui s'est déroulée du 15 juin au 17 juillet 1998. Y ont participé des diplomates représentant plus de cent cinquante pays.

Le moins qu'on puisse dire est que les initiatives généreuses prises par le groupe des « États pilotes » (qui s'est formé autour du Canada, de l'Allemagne et des pays scandinaves) y ont été sérieusement contrecarrées, non seulement par la France (dont les responsables militaires persistent à vouloir être au-dessus de toute justice), mais aussi par les États-Unis (qui souhaitent conserver leur pouvoir de contrôler la situation dans nombre de pays en développement) et, bien sûr, par la plupart des États arabes (hostiles à toute ingérence internationale dans la manière dont ils règlent leurs conflits intérieurs, ethniques ou religieux). Résultat : le texte définissant les statuts de la future Cour pénale, finalement adopté par cent vingt pays le 17 juillet à l'aube, ne constitue encore qu'un compromis temporaire, insuffisant – et, de surcroît, handicapé par l'opposition résolue des États-Unis, qui le trouvent trop contraignant, et ont voté contre.

Trop contraignant ? Son principal défaut viendrait plutôt, au contraire, de ce qu'il introduit une sorte de « justice à la carte » du plus mauvais effet. Si l'indépendance politique de la future Cour est assurée en matière de poursuites contre le génocide et autres crimes contre l'humanité, elle ne l'est pas, en revanche, en matière de crimes de guerre. Concernant ces derniers, il est prévu que les États signataires pourront choisir, pendant une période transitoire de sept ans, de reconnaître ou non la compétence de la Cour.

En outre, et contrairement à la tradition maintenant établie de considérer comme imprescriptibles l'ensemble de ces crimes, il est entendu que la Cour ne pourra pas avoir à connaître de forfaits perpétrés antérieurement à sa création. Certains, dont je suis, trouvent ce recul très regrettable.

Chapitre II

GRAMMAIRE DE « GÉNOCIDE »

Je laisserai de côté, à partir de maintenant, les notions de « crime de guerre », de « crime contre la paix » et de « crime contre l'humanité », ainsi que le problème du lien (logique, sémantique ou historique) entre les notions de « génocide » et de « crime contre l'humanité » – afin de me consacrer entièrement à l'examen de celle de « génocide » (que j'emploierai, désormais, sans guillemets).

J'ai déjà rappelé, au chapitre précédent, la genèse de cette dernière. On a vu qu'elle avait été forgée par un juriste et qu'elle se présentait, en premier lieu, comme un concept juridique.

Cela dit, il n'est pas de concept « purement » juridique.

En d'autres termes, la définition juridique du crime de génocide, comme celle de n'importe quel crime, dérive d'un certain nombre de présupposés d'ordre « culturel », qui méritent d'être éclaircis pour eux-mêmes.

Il importe également de déterminer si cette définition permet de rendre compte, d'une manière satisfaisante, des événements historiques réels que le « sens commun » s'estime en droit d'appeler « génocides » – et d'eux seuls.

Bref, ce dont il s'agit dans ce chapitre, c'est d'esquisser la « grammaire » du mot « génocide », au sens où Wittgenstein disait que connaître le sens d'un mot, c'est connaître sa « grammaire ». Autrement dit, connaître les règles de son usage « correct ».

Reste à savoir, bien sûr, en quel lieu on se place pour apprécier la « correction » en question.

Car, à moins d'entendre, par usage « correct », celui qui est le plus couramment observé dans le langage ordinaire (ce qui nous exposerait au risque d'avoir à sanctionner comme « correct » l'usage statistiquement le plus répandu, même si ce dernier se révélait, pour d'autres raisons, fautif), il est clair que toute décision terminologique relative à l'emploi du mot « génocide » ne peut se découper que sur le fond d'un double parti pris, indissociablement philosophique *et* politique.

Je vais donc, par souci d'honnêteté, exposer brièvement le mien, avant d'entrer dans le vif du sujet.

Le génocide : approche philosophique

On aura beau manipuler des mots, échafauder des théories, croire qu'on fait de la philosophie et même de la philosophie « politique » – la vérité est qu'on ne fera rien du tout, qu'on ne commencera même pas à « penser », philosophiquement parlant, aussi longtemps qu'on n'aura pas sérieusement médité l'énoncé suivant : quoi que ce soit que nous pensions (et plus encore si c'est du *politique* qu'il s'agit), nous sommes voués, depuis cinquante ans, à penser « après Auschwitz ».

Cette dernière phrase n'est pas seulement la traduction d'un fait chronologique : le fait que, dans l'histoire, Auschwitz soit « derrière » nous. Elle est, avant tout, l'expression d'une injonction pour la pensée.

Et quand je dis une « injonction », je ne parle pas d'une vague obligation « morale ». Je ne cherche pas à jouer à la « belle âme », ni au « redresseur de torts ». L'exigence que j'évoque n'a rien à voir avec les émois de la conscience. Il s'agit, plus fondamentalement, d'une exigence de la raison.

Une exigence dont les enjeux se nomment « vérité » et « rigueur ».
Vérité : que s'est-il réellement passé ?
Rigueur : quelles conséquences devons-nous en tirer ?
C'est parce que je ne vois pas, pour la pensée, d'autres contraintes que ces deux-là – respect de la réalité et respect de la logique – que je ne vois pas non plus quel sens pourrait avoir « penser », ici et maintenant, si « penser » ne voulait dire penser « après Auschwitz ».

Mais que veut dire, exactement, penser « après Auschwitz » ?

Pour éviter qu'une telle formule (qui risque, aujourd'hui, de paraître bien « conventionnelle », et dont j'avoue qu'on a quelquefois abusé) ne se dégrade en litanie ou en slogan, il convient d'entendre ces trois mots – « penser après Auschwitz » – comme signifiant deux choses.

Penser « après Auschwitz » veut dire, d'une part, « penser Auschwitz ». Penser cet événement singulier qui porte le nom d'Auschwitz – celui d'une petite ville grise et triste, abandonnée au milieu de la plaine polonaise. Et, au-delà, penser cette barbarie sans nom dont l'événement d'Auschwitz demeurera à jamais emblématique : la barbarie génocidaire. Penser le génocide, donc, dans ce qu'il a d'« unique » (même et surtout s'il n'y a pas eu qu'un seul génocide dans l'histoire) – c'est-à-dire en reconnaissant en lui une invention du XXe siècle. Peut-être même (j'y reviendrai) l'invention *par excellence* du XXe siècle. L'invention la plus caractéristique, en tout cas, de ce qu'il est convenu d'appeler « modernité ».

Penser « après Auschwitz » veut dire, d'autre part, penser la possibilité d'un recommencement de la pensée après cette barbarie sans nom. Quand je parle d'un « recommencement » de la pensée, je ne songe pas, bien entendu, à la pensée « en général ». Je n'ignore nullement que si, à Auschwitz ou ailleurs, des hommes ont pu survivre à l'horreur, ils le doivent pour une part décisive au fait qu'ils n'ont jamais cessé de « penser » – de résister par cette faculté de dire

« non » en quoi consiste la pensée « en général », que celle-ci prenne la forme d'un problème de géométrie ou bien d'une mélodie sur un violon. La pensée dont j'évoque, sur le mode interrogatif, la possibilité qu'elle recommence est cette forme déterminée de pensée que nous nommons, en Occident, « philosophie ». Est-il possible, aujourd'hui, de (re)commencer à philosopher ?

Cette question, à son tour, appelle deux remarques complémentaires.

Première remarque : il n'est pas évident, *a priori*, que la philosophie puisse survivre à Auschwitz – pour continuer à faire, du nom du plus terrible « camp de la mort », le symbole même de l'entreprise génocidaire en général, entreprise dont la Shoah a constitué la forme la plus radicale. Comme l'ont bien vu, dès la fin des années quarante, Horkheimer et Adorno, la rationalité moderne ou, si l'on préfère, la raison telle que l'a « façonnée » la philosophie moderne (raison issue de l'humanisme de la Renaissance et de la Réforme, perfectionnée par les Lumières et incarnée, jusqu'en 1933, par les divers courants de l'idéalisme allemand issus du criticisme kantien) a entretenu tant de liens (souterrains ou explicites) avec le « système » technobureaucratique qui a produit Auschwitz, qu'il est exclu, aujourd'hui, de se réclamer d'elle comme si rien ne s'était passé. Ou comme si ce qui s'est passé n'était, à proprement parler, qu'un « rien »[1].

Seconde remarque : il est néanmoins essentiel à notre propre survie, ainsi qu'à celle du souvenir des victimes (dont nous sommes responsables), que la philosophie puisse survivre à Auschwitz. Dans la mesure, en effet, où la rationalité moderne a eu partie liée avec l'événement d'Auschwitz, dans la mesure où la philosophie s'est compromise avec cet événement de manière infiniment plus étroite que la géométrie ou la musique (et je ne songe pas, ici, à la compromission contingente de certains philosophes, mais à celle, « structurelle » ou « métaphysique », de la philosophie comme entreprise visant à « rationaliser » tous les aspects de la vie sociale), c'est à elle qu'il revient, depuis lors, d'accomplir sur elle-même le travail nécessaire pour que semblables « errements » ne se reproduisent pas. Travail d'autant moins évitable que le danger est loin d'être rhétorique – trois génocides, au moins, ayant déjà ensanglanté notre siècle. Et que, si le nom d'Auschwitz n'est que celui de notre modernité, la folie meurtrière que ce nom signifie pourrait bien continuer à se développer, aussi longtemps que ladite modernité ne se serait pas clairement interrogée sur la « barbarie » de (certains de) ses présupposés.

Il est bien présomptueux, dira-t-on, de croire que la philosophie puisse, à elle seule, nous préserver d'un retour d'Auschwitz. N'est-ce pas, pourtant, le progrès des Lumières, autrement dit celui de la philosophie, qui a, au fil des siècles, donné aux hommes l'envie de s'affranchir du fanatisme religieux, ou bien celle d'abolir l'esclavage – deux plaies qui, elles aussi, ont beaucoup tué, quoique à un degré moindre ?

Penser Auschwitz, donc, et faire en sorte qu'Auschwitz ne se répète plus : tel est le double sens de la formule « penser après Auschwitz ». Ou, plus exactement, de la double exigence contenue dans ces trois mots.

Cette exigence va, à son tour, m'amener à modifier ou, plus exactement, à préciser la définition juridique du génocide. Car on ne saurait, sur une question si grave, s'en remettre à la simple « intuition » de quelques juristes, si éminents soient-ils. Pas plus qu'on ne saurait se satisfaire des platitudes du « bon sens », ni de l'inusable fadeur des « bons sentiments ».

Et si j'affirme qu'il est inévitable de penser « après Auschwitz », je dois aussi être capable de donner, au nom d'« Auschwitz », la signification la plus exacte possible.

Retour sur une définition

Or il me semble, de ce point de vue, que l'entreprise génocidaire proprement dite se caractérise par quatre propriétés (qu'on ne trouve toutes les quatre réunies dans aucune autre forme de crime de masse), et que, de ces quatre propriétés, seules les trois premières ont été prises en compte, de façon plus ou moins explicite, par la définition juridique – tandis que la quatrième, en revanche, paraît lui avoir échappé.

1) *Première propriété* : il y a « génocide » partout où il y a volonté de détruire *physiquement* un groupe (ou une partie significative de celui-ci) en tant que tel. Et, par suite, volonté de détruire *physiquement* des individus dans la mesure, et dans la mesure exclusivement, où ces individus appartiennent à ce groupe – dans la mesure, donc, où leur destruction constitue un moment indispensable de l'élimination *physique* du groupe en question.

Je viens de souligner « physique » et « physiquement ». De ces mots, en effet, dépend la distinction entre « ethnocide » et « génocide ». Les deux termes sont parfois identifiés, à tort, l'un avec l'autre. Même un esprit aussi rigoureux que Lemkin, qui les inventa tous deux, les crut synonymes, et ne vit pas clairement qu'ils pouvaient s'appliquer à des réalités différentes. Dans *Axis Rule in Occupied Europe*, après avoir donné du génocide la définition qu'on a citée au chapitre précédent, Lemkin ajoutait : « Un autre terme pourrait être utilisé pour la même idée, à savoir ethnocide, constitué par le mot grec *ethnos* – nation – et le mot latin *cide* [2]. »

Mais l'usage n'a, en fait, pas tardé à séparer ce qui, chez Lemkin, demeurait confondu. Sous l'influence de l'anthropologie culturelle et, en particulier, de travaux comme ceux de Claude Lévi-Strauss (*Race et histoire*, 1952), le sens de « ethnique », depuis un demi-siècle, n'a cessé de se distinguer de plus en plus nettement de celui de « racial », et même de « biologique ». En bref, un groupe « ethnique » est aujourd'hui un groupe dont l'unité est perçue, d'abord et avant tout, comme « culturelle ». Une « ethnie » n'est, au fond, rien d'autre qu'une « culture ». Un « ethnocide » est donc, de ce point de vue, une entreprise visant la destruction d'une « culture » ou d'une « identité culturelle » déterminée – mais non la destruction *physique* des individus qui en sont les porteurs ou les représentants. Telle est, en tout cas, la définition approuvée, depuis 1983, par l'Union internationale des sciences anthropologiques et ethnologiques, reprise par l'anthropologue Georges Condominas dans l'article Ethnocide de l'*Encyclopédie philosophique universelle* [3] – et couramment utilisée par ce grand spécialiste de l'ethnocide que fut, en France, Robert Jaulin [4].

Ainsi, contraindre les membres d'une société indienne d'Amazonie à embrasser la religion chrétienne, ou bien les placer dans une situation administrative, économique, sociale ou sanitaire telle qu'ils n'aient pas d'autre choix, pour survivre, que de se rallier au christianisme ou au mode de vie « occidental », c'est faire acte d'ethnocide. Mais ce n'est pas faire acte de génocide, dans la mesure où la vie des membres de cette ethnie est « officiellement » respectée. Quelque criminels qu'ils puissent être l'un et l'autre, les deux phénomènes sont trop différents pour être regroupés sous un même terme. Surtout si l'on considère que, historiquement, ils ne vont pas nécessairement de pair : l'hispaniste Marcel Bataillon, par exemple, a pu soutenir que « le souci de soustraire les Indiens au génocide » avait conduit, au XVIe siècle, certains de leurs défenseurs, comme Las Casas, « à la recherche de solutions ethnocides ou ethnocidaires [5] ». Bref, c'était afin de mieux sauver la vie des Indiens que Las Casas voulait les arracher aux cultures qui, avant la découverte du Nouveau Monde, étaient les leurs.

2) *Deuxième propriété* : il y a « génocide » partout où il y a volonté de détruire un groupe (ou une partie significative de celui-ci), en tant que tel, pour des raisons d'ordre « national, ethnique, racial ou religieux ». Cet aspect essentiel de la définition de 1948 n'a pas, à proprement parler, besoin d'être reformulé. Mais il a besoin d'être médité, afin d'être mieux compris. Deux points, en particulier, doivent être soulignés.

D'une part, il ne faut pas oublier que les raisons qui

font qu'un groupe visé par une tentative de génocide se trouve perçu comme possédant une unité « nationale, ethnique, raciale ou religieuse » peuvent très bien être imaginaires. Il n'y a rien d'illégitime, par exemple, à se demander en quoi pouvait consister, en 1940, l'unité du groupe constitué par les « juifs européens » (expression supposée s'appliquer aussi bien aux « Ashkénazes » de Varsovie qu'aux « Sépharades » de Salonique). Ou bien à se demander si les Tutsis formaient, en 1994, une véritable « ethnie », distincte des Hutus. D'une manière plus générale, il est établi, aujourd'hui, que la notion de « race » ne saurait recouvrir, à l'intérieur de l'espèce humaine, que des subdivisions conventionnelles, totalement dépourvues de fondement génétique. L'expérience montre donc qu'il n'est nul besoin, pour qu'un groupe devienne l'objet d'une tentative d'assassinat collectif, qu'il forme un groupe réel. Il suffit, malheureusement, qu'il *apparaisse* comme tel dans les fantasmes de ceux qui visent à le rayer de la carte. Ou, comme disait Hannah Arendt, de ceux qui prétendent décider « qui doit ou ne doit pas habiter cette planète [6] ».

Si, d'autre part, les motifs qui firent qu'en 1948 les rédacteurs de la Convention renoncèrent finalement à faire figurer, parmi les « raisons » du génocide, les « raisons » politiques à côté des « raisons » nationales, ethniques ou religieuses, furent, comme je l'ai dit, des motifs peu honorables (puisqu'ils résultaient, pour l'essentiel, d'une forte pression des Soviétiques, peu désireux de voir la communauté internationale s'intéresser de trop près aux massacres commis depuis l'arrivée au pouvoir de Staline), il se trouve cependant que la décision en question fut une décision sage.

Je la défendrai par deux arguments.

Premier argument : faire rentrer les crimes, assassinats ou massacres politiques dans la catégorie des génocides conduirait à rattacher à cette catégorie toutes les formes de guerre civile ou de lutte violente pour le pouvoir qui ont, depuis ses origines, entaché l'histoire humaine. Autant dire que le mot « génocide », ainsi étendu à des milliers de phénomènes historiquement divers, perdrait rapidement toute signification précise. Il me semble parfaitement inutile d'inventer un mot nouveau, si c'est pour ne l'utiliser que comme un vague synonyme de « massacre » ou d'autres mots déjà existants.

Second argument : il y a une différence fondamentale – pour qui veut prendre la peine de s'intéresser aux problèmes de la « victime » ou, tout au moins, à la façon dont celle-ci voit les choses – entre le fait d'être persécuté pour une « opinion » politique, par hypothèse « librement choisie », et le fait d'être persécuté en raison d'une appartenance « nationale, ethnique, raciale ou religieuse ». Dans le premier cas, la victime est persécutée pour ce qu'elle pense, croit ou dit – bref, pour ce qu'elle *fait*. Dans le second cas, elle est persécutée pour ce qu'elle *est* – dans la mesure où les appartenances nationales, ethniques, raciales ou religieuses, loin de résulter d'un choix « libre » de la part de l'individu, sont, en règle générale, déterminées par la naissance.

Et comme il est nettement plus injuste (plus insultant, plus humiliant, plus frustrant, etc.) d'être poursuivi pour quelque chose qu'on n'a pas choisi (et qu'on n'a peut-être même pas envie d'assumer) que pour quelque chose qu'on a choisi, le second cas doit être considéré, au moins subjectivement, comme beaucoup plus grave que le premier. Il doit, par conséquent, en être soigneusement distingué.

3) *Troisième propriété* : il y a « génocide » chaque fois que la volonté de détruire un groupe, en tant que tel, pour les raisons mentionnées à la rubrique précédente, apparaît comme une volonté « préméditée ».

Ce que cet énoncé est destiné à rappeler, c'est le fait qu'une tentative de génocide suppose une « intention » ou un « plan » explicite. Il s'agit, ici, d'exclure du champ de ce concept les actes d'apparence « génocidaire », mais qui auraient été commis « dans le feu de l'action », sans véritable préméditation. La raison d'une telle exclusion, là encore, est double.

D'un côté, considérer comme des génocides toutes les

« flambées de violence » qui, depuis des millénaires, conduisent des communautés « nationales, ethniques, raciales ou religieuses » à s'entre-déchirer pendant de brèves périodes, avant de recommencer à vivre ensemble comme s'il ne s'était rien passé, obligerait à étendre beaucoup trop loin l'extension du concept en question, et donc à le vider, à nouveau, de toute signification opératoire.

D'un autre côté, le fait d'avoir été, au moment du crime, sous l'empire d'une passion violente, étant fréquemment regardé, pour un criminel, comme une circonstance atténuante, il importe de souligner que le crime de génocide ne saurait faire l'objet d'aucune « indulgence » de ce genre. Car, même lorsqu'il est accompli dans la passion ou la fièvre, il n'en résulte pas moins (et c'est même l'un des traits qui le rendent tout particulièrement monstrueux) d'un plan conçu de sang froid et mûri de longue date.

D'où il s'ensuit, par exemple, que le génocide des Arméniens (1915-1916), et celui des Tutsis du Rwanda (1994), résultant tous deux de plans de ce genre, sont bien des génocides – contrairement à ce qu'affirment ceux qui prétendent les expliquer, l'un et l'autre, par des « flambées de violence » prétendument « imprévisibles » et « passagères ».

4) *Quatrième propriété*, enfin : il y a « génocide » chaque fois que la volonté de détruire un groupe, pour les raisons mentionnées ci-dessus, utilise, pour sa mise en œuvre, à la fois les ressources de la bureaucratie et celles de la technologie – bref, des moyens d'action « collectifs » et « modernes ».

Cette dernière propriété peut sembler découler de la précédente. C'est sans doute la raison pour laquelle elle n'est pas mentionnée dans la définition juridique. Il est toutefois important de l'expliciter pour la raison suivante : l'intention de détruire, la préméditation et le « plan concerté » n'existent souvent, à l'origine d'un génocide, que dans le cerveau de quelques individus. Mais, si elles y demeuraient, le génocide n'aurait pas lieu.

Ce qui permet à celui-ci de devenir réalité, c'est, d'une

part, le fait que l'intention de détruire mette en mouvement une bureaucratie déterminée (celle d'un État, par exemple), donc une « masse de gens » plus ou moins importante, et, d'autre part, que cette « masse de gens » se dote de moyens de destruction aussi « efficaces » que possible – sans quoi la tâche à accomplir serait infinie ou irréalisable.

Or la « masse de gens » en question, même si elle semble ne rien faire d'autre qu'obéir à des ordres venus d'en haut, est aussi responsable, sur le plan pénal, que le sont les donneurs d'ordres eux-mêmes – puisqu'il s'agit d'ordres contraires à la morale, auxquels il serait donc indispensable de désobéir. D'où il résulte que les coupables d'un génocide ne se réduisent jamais à une petite poignée d'individus, mais englobent en général une partie – plus ou moins vaste – d'une population donnée. Voire une population entière, si l'on considère que, dans tel contexte déterminé, tout le monde ou presque tout le monde « savait », et que ceux qui « savaient », mais ne faisaient rien pour empêcher le crime, étaient, d'une certaine manière, aussi coupables que les criminels eux-mêmes. En d'autres termes : la culpabilité d'un génocide est toujours (tout au moins sur un plan « politique » et « moral », sinon sur le plan strictement « pénal ») une culpabilité collective.

Ce principe général a, d'ailleurs, été clairement formulé dès 1946 par le philosophe allemand Karl Jaspers, dans son essai sur *La Question de la culpabilité*, rédigé au lendemain de la « révélation » publique de la Shoah. Quant à la responsabilité concrète du peuple allemand vis-à-vis des crimes hitlériens, elle me semble avoir été parfaitement établie, sur le terrain de l'histoire empirique, par le livre de Daniel J. Goldhagen, *Les Bourreaux volontaires de Hitler* (1996) – livre dont la thèse centrale (« de 1933 à 1945, tous les Allemands demeurés en Allemagne ont plus ou moins approuvé le régime national-socialiste et, en particulier, sa politique visant à l'élimination des juifs ») aurait dû être un peu plus nuancée (puisqu'il y a eu des cas de résistance isolée), mais n'est pas foncièrement fausse.

On notera, pour finir, une conséquence capitale de cette quatrième propriété. Bureaucratie et technologie existent depuis fort longtemps, mais, dans le champ qui nous intéresse, les ressources de l'une et de l'autre n'ont commencé à être réellement « efficaces » qu'au XXe siècle.

Ce n'est qu'au début de notre siècle, en effet, que les méthodes d'identification et de « fichage » administratif des individus par l'État ont atteint un seuil performant – point capital, puisque avant d'exterminer un groupe quelconque il faut d'abord pouvoir le distinguer des autres, autrement dit le rendre visible.

Et ce n'est qu'à partir de la guerre de 1914, première guerre véritablement « totale » de l'histoire humaine, que toutes les ressources offertes par les fabuleux progrès scientifiques et techniques des décennies précédentes ont été, pour la première fois, mises au service d'une industrie de la mort – bref, que se sont développées les premières technologies de destruction de masse.

Telles sont les raisons pour lesquelles le crime de génocide ne pouvait apparaître qu'à notre époque. Et devrait même être considéré, ainsi que je l'ai suggéré, comme l'une des manifestations caractéristiques (sinon la plus caractéristique) de notre « modernité ».

Que cela plaise ou non, il y a, entre la rationalité « moderne » (issue des Lumières) et l'événement d'Auschwitz, un lien souterrain mais réel.

Aucun effort sérieux, visant à définir le génocide, ne saurait l'oublier.

Quelques repères historiques

Les quatre propriétés ci-dessus décrites devraient, désormais, nous permettre de répondre clairement à la question de savoir quand il y a – ou quand il n'y a pas – génocide.

En pratique, cependant, le problème est épineux.

D'une part, les génocides les moins contestables – celui

des Arméniens (1915-1916), celui des juifs et des Tsiganes (1941-1945) et celui des Tutsis du Rwanda (1994) – sont, à intervalles réguliers, contestés par les partisans de l'air connu : « Nions, nions, il en restera toujours quelque chose. » Le premier des trois, systématiquement nié par les gouvernements turcs successifs depuis 1919, n'a même jamais été officiellement reconnu par la communauté internationale. Celui des Tsiganes ne l'a véritablement été que plusieurs années après celui des juifs – bien que l'un et l'autre soient rigoureusement indissociables. Quant à celui des Tutsis, la réalité de son ampleur est encore, à la date d'aujourd'hui, contestée (surtout en France et en Belgique) par toutes sortes de groupes d'intérêt.

Ce n'est pas là l'effet du hasard. Un génocide ne peut véritablement « s'achever » que lorsque le criminel a réussi, sinon à éliminer la totalité de ses victimes potentielles, du moins à en éliminer un assez grand nombre, et à éliminer, conjointement, toute trace, tout souvenir du crime lui-même. Pourquoi ? Afin, d'abord, de détruire psychologiquement les descendants des victimes jusqu'à la fin des temps. Et, d'autre part, de mettre le criminel lui-même à l'abri de toutes poursuites ou représailles. En d'autres termes, il est dans la nature du génocide d'être nié – que ce soit par ses auteurs, par leurs héritiers ou par leurs « alliés ». En matière de génocides, le « négationnisme » n'est pas un accident de l'histoire. Il n'est que la dernière étape du génocide lui-même.

D'autre part, les génocides les moins discutables ne font pas seulement l'objet de brutales tentatives de « négation » – tentatives si grossières, si cousues de fil blanc, que les personnes sensées ne font qu'en rire (ou en pleurer). Ils peuvent aussi se trouver subtilement « révisés », ou « relativisés », par de « bons esprits » qui, sans nier la matérialité des faits, s'ingénient à présenter ceux-ci sous un jour qui les rende moins choquants.

Le principal « ressort » de ce processus (que nous voyons se développer sous nos yeux depuis une quinzaine d'années) est, en gros, le suivant : sous prétexte d'exciter la compassion de nos contemporains pour les nombreuses victimes des exactions commises, depuis des siècles, par la prétendue « civilisation occidentale », on parvient à « banaliser » le concept même de génocide en l'étendant, peu ou prou, à toutes les formes de guerre connues depuis la fin de la préhistoire.

Même un grand « spécialiste » comme Leo Kuper, qui ne saurait être suspecté d'arrière-pensées douteuses, ne peut s'empêcher d'écrire, au début d'un des rares livres consacrés au problème du génocide, que la chose est « ancienne », bien que le mot soit « nouveau ». Et de citer, comme exemple tiré de l'histoire antique, les massacres accomplis par les Assyriens aux VIIIe et VIIe siècles avant notre ère [7] ! Ce faisant, Kuper s'embarque dans une voie au terme de laquelle l'objet même de son étude perd – on pouvait s'y attendre – toute spécificité. On ne prétendra certainement pas, pour lui répondre, que les Assyriens (ni d'ailleurs les Romains, ni les Mongols etc.) aient été des « anges ». Mais, une fois de plus, que le mot « génocide » ne sert à rien, s'il n'est qu'un synonyme de « massacre » ou de « guerre ».

Pour d'autres auteurs, moins « innocents », les génocides du XXe siècle, loin d'être les premiers crimes « dignes » de ce nom, ne seraient que les derniers en date (sans être les plus massifs, ni les plus importants) d'une longue série de crimes analogues, dont l'origine coïnciderait avec celle de la civilisation européenne moderne, tenue pour responsable de tout ce qui va mal dans le monde.

Dans cette funeste série, retenons, pour mieux les examiner, trois des moments les plus fréquemment évoqués : les crimes de l'Inquisition, le crime contre les Indiens du Nouveau Monde et le crime contre les Noirs d'Afrique – déportés comme esclaves dans ce même Nouveau Monde et, par voie de conséquence, condamnés à une mort rapide.

Ces crimes sont, évidemment, réels.

Il n'est pas question de les nier, ni de chercher à alléger l'écrasante culpabilité (dans les trois cas) de la catholicité blanche, imbue de ses fantasmes racistes et de sa volonté pathologique de dominer le monde.

Il s'agit simplement de savoir si le concept de « génocide » peut leur être appliqué.

Or, à cette question, la réponse ne peut être que, trois fois de suite, « non ».

1) *Les crimes de l'Inquisition ?* Ils furent bien perpétrés au nom d'une ambition annihilatrice, elle-même ancrée dans un fantasme d'hégémonie politique et idéologique. Mais ils ne visèrent que des individus (sorcières) ou des groupes religieux isolés (Cathares), soupçonnés de pratiques hérétiques, et non des peuples en tant que tels.

2) *Le crime contre les Indiens du Nouveau Monde ?* Il fut massif, en effet. Ce n'est pas par millions, mais par dizaines de millions, que se comptent les Indiens morts des suites de la Conquête, du nord au sud de l'Amérique. Cependant, le nombre des victimes ne fait rien à l'affaire : ce trait ne rentre, en tout cas, dans aucune définition du génocide. D'autre part (et si désagréable qu'il soit d'avoir à effectuer ce genre de distinctions), il faut distinguer. Beaucoup d'Indiens moururent de maladies apportées – sans dessein – par les Blancs. D'autres, des conséquences indirectes des déportations et mauvais traitements que leur infligèrent les Blancs – non dans le but de les tuer, mais dans celui de les convertir à la religion ou au mode de vie des Européens. Quant à ceux qui furent physiquement massacrés, ils le furent au hasard de la Conquête, en tant qu'individus ou groupes perçus comme résistant, en certains lieux et à certains moments, à l'expansion militaire européenne.

Aucun plan concerté, visant l'extermination globale des Indiens comme tels, ne fut conçu par l'un quelconque des peuples conquérants. Certes, il y eut de grandes controverses, parmi ces derniers, pour déterminer si les Indiens étaient des hommes. Mais la conclusion générale (confirmée par la bulle *Sublimis Deus* prise par le pape Paul III en 1537) fut que, précisément, ils en étaient. Bref, on chercha malencontreusement à en convertir beaucoup, on en tua d'autres dans des flambées de violence (tristement identiques à celles qu'engendre, sous toutes les latitudes, la folie de conquérir) – mais nulle institution, nul pouvoir ne préméditait jamais (au sens usuel du verbe « préméditer ») de faire disparaître les Indiens, en tant qu'Indiens, de la planète.

3) Reste le problème – plus difficile – *de la traite et de l'esclavage des Noirs*. Chacun sait qu'il y eut, dans ce cas, un plan d'ensemble, dont la réalisation s'étendit sur trois siècles. Ce plan, toutefois, ne visait pas à tuer. Il visait à déporter, pour l'exploiter, une force de travail – ce qui n'est pas tout à fait la même chose. La différence est la même, si l'on veut, qu'entre un « camp de travail » et un « camp d'extermination ». Il est vrai que, parfois, la frontière peut paraître incertaine. À partir du moment où l'appartenance du travailleur déporté à l'espèce humaine est ouvertement déniée, à partir du moment où le Noir est traité en esclave et où sa vie n'a plus aucune valeur, n'est-on pas en présence d'une volonté, sinon de tuer, du moins d'exploiter sans restriction – au risque (tacitement assumé) de provoquer la mort ?

Il y a pourtant, entre ces deux attitudes, une « nuance » – nuance de peu de relief, certes, mais à laquelle il convient de prêter attention. L'esclave n'a aucun droit, même pas celui de vivre. Malgré cela, il vit. Il peut même lui arriver d'être affranchi par un maître clément. Le condamné à mort, lui, n'a ni droit, ni choix, ni chance. Il doit mourir, ici et maintenant. Cette horrible « différence », pour n'être guère enviable, n'en est pas moins réelle. Vis-à-vis des Noirs victimes de la traite, l'Europe a fait preuve, pendant trois siècles, d'une tragique insouciance. Mais ce mépris de l'autre, si impitoyable qu'il ait été, n'est pas du même ordre que la rage de tuer, constitutive du génocide proprement dit.

Voilà donc trois grands crimes historiques, dans lesquels la responsabilité de l'Europe – et celle de l'Amérique (où l'esclavage a duré jusqu'à la guerre de Sécession, et les massacres d'Indiens jusqu'au début de notre siècle) – sont clairement engagées. Pourtant, et contrairement à ce que prétendent aujourd'hui, surtout aux États-Unis, certains militants « activistes » des communautés noire *(Afro-American)* et indienne *(Native American)*, aucune comparaison entre ces crimes et l'événement d'Auschwitz n'a véritablement de sens. Sinon celui de rappeler (qui le contesterait ?) que la méchanceté des hommes peut prendre bien des formes diverses.

Mais le débat ne fait que commencer. Car ceux qui veulent, à n'importe quel prix, relativiser Auschwitz sont prêts à se déplacer sur un autre terrain, d'où il semble plus difficile de les déloger.

Leur position de repli – illustrée par *Le Livre noir du communisme* (1997), de Stéphane Courtois et de ses collaborateurs – peut être décrite comme suit : si l'on calcule le nombre des victimes de la « dékoulakisation », des famines « planifiées » (Ukraine) et des purges entreprises par Staline dans les années trente, ou du « goulag » en général, et qu'on y ajoute celui des victimes du « laogaï » chinois, de la « révolution culturelle », des Khmers rouges au Cambodge, des régimes communistes au Viêt-nam, en Corée du Nord, en Afghanistan, en Europe de l'Est et dans quelques autres régions du monde, on trouve des chiffres – quatre-vingts, voire cent millions de morts, selon les calculs (d'ailleurs variables et discutables) de Stéphane Courtois [8] – bien supérieurs à ceux des victimes du nazisme (six millions) ou, à plus forte raison, des Turcs (entre un et deux millions) ou des Hutus rwandais (un million).

Il s'ensuit que ces trois génocides, s'ils ont été des crimes, n'ont pas été plus « graves » que les crimes accomplis par les divers régimes se réclamant de Marx. Que, s'ils doivent être condamnés, il n'y a pas de raison qu'ils le soient de manière « spécifique ». Et que le Code pénal français (dans sa version actuelle) a donc tort de distinguer la volonté d'exterminer une religion, une ethnie ou un « peuple », de celle de vaincre un groupe d'opposants politiques en général.

Bref, notre siècle n'aurait, finalement, aucune singularité. Sauf, peut-être, celle d'avoir enfanté deux systèmes – nazisme et communisme – qui ont, tous deux, battu les « records » de criminalité. Et qui, pour cette raison, ne sauraient être comparés que l'un à l'autre – le communisme restant, en termes d'arithmétique macabre, de loin le plus redoutable des deux.

Tel est le « préjugé », aussi dangereux qu'indéfendable, et néanmoins de plus en plus profondément enraciné dans l'opinion – auquel il me faut maintenant m'attaquer.

Je n'entreprendrai point, pour cela, de contester les chiffres avancés par Courtois. D'abord, parce que je ne suis pas historien. Ensuite, parce que ni son équipe, ni aucune autre, n'a, à la date d'aujourd'hui, réalisé sur ce sujet un travail d'investigation véritablement définitif. Enfin et surtout, parce que, comme on dit vulgairement (mais avec bon sens), « la quantité ne fait rien à l'affaire ».

Le véritable problème, en somme, n'est pas de savoir combien de gens sont morts *dans* les pays communistes – contrairement à la tendance, typique du livre de Courtois, à comptabiliser comme « victimes » du marxisme tous ceux qui sont morts de froid, de faim, de vieillesse ou de maladie dans des « camps de travail » (qui n'étaient pas, que je sache, des « camps d'extermination »). Il n'est même pas de savoir combien de gens sont morts à *cause* du communisme – question aussi absurde que celle qui reviendrait à se demander combien de gens sont morts à *cause* du capitalisme (lequel a, en outre, probablement beaucoup plus tué que le communisme, puisqu'il a duré beaucoup plus longtemps). Le vrai problème est de savoir si le communisme a, oui ou non, produit des effets « génocidaires » analogues à ceux du nazisme – voire, pires encore.

Question de principe, par conséquent. Et non de chiffres.

J'ajoute qu'il ne suffit pas, pour croire y avoir répondu, d'évoquer le cas du Cambodge de Pol Pot. Car même si les Khmers rouges tuèrent deux millions de personnes, ce massacre massif ne fut pas un véritable génocide, puisque la plupart des victimes furent choisies sur la base de ce qu'elles ou (lorsqu'il s'agissait d'enfants) leurs familles *faisaient* (pour ou contre les Khmers rouges), ou de ce qu'elles étaient supposées pouvoir *faire* – et non de ce qu'elles *étaient*, tout court (d'un point de vue exclusivement racial, ethnique ou religieux).

Ce qui s'est passé au Cambodge, de 1975 à 1979, comme ce qui s'est passé, à d'autres moments, en d'autres lieux du monde communiste, me semble pouvoir être plus adéquatement décrit (j'y reviendrai au chapitre IX) comme une vaste et féroce *lutte pour le pouvoir* (lutte qui, dans le cas du Cambodge, ne fut qu'une des conséquences désastreuses de l'agression américaine contre le Viêt-nam, et doit être replacée dans le contexte de la guerre froide).

Si sanglante qu'ait pu être la dictature khmère rouge, elle ne suffit pas, en tout cas, pour déclarer, comme le fait Courtois, le communisme coupable de génocide. Le fait a d'ailleurs été relevé par de nombreux lecteurs du *Livre noir* – ainsi que par les principaux collaborateurs de Courtois, qui ont d'eux-mêmes tenu, lorsqu'ils ont vu le livre achevé, à se désolidariser des conclusions « extrémistes » défendues par le « maître d'œuvre »[9].

Pour savoir, cependant, si la thèse de Courtois a quelque fondement, il faut reprendre à partir de zéro l'exercice consistant à comparer « nazisme » et « communisme ». Non pas en dressant le problématique inventaire des « victimes » de l'un et de l'autre (surtout lorsqu'on n'est pas en mesure de définir rigoureusement les conditions auxquelles il serait licite de parler de « victime »). Mais en analysant les concepts mêmes que ces termes recouvrent.

Chapitre III

NAZISME ET COMMUNISME

« Communisme égale nazisme » : ce discours n'est ni neuf, ni neutre.

C'est un discours polémique, politiquement orienté. Le fait qu'il soit devenu, au fil de la guerre froide, le discours dominant à l'échelle planétaire, incite à l'examiner avec une vigilance accrue.

Il faut toujours, par principe, se méfier des discours qui réussissent. Des discours que « tout le monde » reprend en chœur.

Mais il faut également comprendre pourquoi « tout le monde » les reprend en chœur, ces discours. Il faut expliquer d'où ils viennent. Où ils vont. Quels enjeux ils véhiculent. Il faut décrire leur genèse. Raconter leur histoire.

C'est ce que je vais tenter de faire dans ce chapitre. En repartant, pour plus de clarté, de l'année où la possibilité même d'une comparaison entre nazisme et communisme a commencé à prendre sens : l'année 1933, donc.

Se souvenir de Benjamin

Le lendemain du jour où Hitler prend le pouvoir en Allemagne, les juifs commencent à émigrer.

Ils savent ce qu'ils fuient. Ils fuient une dictature qui les persécute.

Ils ne fuient pas pour autant – sauf exceptions – en direction du pays où, quelques années plus tôt, a triomphé la Révolution bolchevique. Les intellectuels, parmi eux, sont évidemment moins anticommunistes qu'ils ne sont antinazis. Mais ils ne se sentent pas plus staliniens que hitlériens. Ni Moscou, ni Berlin : ils sont ailleurs, ou se cherchent un ailleurs.

Certains, peu nombreux, croient – parce qu'ils sont sionistes – que cet ailleurs se trouve en Palestine. Ils embarquent pour Jérusalem, où Gershom Scholem s'est installé dès 1923.

Les autres vont vers Londres ou Paris, d'où la montée des périls les chassera vers un Occident plus lointain encore : l'Amérique. Parmi ces derniers, il y aura ceux qui franchiront à temps l'Atlantique. Et ceux qui, comme Walter Benjamin, mourront de désespoir dans un village situé sur la frontière franco-espagnole.

De cette dramatique odyssée, ce qu'il faut retenir est l'exceptionnelle lucidité de cette génération d'intellectuels juifs allemands des années vingt et trente. Nul n'a mieux qu'eux, ni plus tôt qu'eux, compris que, si le nazisme était haïssable, le communisme était loin d'être parfait.

Mais ces intellectuels étaient des gens honnêtes. Ils n'ont pas tout mélangé. Marxisme, communisme et stalinisme n'étaient pas, à leurs yeux, synonymes.

Le marxisme ? C'était une de leurs grandes visions théoriques de référence. L'un des instruments à l'aide desquels ils pouvaient commencer à penser cet horizon de la « modernité » qui les passionnait tant. En quelque sorte (et pour reprendre les mots mêmes que Sartre devait employer quelques décennies plus tard), la philosophie « indépassable » de leur époque [1].

Le marxisme les fascinait par sa double dimension, *scientifique* et *politique*.

Scientifiquement, le marxisme est un *matérialisme*.

Politiquement, il est un *messianisme*.

Matérialisme : thèse selon laquelle on ne peut rien comprendre à l'histoire aussi longtemps qu'on se refuse à voir le rôle déterminant (en dernière instance) qu'y joue la lutte des classes – classes elles-mêmes engendrées par la façon dont est organisée la production économique.

Messianisme : thèse selon laquelle l'homme n'est pas un donné, mais un sujet à construire, une liberté à inventer. Une liberté qui ne peut se forger que dans les actes par lesquels l'individu, soucieux de conférer un sens à son histoire, cherche à émanciper l'humanité entière pour mieux s'émanciper lui-même.

Or Benjamin et ses amis (car Benjamin, à tous points de vue, est l'emblème de la génération dont je parle, ainsi que sa plus haute valeur intellectuelle) poursuivaient un double but. Ils voulaient, d'une part, comprendre leur époque. Et, d'autre part (en tirant les leçons de la guerre et de la révolution russe), agir sur elle, pour engendrer l'avenir en lequel ils croyaient. Hommes d'esprit critique, ils penchaient pour le matérialisme. Hommes de conviction, ils tendaient au messianisme. Bref, ils ne pouvaient qu'être *marxistes*.

Mais ils n'étaient pas pour autant *communistes*. Ni, surtout, *staliniens*. Très tôt (il faudrait parler, ici, du judaïsme comme culture ordonnée autour du rejet de la violence physique ; ainsi que de la double identité juive et allemande, dont l'unité n'était pensable qu'à condition de faire prévaloir la soumission à l'ordre public sur les aspirations privées), Benjamin a perçu la nature contradictoire du concept de révolution. Alors même qu'il se veut émancipateur, ce dernier implique nécessairement la violence. Il implique que violence soit faite par une classe à une autre. Il implique non seulement la guerre civile (à titre transitoire), mais encore la volonté de rendre l'ordre social à sa nature première d'« état de guerre » – ainsi que l'intention de maintenir cet état jusqu'à la neutralisation du dernier opposant.

Tout en s'enthousiasmant pour le *concept* marxiste de

révolution (dont les origines se veulent scientifiques, et la finalité, messianique), Benjamin et ses amis étaient donc conduits à se méfier des révolutions *réelles*. Et, par voie de conséquence, du communisme réel – puisque le communisme (ou ce qu'on appelait ainsi à l'époque, c'est-à-dire le pouvoir du parti), n'ayant aucun moyen non violent d'advenir, ne pouvait procéder que d'une révolution. En d'autres termes, ils n'étaient pas communistes – même si le communisme, comme expérience, les fascinait.

Bien plus, ils furent parmi les tout premiers à dénoncer la dérive autoritaire de la révolution bolchevique – cette dérive qui, à partir de la mort de Lénine (1924) et de l'exil de Trotski (1929), prit rapidement le nom et la figure du stalinisme. Ils furent, parmi les penseurs marxistes (hors de Russie), les premiers antistaliniens.

On a beaucoup critiqué Staline, depuis un demi-siècle. Mais on n'a pas dit, en substance, grand-chose de plus que ce qu'ils avaient déjà dit, bien avant 1939. On a même probablement dit moins. Car, eux, ils avaient sur la plupart de leurs « successeurs » une supériorité : comme ils ne confondaient pas communisme et stalinisme, comme ils ne réduisaient pas mécaniquement le premier au second, ils avaient une perception beaucoup plus fine de l'historicité de ce dernier. Autrement dit, des processus par lesquels, à un moment déterminé de l'histoire soviétique, l'aventure – essentiellement émancipatrice – du communisme avait pu se transformer en cette dictature policière et bureaucratique que l'on nomme stalinisme.

Malheureusement, l'exceptionnelle lucidité de Benjamin et de ses amis ne survécut pas à leur génération. Qui, à son tour, ne survécut pas à la Seconde Guerre mondiale – tandis que la culture judéo-allemande, d'où ils procédaient, était elle-même rayée de la carte.

Perte sans remède – tant il est vrai que certaines formes de lucidité, particulièrement de lucidité politique, demeurent si difficiles à atteindre qu'elles ne sont concevables qu'à l'intérieur d'une culture donnée, c'est-à-dire d'une longue tradition historique. Et qu'elles sont condamnées à s'évanouir, lorsque cette tradition disparaît.

Se souvenir d'Hiroshima

Transportons-nous aux derniers jours de la Seconde Guerre mondiale.

Nous sommes en août 1945. Depuis trois mois déjà, l'Allemagne, prise à revers par les puissances occidentales d'un côté, l'URSS de l'autre, a dû capituler.

Pour l'essentiel, la guerre n'aurait pu être gagnée, si les États-Unis et l'Union soviétique ne s'étaient retrouvés dans le même camp. Mais depuis que, pour l'essentiel, la guerre est gagnée, les « Alliés » ont cessé d'être alliés. Faute de devoir s'unir face à un ennemi commun, l'ami n'a plus besoin d'ami. À ceci près qu'il reste un adversaire à abattre, le Japon – pris, là encore, à revers. Et que, cette fois, ce sont les Américains qui le menacent à l'est, tandis qu'à l'ouest s'approche l'armée soviétique.

La guerre en Asie pourrait, en tout cas, se terminer en quelques mois, ou en quelques semaines, par l'étranglement du Japon. Voire par un simple blocus économique.

C'est alors que les États-Unis prennent – après mûre délibération – cette décision inouïe : ils vont finir la guerre tout seuls, sans l'aide des Soviétiques. Ils vont, en quelques jours, provoquer la reddition totale des Japonais.

Il leur suffit, pour cela, de détruire par l'arme atomique deux villes. D'exterminer de manière globale et planifiée leurs populations entières.

Comme si la Seconde Guerre mondiale, « la » guerre du XXe siècle par excellence, la guerre qui a permis le plus grand génocide de la modernité, ne pouvait s'achever à son tour que par ce meurtre de masse qui, s'il n'est pas un génocide, en possède cependant une caractéristique formelle : la préméditation. Et qui porte depuis lors, habitants d'Hiroshima et de Nagasaki, les noms de vos deux villes assassinées.

Pouvait-elle s'achever autrement, cette guerre ? rétorquent les experts.

Bien sûr, elle le pouvait. Tous les travaux fondés sur l'étude des archives de l'administration américaine le prouvent. La décision de rayer de la carte deux grandes cités japonaises n'était qu'une des manières possibles d'obliger le Japon à capituler. Si elle a été retenue, c'est parce qu'elle seule permettait de gagner la guerre en Asie sans l'aide des Soviétiques. De la gagner avant que ceux-ci n'eussent le temps de pousser leur progression vers l'est, et le communisme, celui de gagner l'Extrême-Orient dans les wagons de l'Armée rouge.

La bombe d'Hiroshima n'a pas été une bombe contre le nazisme (déjà mort), ni même contre l'allié japonais du nazisme (quasiment moribond).

Elle a été, d'abord et avant tout, une bombe contre le communisme.

Ce n'est donc pas, comme on le dit souvent, en 1947 ou 1948 que commence la guerre « froide ».

C'est à Hiroshima, le 6 aôut 1945 au matin.

Dans la chaleur extrême de l'atome en fusion.

Popper, Arendt : couple fatal ?

Sans doute le succès de ce coup d'arrêt donné à l'expansion communiste restera-t-il très limité. Les Soviétiques n'occuperont pas le Japon comme ils ont occupé une partie de l'Allemagne et de l'Europe orientale. Le communisme, lui, n'en progressera pas moins à l'est. En Chine, d'abord, puis dans l'ex-Indochine française.

Mais si les habitants d'Hiroshima, de ce point de vue, sont morts pour rien, la guerre « froide », elle, se poursuivra impitoyablement pendant plus de quatre décennies. Fondée sur une logique de la terreur mutuelle (la fameuse « dissuasion » nucléaire), elle impliquera progressivement, d'un côté ou de l'autre, tous les pays de la planète et, dans nombre d'entre eux (en particulier dans les pays en développement), provoquera de sanglants affrontements. Jusqu'à ce que, en 1989, la chute du Mur de Berlin prélude à l'effondrement du bloc soviétique. C'est-à-dire à la victoire définitive du camp capitaliste – bientôt suivie par l'entrée de la Chine dans l'économie de marché.

Livré, pendant ces décennies, à deux superpuissances, États-Unis et URSS, le monde de la guerre froide est un monde bipolaire d'où le nazisme a, semble-t-il, disparu. Disparu du symbolique (les mémoires), aussi bien que du réel (l'actualité).

À l'ouest de ce monde, on se souvient que Hitler a perdu la guerre, mais on oublie qu'il a failli la gagner.

À l'est, on agite quelquefois encore la menace du nazisme, ou du fascisme en général, présentés comme des sous-produits du capitalisme – mais sans y croire vraiment.

De toute façon, de part et d'autre du rideau de fer, les acteurs de la guerre froide sont bien trop occupés par leurs propres affrontements pour se souvenir qu'avant de disparaître le nazisme a eu le temps d'engendrer la Shoah. Auraient-ils même, sans cela, envie de « se souvenir » ?

Je suis né dans cet âge, quatre ans après la libération d'Auschwitz par l'Armée rouge. Et quand je dis que, dans le temps de ma jeunesse, cela arrangeait bien les gens d'oublier la Shoah – je sais de quoi je parle.

Tel est le contexte dans lequel, peu après la chute de Hitler, paraissent deux livres qui – bien qu'ils aient été commencés l'un et l'autre avant 1945 – appartiennent en réalité à l'époque suivante. Deux livres qui jettent les bases (philosophiques et politiques) de ce qui va devenir l'idéologie dominante du camp occidental pendant toute la guerre froide. Et même au-delà.

Ni *La Société ouverte et ses ennemis* (1945), pourtant, ni *Les Origines du totalitarisme* (1951) n'ont été écrits dans ce but. Aucun de leurs auteurs n'est un intellectuel « vendu » au capitalisme.

Le premier, Karl Popper, est un philosophe autrichien dont les parents, juifs convertis au protestantisme, sympathisaient avec les idéaux socialistes. Popper lui-même, après avoir fui Vienne en 1937, a passé la durée de la guerre en Nouvelle-Zélande, avant de s'installer à Londres.

La seconde, Hannah Arendt, juive, allemande et tentée par le sionisme, a quitté son pays dès 1933 pour Prague, Paris, puis, à la fin de 1940, l'Amérique – où elle a poursuivi une carrière d'intellectuelle « de gauche ».

Tous deux, en somme, sont plutôt « progressistes ». Mais le destin des livres échappe souvent à leurs auteurs. Rien ne l'illustre mieux, précisément, que le destin de ces deux livres-là.

Dans une préface destinée à la (fort tardive) traduction française de *La Société ouverte*, et datée du 2 mai 1978, Popper affirme avoir pris la décision d'écrire cet ouvrage le jour où les troupes de Hitler envahirent l'Autriche. L'ouvrage a donc été entrepris pour défendre la liberté. Et, au vu du contexte, on pourrait supposer que l'ennemi visé était principalement le nazisme. Tel n'est cependant pas le cas.

D'une part, Popper nomme dans le corps du livre trois sortes d'adversaires : fascisme, nazisme et communisme. Trois adversaires qu'il rassemble sous un concept commun, mal défini sur le plan historique : celui de « totalitarisme ». Concept qui semble être synonyme, pour lui, de « dictature », c'est-à-dire de « forme de gouvernement qui ne peut être renversée que par la violence », et s'opposer globalement à celui de « démocratie », lui-même synonyme de « forme de gouvernement issue d'élections libres » (opposition d'autant plus problématique que, comme on sait, ce sont des élections libres qui, en 1933, ont porté Hitler au pouvoir).

D'autre part, une moitié de *La Société ouverte* (la seconde) est entièrement consacrée à la critique des idées de Marx, tandis que la première moitié s'emploie à dénoncer, dans l'histoire de la philosophie classique (d'Héraclite à Hegel), toutes les formes de pensée « dialectique » qui ont pu, à un titre ou un autre, influencer la démarche de Marx.

Bref, si, officiellement, Popper combat le « totalitarisme » en général, en pratique, c'est surtout contre la « variante » marxiste de ce dernier qu'il s'acharne. Cela n'a rien de surprenant pour qui sait qu'après avoir adhéré, dans sa jeunesse, aux idées de gauche, Popper est devenu, en 1919, profondément hostile à la violence révolutionnaire impliquée par le programme communiste. Et qu'il a, dès 1935, récusé, dans *Misère de l'historicisme*, la conviction selon laquelle l'histoire obéirait à des lois qui, correctement comprises, permettraient d'anticiper l'avenir.

Quoi qu'il en soit, *La Société ouverte* deviendra, dès sa parution, le bréviaire des intellectuels pour qui la démocratie « libérale » (enracinée dans l'économie de marché) est la seule forme concevable de régime politique. Et le communisme (non le nazisme), son principal ennemi.

Un « glissement » du même ordre semble avoir présidé à la genèse de l'ouvrage d'Hannah Arendt. Peu avant la fin de la guerre, et sous le choc de la révélation de la Shoah, elle commence à travailler à un manuscrit provisoirement intitulé *Les Éléments de la honte : antisémitisme, impérialisme, racisme ou les trois colonnes de l'Enfer*. Mais lorsque, à l'automne 1949, ce livre – qui deviendra, deux ans plus tard, *Les Origines du totalitarisme* – est pratiquement achevé, son objet n'est plus le nazisme seul, mais le couple formé par nazisme et communisme.

Certes, la première partie de ce volume (qui en comporte trois) est bien consacrée à l'antisémitisme (défini comme « insulte au bon sens »), ainsi qu'à son histoire – que, de manière discutable, Arendt fait commencer en Prusse en 1807, comme s'il ne s'était rien passé ailleurs, ni avant [2].

En revanche, la deuxième partie, intitulée « Impérialisme », revient sur l'histoire du concept de « race » en général (en le déconnectant du problème spécifique de l'antisémitisme), afin de mieux montrer le rôle joué par ce concept dans le développement, tout au long du XIXe siècle, de ce qu'Arendt nomme les « nationalismes tribaux [3] ». Cette dernière expression désigne les deux grandes idéologies à fondement ethnique – « panslavisme » et « pangermanisme » – dont les visées expansionnistes expliquent, selon elle, tous les malheurs du XXe siècle : à l'en croire, en effet, nazisme et bolchevisme devraient plus « au pangermanisme et au panslavisme qu'à tout autre idéologie ou mouvement politique [4] ».

Quant à la troisième partie, elle se veut une analyse scientifique (au sens de la « science politique ») des régimes « totalitaires », fondée sur une étude précise des analogies, tant structurelles que dynamiques, entre nazisme et stalinisme (puisque, pour Arendt, à la différence de Popper, « totalitarisme » n'est pas un vague synonyme de « dictature », mais une catégorie qui ne peut s'appliquer qu'à ces deux régimes, et à eux seuls).

C'est surtout cette troisième partie que la postérité a retenue. Et pour cause : lorsque l'ouvrage paraît, en 1951, les États-Unis sont en pleine guerre de Corée. Le nazisme, en tant que tel, n'est plus à l'ordre du jour. La Shoah est « oubliée ».

En revanche, le camp occidental est déjà largement entré dans un processus visant à « démoniser » le communisme. Et l'idée selon laquelle ce dernier serait au fond identique au nazisme (et probablement plus mauvais que lui), même si ce n'est pas l'idée d'Arendt, est celle de la plupart de ses lecteurs.

Celle, en tout cas, que son livre contribuera à accréditer.

Dès lors, et pendant le demi-siècle (ou presque) que durera la guerre froide, la scène occidentale va être dominée par une idéologie monolithique, le « libéralisme ».

Je n'emploie pas ici ce terme au sens qu'il a aux États-Unis (où il implique un certain souci de la justice sociale, et possède donc une connotation « social-démocrate »), mais au sens qui est habituellement le sien en Europe. Dans cette dernière acception, le libéralisme est l'idéologie qui se propose de conduire la planète entière vers la réalisation d'un double modèle : celui de l'économie de marché (c'est-à-dire du capitalisme, présenté comme le seul mode rationnel d'organisation de la production), et celui de la démocratie parlementaire (présentée comme la forme la plus désirable d'organisation politique et, de plus, la seule forme compatible avec le développement de l'économie de marché).

Je reviendrai plus loin sur le contenu de ce double projet. Je voudrais, auparavant, m'arrêter sur ses aspects directement polémiques. Autrement dit, sur les thèses qui, en Occident, permettent de soutenir l'idée selon laquelle le combat pour le libéralisme serait l'unique combat « juste ». La véritable « guerre du XXe siècle ». Et, d'une certaine façon, l'ultime raison d'être de notre civilisation « humaniste » issue de la Renaissance.

Ces thèses me semblent être au nombre de deux.

La première, d'ordre à la fois philosophique et historique, affirme qu'en dehors de la démocratie libérale, tous les autres types de régime (nazisme et communisme inclus) se ramènent à de simples variantes d'un seul et même modèle, le modèle « totalitaire ».

Selon la seconde thèse, dérivée de la précédente mais plus explicitement « politique », tout adversaire du nazisme ne pourrait être, *a fortiori*, qu'un adversaire du communisme – puisque le communisme, n'ayant d'autre raison d'être qu'une aspiration évidente à l'hégémonie mondiale (seule « cause » capable d'expliquer l'ampleur des crimes auxquels il s'est livré), serait, en fin de compte, plus dangereux que le nazisme.

Il n'est pas difficile de voir, aujourd'hui, que cette seconde thèse a été démentie par les faits. Quelles qu'aient pu être, en effet, les visées expansionnistes de Staline au lendemain de la Seconde Guerre mondiale, quel qu'ait pu être l'appui apporté par ses successeurs aux différents mouvements « révolutionnaires » dans le monde, les difficultés internes au système soviétique (surtout à partir des années 1970) ont rapidement privé l'URSS des moyens de constituer une réelle menace pour la paix du globe. En outre, l'accroissement de ces difficultés (principalement dans le secteur économique) a fini par provoquer l'implosion du système lui-même.

Bien plus que de l'hostilité (militaire ou idéologique) des pays occidentaux, c'est de ses propres carences qu'est mort le communisme (ou, plus exactement, le socialisme « réel », puisque ni l'URSS, ni aucun de ses satellites, ni la Chine, ni Cuba, n'ont jamais été « communistes » au sens strict). La guerre froide, en somme, ne s'est achevée par une « victoire » de l'Occident que dans l'exacte mesure où l'autre camp s'est, tout bonnement, sabordé – dans la mesure où il a choisi, en 1989, d'abandonner le « combat ». Choix largement consensuel, d'ailleurs. Et dont la mise en œuvre s'est déroulée de manière à peu près pacifique – à l'exception, combien problématique, de la Roumanie et, pour d'autres raisons, de l'ex-Yougoslavie.

On peut donc dire, à la lumière de ce qui s'est passé en Russie et en Europe de l'Est entre 1989 et 1991, que les « experts » – politiciens, stratèges et journalistes – occidentaux, parfaitement incapables de prévoir ces événements (il est vrai, stupéfiants), se sont largement trompés, tout au long des quarante-cinq années précédentes, sur la véritable « nature » de l'URSS, ainsi que sur la réalité du danger qu'elle représentait.

Ils ont, de manière symétrique, constamment sous-estimé la capacité de nuisance des forces idéologiques (nationalisme, racisme) qui étaient à l'œuvre dans le nazisme, et qui ont resurgi, telles quelles, aussi bien dans l'idéologie des partis d'extrême droite occidentaux, de Le Pen à Haider, que dans celle des « purificateurs » serbes, islamistes ou hutus.

La thèse « politique », selon laquelle le communisme aurait été aussi redoutable, sinon plus, que le nazisme, n'en a pas moins survécu à la fin de la guerre froide. C'est-à-dire à sa « falsification » par les faits, comme aurait pu dire Popper – l'un de ceux qui, sur ce point, se sont le plus constamment égarés.

L'explication de cette énigme me paraît être la suivante. Même « falsifiée » par les faits, la thèse « politique » survivra aussi longtemps que la fausseté de l'autre thèse – la thèse philosophique et historique dont elle représente la conséquence – n'aura pas été clairement établie.

Tout le débat se résume donc à la question de savoir ce qu'il convient de penser de cette autre thèse. Autrement dit, de la catégorie de régime « totalitaire », et de l'idée selon laquelle nazisme et communisme en constitueraient, simplement, deux variantes.

Qu'est-ce qu'un régime « totalitaire » ?

La réponse est d'autant plus malaisée que, si on la trouve sous la plume de Popper et d'Arendt, la catégorie de « totalitarisme » est beaucoup plus ancienne. Et que, au fil des ans, son sens a largement varié.

Le terme apparaît, semble-t-il, en Italie, en mai 1923. Il est d'abord utilisé par des adversaires de Mussolini pour dénoncer le fascisme. En juin 1925, Mussolini s'en empare pour revendiquer la « farouche volonté totalitaire » de son mouvement. Des idéologues du fascisme italien, comme le philosophe Giovanni Gentile, y recourent pour caractériser ce que devrait être, selon eux, l'État : un État « total », s'identifiant à la société entière et doté, par là même, d'une puissance supérieure à celle des États démocratiques, affaiblis par leur indulgence coupable envers le « pluralisme » et l'individualisme.

Des idées analogues émergent, au même moment, en Allemagne. Dans une conférence de 1927, *La Notion de politique*, le juriste et politologue Carl Schmitt célèbre le *totale Staat* – un État au contrôle duquel n'échappent ni les forces économiques de la nation, ni ses forces idéologiques. En 1933, Schmitt embrassera, pour un temps, la cause du national-socialisme. Son ami l'écrivain Ernst Jünger, proche de l'extrême droite, en appelle lui aussi, dans un essai sur *La Mobilisation totale* (1930), à une identification de l'État avec le « tout » de la société. Les nazis, de leur côté, n'emploieront que rarement l'adjectif « totalitaire ». Mais ils s'inspireront abondamment des conceptions de Schmitt – ce qui n'empêchera pas celui-ci de faire assez bien oublier, après la guerre, ses positions publiques des années trente [5].

Selon l'historien britannique Ian Kershaw, « la première utilisation du mot " totalitarisme " pour qualifier à la fois l'État fasciste et l'État communiste semble s'être produite en Angleterre vers 1929 [6] ». Au fil des années suivantes, le concept est repris par divers théoriciens de la gauche allemande pour désigner ce qui leur paraît « neuf », politiquement parlant, dans le fascisme ou le nazisme, en dehors de toute comparaison avec le communisme. Tel est encore l'usage qu'en fait Franz Neumann, théoricien proche de l'École de Francfort, dans son livre *Béhémoth : structure et pratique du national-socialisme* (1942).

Cependant, le développement de la terreur, en URSS, à la veille de la Seconde Guerre mondiale, et surtout la signature du pacte germano-soviétique (1939), témoignent d'un « rapprochement » objectif entre régime hitlérien et régime stalinien – rapprochement qui, à son tour, renforce la tentation de les comparer. Implicite dans *La Société ouverte et ses ennemis*, de Karl Popper, la comparaison en question fait – explicitement, cette fois – l'objet de la troisième et dernière partie du livre d'Hannah Arendt, *Les Origines du totalitarisme*.

La stratégie de Popper consiste, on l'a vu, à souligner les points communs à toutes les dictatures. Il n'existe, écrit-il en substance, que deux types de gouvernements : « ceux dont on peut se débarrasser sans effusion de sang – par des élections générales, par exemple – parce que les institutions en fournissent les moyens (...) et ceux dont les gouvernés ne peuvent se débarrasser que par une révolution victorieuse – impossible dans la majorité des cas » [7]. Les premiers sont des « démocraties » ; les seconds, des tyrannies ou « dictatures ». Opposition sans nuances et, apparemment, sans problème : Staline, comme Hitler, ne rentre-t-il pas, de toute évidence, dans la catégorie des « tyrans » ?

Ce genre de manichéisme ne rend, cependant, guère justice à la complexité de l'histoire réelle. La violence ne se trouve pas toujours, exclusivement, dans le camp des « tyrannies » – ni le « consensus », dans le camp adverse. Arendt a, par exemple, bien remarqué un fait généralement négligé par les penseurs libéraux : le fait que les plus sombres dictatures jouissent, souvent, d'un réel soutien populaire. Cela n'a pas empêché le couple « démocratie/dictature », tel que le concevait Popper, de connaître un succès durable dans la littérature philosophico-politique (et journalistique) des cinquante dernières années.

Plus fine analyste que Popper, Arendt s'attache, avec raison, à distinguer le totalitarisme comme « mouvement » du totalitarisme comme « système de pouvoir ». Mais, du fait que sa connaissance du stalinisme est moins précise que sa connaissance du nazisme, elle ne parvient guère à repérer, entre les deux régimes, que des analogies d'ordre très général – telle que, par exemple, l'importance des rôles joués, dans les deux cas, par la propagande idéologique et la terreur policière. De plus, son hypothèse de base, selon laquelle (chapitre X) le totalitarisme s'accompagnerait d'une disparition des classes sociales (disparition qui serait elle-même une conséquence de la « massification » de la société), ne résiste pas à l'examen (ni dans le cas de l'URSS, ni, *a fortiori*, dans celui du Troisième Reich, qui n'a jamais prétendu abolir les barrières de classe).

Qu'importe ! Trois ans plus tard, le politologue Carl J. Friedrich propose (*Le Totalitarisme*, 1954) de définir les systèmes totalitaires par un « syndrome » en six points, directement inspiré d'Arendt : idéologie officielle, parti unique à base de masse, contrôle policier terroriste, monopole des moyens de communication, monopole des moyens de combat et contrôle centralisé de l'économie. Repris par Raymond Aron [8] sous la forme d'un « syndrome » en cinq points (parti unique, idéologie officielle, monopole des moyens de force et des moyens de persuasion, contrôle de l'économie, terreur policière), ultérieurement critiqué pour son caractère excessivement rigide, puis remis en question par de nombreux chercheurs, ce modèle n'en demeurera pas moins, pendant longtemps, une référence « obligée ».

Ce n'est pas dire qu'il se révélera d'une grande fécondité. Tout au contraire, la plupart des spécialistes du communisme s'accordent aujourd'hui pour reconnaître qu'il s'applique difficilement aux premiers temps de la révolution bolchevique (le cliché selon lequel « tout Staline serait déjà dans Lénine » n'étant pas sérieusement défendable d'un point de vue historique), encore moins à l'ère poststalinienne (marquée par l'affaiblissement progressif du pouvoir central), et pas du tout aux pays satellites de l'URSS (c'est-à-dire aux « démocraties populaires » des années 1945-1989, qui n'ont jamais subi sans rechigner le joug de Moscou). Reste la période stalinienne proprement dite (1930-1953), sur laquelle il ne sera possible de se prononcer que lorsque les archives ex-soviétiques, encore fort mal connues, auront été réellement explorées.

Quant aux historiens du nazisme, ils ont évolué. Peu d'entre eux se sont servis, pour comprendre le Troisième Reich, du « syndrome » défini par Arendt et Friedrich. Ceux qui s'y sont risqués n'ont d'ailleurs pas tardé à être contestés, tant sur leur « droite » que sur leur « gauche ». En 1963, dans un livre provocant, *Le Fascisme dans son époque*, l'Allemand Ernst Nolte (né en 1923) propose de relire l'histoire du nazisme à la lumière du concept de fascisme plutôt qu'à celle du concept de totalitarisme. Quelques soupçons, cependant, pèsent sur l'honnêteté de l'entreprise – puisqu'il s'agit avant tout, pour Nolte, de « banaliser » le nazisme, en expliquant que le fascisme était dans « l'air du temps » des années 1930.

Même si tel était le cas, cela ne changerait rien au fait que le nazisme n'est pas un fascisme comme les autres, ni simplement une forme particulièrement « radicale » de fascisme. En outre, les travaux les plus intéressants de ces dernières années, en particulier ceux de Ian Kershaw, ont attiré l'attention sur des aspects jusque-là peu connus du Troisième Reich (l'anarchie « féodale » qui régnait au sein du système de pouvoir hitlérien, ainsi que les conflits d'intérêts qui opposaient les différents piliers du régime) – aspects qu'il est aussi difficile d'intégrer à un modèle de type fasciste qu'à un modèle de type totalitaire.

Bref, et sans tomber dans l'excès qui consisterait à faire du nazisme une « singularité » absolue, voire une « exception » incompréhensible dans le cours de l'histoire allemande, force est de reconnaître qu'il n'est réductible à aucun « modèle » connu. Et sûrement pas, en tout cas, au modèle totalitaire : car, s'il y a quelques similitudes indiscutables entre nazisme et fascisme, il n'y a que des ressemblances de surface, ou de peu d'intérêt, entre nazisme et stalinisme.

On a bien, dans ces deux derniers régimes, un dictateur et un parti unique, sources de terreur idéologique et policière. Mais les deux dictateurs, comme les deux partis, fonctionnent de manière extrêmement différente. De plus, les structures socio-économiques imposées par les deux États n'ont guère de rapports entre elles. Enfin, un abîme sépare à jamais les deux grands « monstres » du XXe siècle : le fait que le nazisme seul se soit explicitement proposé comme but la réalisation d'un génocide – « abîme » clairement identifié par Hannah Arendt [9] et Raymond Aron [10], bien que l'un comme l'autre (en partie par désir de marquer leurs distances vis-à-vis du marxisme, en partie par souci de ne pas apparaître comme « trop » juifs) aient manifestement hésité à tirer, de ce constat, toutes les conséquences qui s'imposaient.

Si l'on admet, en outre, que le stalinisme n'est qu'une phase parmi d'autres dans l'histoire du socialisme « réel », et si l'on reconnaît que des tendances « autoritaires » existent aussi, à l'état latent, à l'intérieur de la plupart des démocraties (où elles explosent, en temps de crise, sous des formes comparables à celles du phénomène « maccarthyste » aux États-Unis), on en arrive à la conclusion selon laquelle la catégorie de totalitarisme n'est pas d'un grand secours – ni pour penser le nazisme lui-même, ni pour penser sa « ressemblance » avec le stalinisme, ainsi que leur commune opposition à la démocratie.

Certes, il n'y a rien d'illégitime, en théorie, à vouloir comparer l'Allemagne de Hitler avec l'URSS de Staline. Mais – comme l'écrit Kershaw – il vaut mieux se résigner, dès le départ, à ce que toute comparaison de ce genre soit vouée à demeurer « superficielle et insatisfaisante [11] ».

Il n'empêche. Malgré tant de mises en garde savantes, la comparaison continue d'occuper le devant de la scène. Non, sans doute, le devant de la scène scientifique (à l'exception des partisans de Nolte), mais celui de la scène « intellectuelle » au sens large : philosophique, politico-idéologique, journalistique.

Elle est largement développée, par exemple, dans les écrits de Raymond Aron (en particulier dans *Démocratie et totalitarisme*, bien qu'en quelques endroits du même livre Aron lui-même ait eu l'élémentaire prudence de rappeler les limites d'un tel exercice), ainsi que dans ceux de « nouveaux philosophes » comme André Glucksmann (*La Cuisinière et le mangeur d'hommes*, 1975) ou Bernard-Henri Lévy (*La Barbarie à visage humain*, 1977) – qui, d'ailleurs, se réclament d'Aron.

Tout récemment, encore, Alain Finkielkraut a écrit : « On ne peut rien comprendre au mal du XXe siècle si on juge *a priori* scandaleuse toute comparaison entre l'hitlérisme et le communisme stalinien [12]. » Il est vrai qu'il ajoute, dans la phrase suivante : « mais on ne comprend rien non plus dès lors que cette parenté totalitaire, au lieu de faire scandale, est prise pour argent comptant ». Soit. Mais pour quelle raison, exactement, faut-il que la « parenté » en question fasse scandale ? Je voudrais essayer de clarifier ce problème – c'est-à-dire de montrer pour quel motif, à mon sens, la confusion du nazisme avec le stalinisme, ou leur commune résorption sous la catégorie de totalitarisme, constitue une aberration intellectuelle.

Car il y a bien scandale, en effet. Il y a même non pas un, mais deux scandales – d'inégale importance.

Glissons sur celui auquel sont confrontés tous ceux qui, à un moment de leur vie, ont éprouvé de la sympathie pour les idéaux marxistes, lorsqu'ils mesurent la formidable perversion qu'a constituée, par rapport à ces idéaux, la réalité stalinienne.

Un autre scandale me semble plus grave : celui qui consiste à oublier que, des deux régimes « maudits », un seul s'est proposé pour but (et a réellement entrepris) d'exterminer les juifs d'Europe et les Tsiganes.

À refuser de voir qu'un fait massif – le caractère à la fois central et meurtrier de l'antisémitisme ou du racisme nazi – rend à jamais inconcevable (pire : indécente) toute assimilation du nazisme au stalinisme (ainsi, d'ailleurs, que du nazisme à n'importe quel autre type de régime politique).

Bref, à « oublier » la Shoah.

Chapitre IV

L'« OUBLI » DE LA SHOAH

Les historiens, ici, portent – involontairement – leur part de responsabilité.

Sans doute leur métier n'est-il pas de faire des procès, ni de prononcer des jugements d'ordre moral. Il consiste à comprendre la nature des liens qui unissent entre eux « causes » et « effets ».

Le problème (ou le malheur) vient de ce que, à force de trop vouloir comprendre, on finit quelquefois par trop bien « expliquer ». C'est-à-dire par relativiser, banaliser, voire excuser.

C'est ce qui se passe, depuis un demi-siècle, avec la Shoah.

Résumons rapidement le débat.

Même si elle n'est pas n'importe quel phénomène parmi d'autres, la Shoah est un phénomène historique. Elle a eu lieu à tel moment, à tel endroit ; ni avant, ni ailleurs. Il faut donc lui trouver des causes « objectives ». Lesquelles ?

Deux écoles, sur ce terrain, s'affrontent.

L'une affirme que l'élimination, voire l'extermination, des juifs était souhaitée de longue date par Hitler. Qu'elle était inscrite, « en pointillé », dans le programme du parti nazi depuis sa fondation. Et que, comme ce programme était public et approuvé par une très large partie de la population, la « solution finale » ne constitue donc nullement une

« exception » incompréhensible par rapport à la « logique » de l'histoire allemande (c'est-à-dire par rapport à la composante antisémite de cette histoire, dont l'origine remonte à Luther, si ce n'est aux premiers pogroms perpétrés en Rhénanie dès le XIe siècle).

L'autre école assure qu'il n'en est rien. Que l'antisémitisme officiel des premières années du Troisième Reich n'avait aucun caractère meurtrier. Qu'il n'était d'ailleurs pas l'aspect le plus populaire de l'idéologie nazie. Que la « solution finale » n'a jamais fait l'objet d'un plan concerté (ni avant la guerre, ni même pendant les premiers temps de celle-ci). Et qu'elle s'est en quelque sorte « imposée » d'elle-même, à un stade relativement tardif de la guerre – au moment où, confronté à de croissantes difficultés, l'État hitlérien n'a plus trouvé d'autre moyen de « régler » les conséquences de ce fameux « problème juif », qu'il avait lui-même créé de toutes pièces par ses mesures discriminatoires.

Bien qu'elle tire sa source de travaux remarquables, ceux de Hannah Arendt et Léon Poliakov, la première de ces écoles, dite « intentionnaliste », reste à vrai dire assez minoritaire. De plus, elle comprend en son sein des historiens controversés, qui accordent une importance exagérée aux fantasmes personnels de Hitler, ou bien auxquels on reproche de vouloir poursuivre de leur « vengeance » le peuple allemand dans son ensemble (reproche fréquemment adressé, quoique à tort selon moi, à Daniel J. Goldhagen, par exemple).

La seconde école, dite « fonctionnaliste » ou « structuraliste », a meilleure réputation. Et pour cause : en soulignant l'historicité de l'événement d'Auschwitz, elle adopte la position épistémologique la plus satisfaisante, celle qui consiste à chercher au plus près d'un événement les conditions qui ont rendu celui-ci possible.

Il n'est pas sûr, pourtant – peut-être parce que Auschwitz n'est pas un événement « quelconque » –, que, dans ce cas précis, la position « fonctionnaliste » soit la plus juste expression de la « vérité ».

La « solution finale » : problèmes d'interprétation

Voyons les faits.

Certes, aucun document écrit n'a jusqu'ici été retrouvé (ni ne le sera probablement jamais, à moins d'une découverte inattendue dans les archives allemandes conservées à Moscou), prouvant que Hitler lui-même ait pris, à un moment précis, la décision de la « solution finale ». Longtemps, a prévalu l'idée selon laquelle une telle décision aurait été adoptée lors d'une réunion à laquelle Hitler ne participait même pas, la conférence de Wannsee (janvier 1942). On sait aujourd'hui que cette réunion, qui n'avait pour objet que de régler des questions d'organisation, devait faire suite à des décisions antérieures, prises à un niveau plus élevé.

Remontons donc le temps. Il le faut bien, puisque le premier « gazage » de victimes juives a lieu, dans des camions équipés à cet effet, le 7 décembre 1941, à Chelmno, en Pologne. Puisque l'ordre (donné verbalement par Hitler à Himmler) de déporter les juifs du territoire du Reich vers les ghettos d'Europe orientale date probablement du 18 septembre 1941. Puisque, dans les semaines qui suivent l'invasion de l'URSS par l'Allemagne (22 juin 1941), des milliers de juifs (des deux sexes et de tous âges) sont méthodiquement regroupés et massacrés par les fameux « groupes d'intervention » *(Einsatzgruppen)*, au fil de leur progression vers l'est. Puisqu'il apparaît que ces massacres eux-mêmes ont été programmés à l'avance, le commandement de la *Wehrmacht* ayant donné, dès le 6 juin 1941, des instructions relatives à la liquidation des « commissaires politiques » soviétiques, réputés juifs. Et que, dès mars 1941, Hitler avait annoncé à ses chefs militaires que la future campagne de Russie ne serait pas une guerre comme les autres, mais une « guerre d'annihilation ».

La plupart des historiens sont cependant réticents à remonter si haut. Ils tiennent en effet à distinguer soigneusement les massacres accomplis, par voie de « gazage », dans les camps d'extermination, des massacres perpétrés, au fil de leur offensive contre l'URSS, par les troupes allemandes. Les premiers, selon eux, constituent la « solution finale » au sens strict du terme. Les seconds, qui sont de près d'un an antérieurs, n'en relèveraient pas.

Si le lecteur veut bien tenter de réfléchir à ce parti pris terminologique, il ne manquera pas d'éprouver une légère perplexité. En quoi les massacres du premier type (gazage) se distinguent-ils profondément de ceux du second type (armes à feu) ? Ne s'agit-il pas, dans les deux cas, de regrouper des êtres humains (femmes, enfants et vieillards compris), pour la seule raison qu'ils sont juifs, afin de les « liquider » de la manière la plus « pratique », la plus « expéditive » possible ? Devrait-on instituer une « hiérarchie » entre les victimes, sous prétexte que – toutes choses étant égales d'ailleurs – l'instrument immédiat de leur mort n'a pas été le même ?

Évidemment, si l'on répond par l'affirmative à cette dernière question, la décision de la « solution finale » ne peut guère être antérieure à septembre 1941 – et ne fait qu'un, en fin de compte, avec l'ordre de « déporter » les juifs vers l'est. C'est, en gros, la position à laquelle se tiennent, aujourd'hui, l'Américain Arno Mayer (*La Solution finale dans l'histoire*, 1989), le Suisse Philippe Burrin (*Hitler et les juifs*, 1989) et la plupart des historiens allemands. Mais, même si l'on ne peut que respecter leurs recherches, il faut quand même rappeler ces historiens à la nécessité d'adopter – ne fût-ce que par respect pour les victimes – une vision moins étroitement positiviste de leur « objet » (si l'on peut dire) d'étude.

Je ne conteste pas qu'il y ait eu plusieurs phases ou étapes dans la mise en œuvre de la « solution finale », comme il y en a dans tout processus historique. Ni même que la dernière phase de ce processus, celle des camps d'extermination, ne se soit profilée qu'à la fin de l'été 1941, lorsque les troupes allemandes ont vu leur progression bloquée à l'est.

Je crois seulement que le processus connu sous le nom de « solution finale » constitue un « tout ». Et que ce processus commence, en fait, avec les premiers massacres collectifs commis par les *Einsatzgruppen*.

Or, si la réalisation de la « solution finale » débute avec l'invasion de l'URSS, sa conception doit être assez nettement antérieure – puisque l'invasion en question a été, on le sait, longuement préméditée. Léon Poliakov propose, quant à lui, de situer vers mars 1941 le moment de la décision [1]. On pourrait peut-être aller plus loin encore.

Deux indices, en ce sens. Une anecdote curieuse, d'abord. En avril 1940, un grand banquier allemand, bien introduit dans le très fermé complexe militaro-industriel nazi (Siemens), invite l'un de ses anciens amis juifs, rencontré par hasard en terrain « neutre » (c'est-à-dire dans un restaurant new-yorkais), à s'installer sans retard, lui et sa famille, aux États-Unis, s'il veut échapper à un processus « terrible » qui vient de s'amorcer, quelques mois plut tôt, en Pologne. Ce n'est qu'une anecdote. Mais pourquoi l'a-t-on si peu prise au sérieux – surtout lorsqu'on sait que l'homme qui la raconte aujourd'hui, le fils de ce juif qui eut la chance d'être averti à temps, n'est autre que George Steiner [2] ?

Et pourquoi – second indice – refuser de prêter attention à une déclaration publique, celle-là, et émanant du *Führer* lui-même : le fameux discours au *Reichstag* du 30 janvier 1939, dans lequel Hitler annonça à la face du monde que, dans l'éventualité d'une nouvelle guerre mondiale, le judaïsme européen serait, dans sa totalité, détruit ? Pourquoi tenir cet avertissement pour une simple rodomontade, lorsqu'on sait, par les événements qui ont suivi, que la menace était destinée à être mise à exécution ?

Il y a loin, il est vrai, de la menace aux actes. Pourtant, les premières mesures de persécution antisémites datent des semaines qui suivent l'arrivée de Hitler au pouvoir. Il suffit, par ailleurs, de relire *Mein Kampf* (1925) pour comprendre que l'élimination des juifs était, dès 1918, au cœur des préoccupations de Hitler, comme elle fut au cœur du programme sur la base duquel le parti nazi devint – grâce, faut-il le rappeler, à un vaste soutien populaire – le premier parti allemand. Ne pourrait-on conclure que, des déclarations de haine aux mesures discriminatoires, et de celle-ci à la « solution finale », il y a continuité ? Que celles-là ont servi à préparer celle-ci ?

Restons prudents. Contentons-nous de dire que, même si elle se profilait de longue date, la décision de la « solution finale », comme telle, n'a pu être prise avant que l'évolution des événements (en particulier sous l'angle militaire) ne la rendît techniquement envisageable – autrement dit, pas avant la première année de la guerre, l'année 1939-1940. Mais que, néanmoins, l'anéantissement du judaïsme européen constituait, depuis le début, un élément fondamental du projet nazi – voire l'élément primordial, l'axe central de ce projet. Et non un simple « accident » de parcours, imposé par les circonstances ou improvisé dans l'urgence.

Hannah Arendt – qui, en 1951, stigmatisait rétrospectivement l'incapacité dont avaient fait preuve les démocraties européennes à « prendre au sérieux ce que les nazis eux-mêmes proclamaient » – fut l'une des premières à reconnaître ce fait [3].

Elle fut aussi l'une des premières à observer que, dans les camps soviétiques, à la différence des camps allemands, « les prisonniers mouraient par suite de négligence plutôt que de tortures [4] ». Elle ne tira malheureusement pas, je l'ai dit, les conséquences logiques de cette observation.

Ne devrait-il pas suffire, cependant, de méditer sur la centralité de l'antisémitisme nazi, pour perdre toute envie de poursuivre la comparaison entre nazisme et stalinisme ?

Car, enfin, aucun projet, aucun plan comparable à celui de l'extermination des juifs n'a jamais été mis en chantier par Staline. Aron (qui est bien, en ce sens, un disciple d'Arendt, et qui demeure, politiquement parlant, prisonnier des mêmes contradictions) est l'un de ceux qui l'ont le mieux dit : entre nazisme et communisme, « la différence est essentielle », quelles que soient les similitudes. Elle est essentielle « à cause de l'idée qui anime l'une et l'autre entreprise : dans un cas, l'aboutissement est le camp de travail, dans l'autre la chambre à gaz. Dans un cas est à l'œuvre une volonté de construire un régime nouveau et peut-être un autre homme, par n'importe quels moyens ; dans l'autre cas, une volonté proprement démoniaque de destruction d'une pseudo-race [5] ».

La différence entre Hitler et Staline, qu'a fort bien résumée, de son côté, Léon Poliakov (grand admirateur d'Aron et historien peu suspect de sympathie pour le communisme), relève d'un critère simple : Hitler tuait les enfants, alors que Staline se contentait de vouloir les « rééduquer » [6].

Il est vrai que Staline aussi a tué. Qu'il a ordonné des crimes contre des individus, et même contre des « catégories » sociales : soit, au moment de la « dékoulakisation », contre des paysans aisés, accusés de saboter sa politique de collectivisation des terres ; soit, lorsqu'il entreprit de redessiner la carte de l'empire soviétique, contre ceux qui résistèrent à sa volonté de déporter des peuples entiers dans des régions fort éloignées de leur territoire traditionnel.

Mais, si un crime reste toujours un crime, une « déportation » n'est pas un « massacre » – et un « massacre » d'opposants (ou de gens perçus, à tort ou à raison, comme opposants) relève de l'assassinat politique, de la guerre civile ou de la lutte pour le pouvoir, non de la tentative de génocide.

Il faut, encore une fois, respecter le sens des mots, si l'on ne veut pas tout mélanger. C'est-à-dire, finalement, tout « banaliser ».

Et pourtant, la « banalisation » de la Shoah – ou, du moins, un processus qui y tend sournoisement – est en cours depuis les années 1970.

Le danger dont un tel processus est porteur ne doit pas

être sous-estimé. Tant qu'on ne sera pas au clair sur ce qu'est un génocide, ni, par voie de conséquence, sur ce que furent nazisme et communisme, on ne sera jamais au clair sur ce que devrait être une démocratie.

Il me paraît donc indispensable de s'arrêter sur la « banalisation » en question, pour tenter d'en repérer les contours. Et, surtout, d'en comprendre les causes.

Le processus, il est vrai, est complexe. Il possède plusieurs faces et plusieurs composantes. En France comme en Allemagne.

*La « querelle des historiens » :
dérives allemandes...*

En 1985, l'historien allemand Martin Broszat publie, dans la revue *Merkur*, un article intitulé « Plaidoyer pour une historicisation *(Historisierung)* du national-socialisme ».

L'idée de Broszat, selon laquelle le moment serait venu de réinsérer le Troisième Reich dans la continuité de l'histoire allemande, afin de pouvoir l'étudier comme n'importe quelle autre période de cette histoire, pose de réels problèmes méthodologiques – mais n'a, en soi, rien d'illégitime.

La situation change, cependant, à partir du moment où Ernst Nolte intervient dans le débat.

J'ai déjà parlé de cet ancien élève de Heidegger, professeur à l'Université Libre de Berlin, internationalement connu pour ses travaux sur le fascisme, mais aussi pour ses positions politiques ultra-conservatrices. Le 6 juin 1986, Nolte donne à la *Frankfurter Allgemeine Zeitung* un article destiné à diffuser auprès du grand public une thèse qui lui est chère depuis longtemps, et qui va beaucoup plus loin que celle de Broszat. Le Troisième Reich a, selon lui, représenté une étape indispensable dans le processus de « modernisation » de l'Allemagne. Il convient donc : 1) de cesser de considérer cette période comme une période d'exception, à l'égard de laquelle il ne serait permis d'éprouver que des sentiments d'horreur ; et 2) de reconsidérer la Shoah à la lumière d'autres génocides accomplis au XXe siècle – comme, par exemple, les « génocides » commis par les États communistes.

L'article suscite, le 11 juillet suivant, une réplique cinglante de Jürgen Habermas dans *Die Zeit*. C'est le point de départ d'une controverse qui va faire rage pendant plusieurs mois : la « querelle des historiens » *(Historikerstreit)*.

Nul ne conteste, bien sûr, qu'il soit indispensable de rattacher l'histoire du Troisième Reich au reste de l'histoire allemande. Reste à savoir selon quelles médiations. Sans mettre en doute la réalité de la Shoah, Nolte recourt, de ce point de vue, à deux arguments principaux, qui visent à « réviser » la conception que l'on se fait de sa genèse.

Premier argument : en 1933, l'expansionnisme de l'URSS, sa volonté d'exporter la révolution dans le monde constituent une menace pour la paix de l'Europe. En Allemagne même, le parti communiste promet de renverser l'ordre établi s'il parvient au pouvoir. Les institutions de la République de Weimar sont impuissantes à endiguer sa progression. Les Allemands n'ont donc plus, dès lors, de véritable « choix » qu'entre le communisme, qui risque de détruire la société, et le nazisme, qui seul peut la sauver. En choisissant le nazisme, ils font, de toute évidence, le meilleur choix. La preuve : l'Occident tout entier, depuis 1945, n'a-t-il pas épousé la même cause – celle du combat contre l'hydre communiste ? La guerre froide ne donne-t-elle pas, rétrospectivement, raison à Hitler ?

Second argument : pourquoi Hitler a-t-il, au cours de la Seconde Guerre mondiale, décidé de mettre en œuvre la « solution finale » de la question juive ? Par souci de prévention. En d'autres termes, parce qu'il percevait judaïsme et bolchevisme comme allant de pair. Et que les bolcheviks (avec lesquels il était en conflit déclaré depuis juin 1941) auraient certainement détruit l'Allemagne, s'ils avaient gagné la guerre. Il fallait donc les exterminer, pour ne pas être exterminé par eux. Autrement dit, il fallait exterminer les juifs.

Doute-t-on de la volonté destructrice des bolcheviks ? Il suffit, réplique Nolte, de se rappeler ce qu'ils avaient fait durant les années trente. La « dékoulakisation », les assassinats massifs d'opposants politiques n'étaient, à leur manière, rien d'autre que des « génocides » – des formes (je cite Nolte, citant Hitler) de « barbarie asiatique ». Bref, ce sont ces « génocides » qui ont, par mesure de réaction préventive, provoqué celui du peuple juif. Et qui ont, en même temps, servi de « modèle » à ce dernier. Car Hitler n'a, en somme, rien inventé – « à la seule exception de la technique du gazage [7] ». À ce « détail » près, Auschwitz n'est qu'une copie du goulag.

Un tel « raisonnement » a de quoi laisser rêveur. Le premier argument de Nolte relève d'une tentative parfaitement arbitraire de reconstruire *a posteriori* l'histoire. Même si l'URSS, d'une part, et, d'autre part, le parti communiste allemand étaient loin d'être faibles en 1933, et même si la première soutenait le second, rien ne permet d'affirmer que celui-ci était, à l'époque, en mesure d'arriver au pouvoir. Ni qu'il aurait « détruit » l'Allemagne, s'il y était parvenu. Ni qu'il n'y avait d'autre choix, pour écarter la « menace » communiste, que de porter Hitler aux fonctions de Chancelier du Reich.

Le second argument, lui, relève simultanément du fantasme et de la mauvaise foi. Nolte, en effet, ne dit pas si, à son avis, Hitler avait tort ou raison d'assimiler les bolcheviks aux juifs. De fait, il laisse plutôt entendre que Hitler avait raison. Qui ne sait, en effet, que, dans les années vingt, bon nombre de dirigeants soviétiques et de militants communistes dans le monde étaient juifs ? La conséquence est claire. Si les juifs ont été victimes d'une tentative d'extermination, c'est parce qu'ils ont été eux-mêmes – par leur engagement au service de la « barbarie asiatique », ou de cette nouvelle forme de « despotisme oriental » qu'était le communisme – la « cause » objective de ce qui leur est arrivé. Ne pourrait-on dire, en somme, « qu'ils l'ont bien cherché » ?

L'« argument », on l'admettra, ne mérite guère d'être réfuté. Pourquoi, alors, les thèses « révisionnistes » de Nolte ont-elles – malgré l'opposition d'Habermas et, surtout, celle de la majorité des historiens sérieux – connu un tel succès dans l'opinion ? Pourquoi l'antisémitisme apparaît-il, si souvent, comme la vérité de l'anticommunisme ?

J'ai peur que la réponse n'ait rien d'original : il y a toujours beaucoup de gens, aujourd'hui comme il y a cinquante ans, qui veulent oublier la Shoah. Ou bien qui n'arrivent pas à croire qu'elle ait pu avoir lieu.

Peut-être parce qu'elle les « choque » au point de provoquer, en eux, une telle culpabilité inconsciente qu'ils ne parviennent pas à penser qu'ils sont les responsables (ou les héritiers directs des responsables) de ce crime inouï.

Et peut-être – plus sûrement – parce qu'elle ne les « choque » pas. Parce que leur haine latente du juif, profondément liée à la tradition religieuse et culturelle dans laquelle ils ont grandi, s'accommode, en fin de compte, fort bien de l'idée qu'à un moment donné « on » ait pu vouloir tuer tous les juifs, « s'en débarrasser » d'un seul coup.

Ces deux explications ne sont d'ailleurs pas, psychanalytiquement, incompatibles. Le caractère « inouï » du crime d'Auschwitz, son aspect le plus radicalement insupportable, en tout cas pour les non-juifs, ne tient-il pas au fait qu'un tel crime représente, en un sens, la réalisation d'un désir censuré ? L'actualisation brutale, inattendue, d'un très ancien fantasme – fantasme (d'origine principalement chrétienne) longuement mûri tout au long de l'histoire de l'Europe ?

Je ne dispose, bien entendu, d'aucun moyen de « prouver » une hypothèse de ce genre. Mais je ne vois pas non plus de meilleure hypothèse pour rendre compte du fait qu'un courant d'opinion (qui est loin de se réduire à un courant d'extrême droite, et qui peut même inclure des historiens professionnels, y compris des historiens juifs soucieux de ne pas apparaître comme écrivant l'histoire d'un point de vue « trop » juif) puisse, depuis dix ans, faire bon accueil aux idées de Nolte.

En Allemagne, d'abord. Comme si une fraction de l'Allemagne souhaitait toujours « banaliser » le Troisième Reich.

Mais aussi en France même. Comme si une partie de la France ne voulait plus, elle non plus, entendre parler de Vichy.

On me permettra, pour conclure, d'évoquer ce dernier « syndrome » (appelons-le le « syndrome » français) à travers quelques exemples récents. Des exemples d'autant plus significatifs qu'ils mettent en cause des intellectuels considérés, par ailleurs, comme étant « au-dessus de tout soupçon ».

... et égarements français

Premier exemple : le livre d'Éric Conan et Henry Rousso, *Vichy : un passé qui ne passe pas* (1994). Résumée en quelques mots, l'idée que ce livre cherche à accréditer est la suivante : on parle beaucoup de Vichy depuis le début des années 1980. On en parle même trop, et souvent à tort et à travers. Or, l'époque de l'épuration et des grands « procès » est terminée. Il serait donc temps de tourner la page, de passer à autre chose...

Glissons sur l'aspect typiquement journalistique de cette fausse « bonne » idée, qui revient à pousser jusqu'au paradoxe une observation triviale (triviale, puisqu'il est évident qu'on parle plus de Vichy aujourd'hui qu'on ne le faisait il y a trente ans). Dans le but, donc, pour le moins discutable, de faire « passer » ce qui ne « passe » pas (et sans même se demander s'il n'y a pas de bonnes raisons pour que ça ne « passe » pas), Conan et Rousso s'ingénient à démontrer que, si l'antisémitisme était au cœur de l'idéologie du Troisième Reich, il n'a jamais été au centre de celle de Vichy. Le problème majeur du gouvernement de Vichy était simplement, selon eux, de préserver la souveraineté nationale, et cela à n'importe quel prix. Y compris, s'il le fallait, en payant au Reich le « prix du sang » [8].

Admettons. Il n'en reste pas moins que Vichy a livré des dizaines de milliers de juifs sans se poser aucune question, et est souvent allé, en ce domaine, au-delà des exigences allemandes. Que dire, d'autre part, des lois antisémites de 1940, qui n'ont pas été votées sous la contrainte ? Les auteurs affirment qu'à l'époque où elles ont été prises, aucun projet d'extermination n'avait encore été conçu par l'Allemagne [9]. Mais d'où tirent-ils cette éclatante certitude ?

Et pourquoi semblent-ils, d'une manière générale, si pressés de « relativiser » l'importance ou la signification des lois en question ? Parce que, selon Conan et Rousso, l'« obsession » de Vichy (terme qui donne son titre à la conclusion de l'ouvrage) – entendez : l'obsession consistant à « relire toute l'histoire de l'Occupation à travers le prisme de l'antisémitisme [10] » – n'est pas seulement fondée, du point de vue historique, sur une illusion rétrospective (juger Vichy à la lumière de la « révélation » postérieure de la Shoah). Elle risque, en outre, de produire le résultat inverse du but cherché. À force de dénoncer le sort fait aux juifs, on s'expose, en effet, à tomber dans un « judéocentrisme » [11] dont les « effets pervers » [12] ne doivent pas être sous-estimés.

Le lecteur le moins attentif ne peut s'empêcher d'entendre, à ce point, ce que le livre tout entier murmure : à savoir qu'à trop s'intéresser aux juifs, à trop vouloir « prendre leur défense », on finira par réveiller une certaine hostilité latente à leur égard. Comme si, au bout du compte, il n'était pas absurde de considérer les juifs, ou certains comportements des juifs (ou de leurs « amis »), comme constituant la cause « objective » de l'antisémitisme. Thèse qui rappelle, à s'y méprendre, celle de Nolte. D'ailleurs, « détail » singulier, le titre même du livre de Conan et Rousso n'est autre qu'une reprise de celui du fameux article publié par Nolte le 6 juin 1986 : « Un passé qui ne veut pas passer ». Et, de surcroît, Nolte et ses amis « révisionnistes » sont cités deux fois dans l'ouvrage – les deux fois, de manière plutôt positive.

D'une part, il nous est rappelé que, par rapport à la Seconde Guerre mondiale dans son ensemble, l'« historicisation » souhaitée par Broszat et Nolte – c'est-à-dire la nécessité d'un effort pour « en écrire l'histoire avec la distance, la rigueur et la critique inhérentes à toute analyse scientifique sans verser dans la relativisation ni la réhabilitation implicite [13] » – constitue un excellent objectif. Sans doute : mais pourquoi, à ce point, ne pas préciser que Nolte et les « révisionnistes » ont justement failli à leur mission, en s'efforçant de « relativiser » ce qui ne devait pas l'être ?

D'autre part, Conan et Rousso affirment que le débat sur la « singularité » de la « solution finale » n'est « d'aucun secours pour comprendre les mécanismes internes de l'entreprise criminelle [14] ». Déclaration contestable sur le plan méthodologique. Et, de surcroît, fort ambiguë, pour autant qu'elle réintroduit le soupçon selon lequel Auschwitz pourrait bien n'être qu'une « copie » du « goulag ».

Soyons justes : Conan et Rousso ne peuvent être soupçonnés de sympathie pour le « révisionnisme ». Leur livre, essai de circonstance, ne fait que témoigner d'un agacement épidermique face aux « excès » commis par certains partisans du « devoir de mémoire ». Il n'en apporte pas moins, par ses maladresses, un soutien involontaire au camp adverse – soutien dont il n'était guère nécessaire de faire cadeau à celui-ci. La même remarque pourrait être faite, d'ailleurs, à propos d'un article publié depuis lors par Rousso dans *L'Express* pour dénoncer, en 1997, les conclusions (pourtant convaincantes) des recherches de Goldhagen [15].

Second exemple : *Le Passé d'une illusion* (1995), de François Furet. L'ouvrage, là encore, semble être issu d'une fausse bonne idée journalistique : demander à un ancien militant stalinien (dont l'œuvre principale consiste à avoir arraché le récit de la Révolution française aux tournures « gauchisantes » qu'affectionnaient des historiens plus anciens comme Soboul ou Mathiez) de revenir, quarante ans après, sur ses « erreurs » de jeunesse, et d'expliquer comment il a pu, lui et tant d'autres de sa génération, se laisser abuser par l'« illusion » communiste. Le résultat, ainsi qu'on pouvait s'y attendre, relève davantage du pamphlet que de la réflexion sereine – sur ce qui reste, au demeurant, une vraie question.

Laissons de côté les réponses classiques (le communisme offrait l'espoir de changer le monde, etc.), auxquelles chacun peut songer par lui-même, et que Furet mentionne comme il se doit. Plus intéressant est le recours à l'idée selon laquelle la nécessité de la lutte « antifasciste » fut, dans les années trente, l'une des principales raisons pour lesquelles tant d'intellectuels se rapprochèrent alors du mouvement communiste. Cette « raison », on le sent, agace fortement Furet. L'antifascisme soviétique n'est, pour lui, qu'un « alibi », un « miroir aux alouettes » inventé par Staline pour attirer les dupes – et qui n'a que trop bien rempli son office.

Ne mérite-t-il pas néanmoins, vu le contexte de l'époque, un minimum de considération ? Non, répond Furet, qui se raccroche ici, de manière peu critique, à l'obsolète catégorie de « totalitarisme ». Le communisme stalinien et, au-delà, le communisme en général ne sont eux-mêmes que des formes de fascisme, des frères ou des cousins du fascisme mussolinien ou hitlérien. Et pour cause : tous deux « fils de la guerre » de 1914, nés « du même sol » ou dans les mêmes tranchées, « bolchevisme et fascisme se suivent, s'engendrent, s'imitent et se combattent » mutuellement – mais sont, avant tout, « les enfants de la même histoire [16] ». Il serait donc bien sot de faire confiance à l'un pour nous débarrasser de l'autre...

La thèse de Furet, ici, n'est pas seulement simpliste,

d'un point de vue historiographique (puisqu'elle oublie que l'histoire du bolchevisme et du fascisme débute bien avant 1914). Elle est doublement dangereuse. D'abord, parce qu'on ne voit plus, si l'antifascisme des communistes était naïf, quel genre d'antifascisme, au juste, pourrait ne pas l'être. Ensuite, parce que, à force de tout « historiciser », de vouloir tout expliquer par la Première Guerre mondiale, elle pourrait bien amener le lecteur à se dire qu'après tout les fascistes, eux aussi, avaient leurs raisons. Et que leurs idées n'étaient peut-être pas si mauvaises que l'ont prétendu leurs adversaires.

Bien entendu, ce n'est pas un hasard si Furet « historicise ». Il ne fait, sur ce point, que suivre les conseils de Nolte – Nolte auquel il rend, précisément, un hommage appuyé dans une note capitale qui s'étend sur les p. 195-196 de son livre.

Il vaut la peine de lire cette note (la plus longue de l'ouvrage), pour y apprendre que la condamnation dont Nolte fait l'objet en Occident est injustement « sommaire ». Qu'un des grands « mérites » de l'historien heideggérien a été de briser un « tabou », c'est-à-dire de « passer outre à l'interdiction de mettre en parallèle communisme et nazisme » (on croit rêver : depuis Hannah Arendt, c'est-à-dire depuis cinquante ans, cette « mise en parallèle », bien loin d'être un « tabou », constitue l'un des thèmes de prédilection, pour ne pas dire la « tarte à la crème », de toute la littérature philosophico-politique). Bref, que l'œuvre et la pensée de Nolte, en dépit de certaines « exagérations », restent « parmi les plus profondes qu'ait produites ce dernier demi-siècle ».

La « profondeur » en question n'est autre – on s'en serait douté – que celle d'une théorie dont Furet, suivant Nolte, attribue (de manière discutable) la première formulation à Heidegger : la théorie selon laquelle communisme et nazisme trouveraient leur « matrice » commune, non plus dans la guerre de 1914 (tant pis pour l'incohérence), mais dans l'idéologie du système « libéral » – dont ils refléteraient, chacun à sa façon, les contradictions internes. Il serait impossible, par voie de conséquence, de les étudier séparément. Et encore moins permis d'oublier que, dans la chronologie de l'histoire, le communisme a précédé le fascisme et le nazisme, qu'il les a en partie provoqués et qu'il leur a, simultanément, servi de « modèle ».

C'est Lénine, donc, qui aurait « fait triompher » Hitler. Bien plus, c'est « l'extermination de la bourgeoisie accomplie par Lénine » (on se demande, ici, quel sens Furet donne aux mots) qui aurait « montré la voie » à la tentative hitlérienne d'exterminer le peuple juif. Voilà, selon Furet, les grandes « découvertes » de Nolte. Qu'on aurait tort de ne pas vouloir, « par conformisme d'époque », prendre au sérieux.

Par souci d'équité, là encore, j'aimerais rendre justice à la conviction profonde que ce texte inquiétant s'efforce d'exprimer : il ne faut pas s'interdire, pour mieux comprendre fascisme et nazisme, de les replacer dans leur contexte, dans l'histoire de leur époque. L'affaire est entendue. Mais, en dehors du fait qu'une telle conviction n'a rien d'original (elle devrait être, elle est probablement celle de tout historien professionnel), il ne suffit pas non plus de s'en réclamer pour s'autoriser n'importe quel dérapage.

Dire, comme le fait Furet après Nolte, que Heidegger a pu avoir « raison », en 1933, d'être « enthousiasmé par le national-socialisme », parce que ce dernier promettait de « vaincre le judéo-bolchevisme, ce monstre à deux têtes de la " transcendance " sociale » (autrement dit, de l'universalisme démocratique inventé par la société libérale), est une affirmation grave. Non seulement parce qu'elle ouvre la voie à toutes les tentatives de réhabilitation de Heidegger (et de sa conception ultra-conservatrice de l'histoire), mais, surtout, parce qu'elle revient à réhabiliter le nazisme lui-même, ainsi que le soutien populaire dont celui-ci a bénéficié. À légitimer la place que, dès 1933 (voire avant), l'antisémitisme occupait dans le programme nazi. Et, finalement, à donner de la consistance à la notion même de « judéo-bolchevisme ». Comme si cette notion était autre chose que le nom d'un fantasme. Ou comme si le caractère « universel » et « transcendant » des valeurs supposées du judaïsme et du bolchevisme réunis avait *réellement* constitué un danger, contre lequel il aurait été *réellement* nécessaire de lutter.

On a beau ajouter, comme le fait également Furet, que le nazisme a mal tenu ses promesses, que sa « lutte » s'est fourvoyée et que, du reste, Heidegger s'en est « vite » aperçu – il est trop tard. Dans l'esprit du lecteur superficiel, ou bien peu informé, le mal est fait. Après tout, en 1933, Hitler et ses partisans avaient peut-être raison...

Furet (qui devait trouver, en juillet 1997, une mort prématurée) a-t-il eu le temps de se rendre compte de sa méprise ? Rien n'est moins sûr. Alors qu'on préférerait le « dédouaner », les témoignages s'accumulent contre lui. Le plus gênant d'entre eux (en dehors du fait que *Le Livre noir du communisme* lui est solennellement dédié par Stéphane Courtois) est constitué par la publication, en Italie puis en France, d'un ensemble de lettres échangées entre lui et Nolte, entre février 1996 et janvier 1997 [17].

Dans cet échange, suscité par le journaliste italien Ferdinando Adornato, l'initiative revient à Nolte, auteur de la première lettre. On comprend vite pourquoi. Trop heureux de découvrir que son propre travail, alors même qu'il était contesté en Allemagne, était « légitimé » par un intellectuel français peu suspect de sympathie pour l'extrême droite, Nolte cherche, chez Furet, à la fois un appui et une caution – de la même manière, exactement, que Heidegger, placé dans un contexte semblable, avait, cinquante ans plus tôt, cherché le soutien de Jean Beaufret (qu'auréolait, à l'époque, une réputation de résistant). Et Furet, comme Beaufret, n'a, malheureusement, que trop tendance à céder au chant des sirènes.

La suite est prévisible. Aussi malin que Heidegger, Nolte excelle à se faire passer pour celui qu'il n'est pas, tandis que Furet, envoûté par son « cher collègue », finit par donner son aval à la plupart des thèses défendues par celui-ci – tout en avouant, de temps à autre, quelques réserves qui n'enlèvent rien à leur accord sur l'essentiel. Or l'essentiel, bien sûr, revient toujours au même : il s'agit, une fois de plus, d'ôter toute spécificité au nazisme, en faisant de ce dernier une simple variante du totalitarisme (Furet) ou du fascisme (Nolte). Autrement dit, en brouillant la frontière entre Auschwitz et le goulag. Quitte à ouvrir, du même coup, la voie aux entreprises « révisionnistes » d'un Faurisson – ce que Nolte, pour ce qui le concerne, n'hésite pas à faire, en toutes lettres, dans sa sixième missive [18]. Avec, il faut bien le dire, une certaine indulgence de la part de Furet.

Il ne servirait pas à grand-chose, pour diminuer la responsabilité de l'historien français, d'ajouter que ce grand spécialiste de la révolution de 1789 a sans doute eu le tort – en entreprenant d'écrire un essai « sur l'idée communiste au XXe siècle » – de s'aventurer hâtivement sur un terrain piégé, dont il n'était pas spécialiste.

Au-delà du *Passé d'une illusion*, pamphlet heureusement critiqué par la plupart des historiens de profession [19], un vrai problème demeure : celui, justement, du « révisionnisme ».

Ni Tzvetan Todorov, hélas, ni Jean-Michel Chaumont ne nous aideront beaucoup à le résoudre. L'un et l'autre, en effet, sont pétris de bonnes intentions. Mais ces bonnes intentions sont celles dont l'enfer est pavé.

Dans *Les Abus de la mémoire* (1995), Todorov commence par rappeler quelques évidences. Tous les peuples, ou presque, ont eu leurs tragédies. Juifs et Arméniens, Noirs et Amérindiens, prisonniers des geôles communistes : nombreuses sont les victimes de l'histoire. Et l'on conçoit sans peine qu'un individu appartenant à l'un de ces groupes puisse, aujourd'hui encore, avoir tendance à ruminer de pénibles souvenirs. Mais le groupe, ajoute aussitôt Todorov, « qui ne parvient pas à s'arracher à la commémoration lancinante du passé, d'autant plus difficile à oublier qu'il est plus douloureux, ou ceux qui, au sein de ce groupe, l'incitent à vivre ainsi, méritent moins la sympathie [20] » : et, là, on comprend bien que c'est des juifs qu'il s'agit. Et que la « mémoire » dont certains « abuseraient » n'est autre que celle de la Shoah.

Opposant de longue date à la dictature communiste qui sévissait naguère dans sa Bulgarie natale, Todorov n'est pas de ceux qui considèrent les crimes de Hitler comme pires que ceux de Staline. Pour lui, du reste, comme pour Nolte et Furet, une « complicité secrète » (?) unissait, dans les années 1930, les deux régimes maudits [21]. Il n'est donc pas question de reconnaître à l'un des deux une quelconque spécificité. La suite est encore plus navrante : non seulement Todorov est hostile à la loi Gayssot, qui sanctionne le délit de « négationnisme », ainsi qu'aux procès intentés au nazi Barbie et au milicien Touvier, mais il va jusqu'à mettre en doute la légitimité de ceux qui ont eu lieu à Nuremberg, en 1945. Le fait que des Soviétiques aient, à l'époque, siégé au Tribunal militaire international lui paraît « obscène » [22]. Todorov aurait-il, par hasard, oublié à qui appartenait l'armée qui libéra Auschwitz ?

Chaumont a, en un sens, le mérite d'être plus clair. Pour lui, le discours sur l'« unicité » de la Shoah (dont il situe bizarrement la naissance en 1967, comme si personne n'avait pu tenir un tel discours durant les vingt années précédentes) est le mal absolu. D'une part, ce discours serait historiquement faux, puisque tout événement est, par définition, « unique » (argument confondant !). D'autre part, il ne pourrait engendrer que de perverses réactions de « surenchère » chez d'autres catégories de peuples maltraités par l'histoire. Le titre du principal ouvrage de Chaumont, *La Concurrence des victimes* [23], dit assez, au demeurant, le peu d'estime dans lequel l'auteur tient les réactions en question – d'où qu'elles viennent.

On serait tenté de répondre à Chaumont qu'il se trompe d'« adversaire ». Que, dans la langue française, « unique » et « seul » ne sont pas forcément synonymes. Et qu'affirmer qu'il y eut quelque chose d'« unique » dans la Shoah ne revient nullement à prétendre que celle-ci ait été le « seul » génocide du siècle.

Mais la vraie question n'est pas là.

La vraie question réside, pour moi, dans le fait que certains puissent continuer à percevoir les juifs comme des « adversaires ».

Les juifs, ou d'autres peuples « victimes », d'ailleurs.

Étranges rémanences d'un passé qui, en effet, n'en finit pas de passer.

Le terme « révisionnisme » est lourd, aujourd'hui, d'une histoire compliquée.

Il s'applique à toutes sortes de tentatives — incomparables entre elles — pour « réviser » la pensée de Marx ou celle de Freud, l'histoire de la Première ou de la Seconde Guerre mondiale, et bien d'autres choses encore. Toutes ces tentatives ne sont pas forcément liées. Et il n'est pas non plus interdit, *a priori*, de « réviser » une théorie préconçue, désuète ou erronée. Une pensée scientifique, soucieuse de vérité, ne fait que se « réviser » elle-même, constamment. Il n'y a là rien de choquant.

Je trouve inacceptable, en revanche, une idéologie « révisionniste » déterminée : celle que Nolte et ses amis ont réussi à faire émerger dans l'opinion à la faveur de ce qu'on a appelé la « querelle des historiens ». Je la trouve intellectuellement (et pas seulement moralement) inacceptable, parce qu'elle revient à « banaliser » la Shoah, à nier sa spécificité et, finalement, à en rejeter la responsabilité (au moins partielle) sur les juifs eux-mêmes. Bref, à « excuser » la Shoah en voulant trop bien l'« expliquer ».

J'ajoute que cette forme particulière de « révisionnisme » n'est pas née avec Nolte (dont la personnalité importe peu), mais qu'elle est beaucoup plus ancienne. Elle a, en fait, commencé dès que la période nazie s'est refermée — autrement dit, dès 1945 (de même que les tentatives pour

« réviser » la pensée de Marx ont débuté dès que celui-ci est mort).

La matrice même du « révisionnisme » dont je parle n'est rien d'autre, en effet, que la thèse de l'équivalence du communisme et du nazisme. Or cette thèse, on l'a vu, peut recevoir des formulations fort diverses – des formulations qui, parfois, paraissent (à tort) bien innocentes. « Le communisme ne vaut pas mieux que le nazisme » est, par exemple, un énoncé classique dans la bouche d'un démocrate libéral, tandis que « le nazisme n'est pas pire que le communisme » constitue le début d'un dangereux plaidoyer en faveur de ceux qui votèrent pour Hitler en 1933 (et se firent, quelques années plus tard, ses « bourreaux volontaires »).

Malheureusement, ces différentes formulations sont à peu près interchangeables : on glisse facilement, et sans s'en rendre compte, de la première à la seconde. C'est pourquoi le caractère apparemment anodin de certaines d'entre elles (caractère auquel se sont laissé prendre, je veux bien l'admettre, des libéraux de bonne foi comme Hannah Arendt) ne doit pas nous cacher la nature scandaleuse d'une thèse dont l'enjeu caché reste l'« oubli » de la Shoah.

La théorie « révisionniste » n'est pas une théorie parmi d'autres. Si, contrairement au « négationnisme », elle n'est pas ouvertement antisémite, elle n'en demeure pas moins la première étape sur la voie « savonneuse » qui conduit au « négationnisme ». C'est-à-dire à l'idéologie qui, en niant la réalité du génocide, « accomplit » celui-ci – au sens où elle en constitue le dernier acte.

Victimes de leur refus de voir, entre nazisme et communisme, une quelconque différence, les tenants du libéralisme classique ne s'en sont pas aperçus (ou bien ont choisi de ne pas s'en apercevoir, afin de ne pas déranger la belle ordonnance de la guerre froide). C'est la raison pour laquelle leurs discours en faveur de la démocratie sont demeurés des discours « creux ». La démocratie, si elle n'avait pas de meilleure justification que l'anticommunisme (surtout sous cette forme-là), ne vaudrait guère que l'on mourût pour elle.

Maintenant que la guerre froide est terminée, maintenant que ses épouvantails se sont évanouis, il devrait être possible de redonner, à la démocratie, un sens plus exaltant – et, surtout, plus crédible. La première condition, pour cela, est d'en finir avec la théorie « révisionniste », telle que je viens de la définir.

Il n'est pas sûr, pourtant, que cette condition suffise. En finir avec le « révisionnisme » ne veut pas dire, en effet, en finir avec la passion anticommuniste qui l'inspire, dans ce qu'elle a d'irrationnel, de faux et d'hystérique. Car le fanatisme anticommuniste – ou, plus précisément, le nœud complexe entre anticommuniste et antisémitisme, que j'ai tenté de décrire dans ce chapitre – ne se loge pas seulement (ce serait trop simple) dans des idéologies qu'on peut sans peine qualifier d'extrême droite.

Il lui arrive aussi (et même plus souvent qu'on ne le croit) de se loger dans des idéologies d'extrême gauche. Ou dans des idéologies qui, pour s'être inspirées au départ de convictions d'extrême gauche, ont fini, à force de se laisser « dériver », par s'échouer un beau jour sur des positions quasiment identiques à celles de l'extrême droite.

De ces liens souterrains, qui unissent entre elles quelques-unes des philosophies les plus séduisantes – et les plus redoutables – de notre époque, les trois chapitres suivants voudraient donner une première description.

Chapitre V

PAPON, LECTEUR DE HEIDEGGER

« Séduisante et redoutable » : l'expression que je viens d'employer, appliquée à une philosophie, peut faire sourire. L'image est facile, sans doute. Mais il n'en reste pas moins qu'il existe bien des philosophies « vénéneuses ». Des philosophies qui déposent, dans l'esprit, un « poison » subtil.

J'en évoquerai, ici, deux qu'il me semble d'autant plus intéressant de rapprocher que, politiquement, elles passent pour opposées l'une à l'autre : celles du « nazi » Heidegger et du « gauchiste » Foucault.

On a déjà beaucoup écrit (on a probablement trop écrit) sur Heidegger.

On n'en a pourtant pas fini (on n'en aura jamais fini) avec *la* question redoutable : qu'en est-il du parcours philosophique *et* politique de Heidegger ? Question dans laquelle il convient de souligner la conjonction *et* – signe, ou sceau, d'une *impensable* alliance.

Cette question, j'ai moi-même essayé de la poser dans des textes antérieurs [1]. Avec une conscience aiguë de son extrême difficulté.

Mais comme il s'agit, me semble-t-il, d'une question majeure, je ne crois pas qu'il soit inutile d'y revenir *again and again* – si l'on veut espérer l'approfondir.

Pourvu, bien entendu, que soient rappelés les deux préalables suivants.

D'abord, je tiens à ce qu'il soit clair que je ne m'institue pas procureur.

Je ne prétends pas juger Heidegger.

Je ne prétends même pas que Heidegger ait besoin d'être « jugé ».

Je m'efforce seulement d'analyser son cheminement. De refaire après lui le chemin qu'il a fait – à seule fin de comprendre où, pourquoi, et dans quelles conditions il s'est égaré.

Ensuite, je ne m'engage dans ce travail que parce que je suis convaincu que Heidegger en vaut la peine.

S'il n'était, avec Wittgenstein, l'un des plus grands philosophes de notre siècle, qui se soucierait de ce qu'il a pensé ?

Si je le tenais pour un vulgaire idéologue national-socialiste, pourquoi lui consacrerais-je plus de deux lignes ?

On aurait tort de ne pas prendre Heidegger au sérieux.

Et, plus encore, de sous-estimer son impact sur les générations qui lui ont succédé.

Telles sont les raisons pour lesquelles je vais, une nouvelle fois, revenir sur les trois principales phases du développement de sa pensée : la phase du « crime » (1933-1945), celle qui l'a précédée (1927-1933) et celle qui l'a suivie (1945-1976).

Avant la chute (1927-1933)

« Heidegger, sa vie, sa philosophie, c'est une longue histoire. On y retrouve les passions, les catastrophes de tout le XXe siècle », écrit Rüdiger Safranski – auteur, en 1994, d'une biographie du philosophe allemand qui ne fait, pour l'essentiel, que confirmer les conclusions auxquelles était déjà arrivé, en 1988, Hugo Ott [2].

C'est assez dire qu'on ne peut rien comprendre à la pensée heideggérienne, si l'on se refuse à la situer dans le contexte historique au sein duquel elle a vu le jour. Et cela, malgré l'adage – mi-vrai, mi-faux, comme tous les adages – qui veut que l'homme ne soit que « le déchet de l'œuvre ».

Heidegger naquit en 1889, à Messkirch, dans le pays de Bade, au sud de l'Allemagne, en plein cœur d'une région rurale, catholique et conservatrice. Issu d'une famille modeste, il grandit dans un milieu qui n'était pas seulement « de droite », au sens ordinaire du terme – mais qui était un milieu véritablement réactionnaire, clérical, antidémocrate et antisémite.

Certes, les idées de Heidegger ne restèrent pas toute sa vie ce qu'elles étaient du temps de sa jeunesse. Elles évoluèrent. Mais il ne fait pas de doute, non plus, qu'elles demeurèrent marquées, jusqu'à sa mort, par l'ambiance dans laquelle s'était déroulée son enfance. On sait assez l'importance que le philosophe accordait à celle-ci, à son pays natal – ainsi qu'aux « valeurs » de cette « paysannerie », dont il disait volontiers préférer la fréquentation à celle de ses collègues [3].

Une question majeure sur laquelle sa pensée ne semble pas avoir varié est, par exemple, la question de la démocratie. Démocratie, progrès scientifique, « âge de la technique », progrès social, socialisme : tout ce que ces mots désignent n'a jamais cessé de lui inspirer de la méfiance, pour ne pas dire de l'aversion. C'est dans cette aversion que s'enracine la double hostilité qu'il manifesta constamment, tant à l'égard du « système » libéral, à l'américaine, qu'à l'égard du « système » soviétique – dont il lui arrivait même de dire qu'ils étaient « équivalents » au point de vue « métaphysique » [4].

Au cas, d'ailleurs, où le moindre doute aurait subsisté à cet égard, Heidegger prit soin d'expliciter sa position dans l'entretien qu'il accorda au *Spiegel* en 1966 et qui, conformément à l'exigence qu'il avait, par prudence, imposée au journal, ne fut publié qu'après sa mort : « C'est pour moi aujourd'hui une question décisive de savoir comment on peut faire correspondre en général un système politique à l'âge technique, et quel système ce pourrait être. Je ne suis pas persuadé que ce soit la démocratie [5]. »

Sur un point, cependant, Heidegger s'est sensiblement écarté des convictions de son milieu : la religion. Les faits sont connus. À la fin de ses études secondaires, il entra en noviciat dans la Compagnie de Jésus, mais en fut renvoyé au bout de quinze jours. Peu après, il s'inscrivit à la faculté de théologie de l'université de Fribourg-en-Brisgau, mais ne fut pas autorisé – en raison de problèmes de santé – à réaliser sa vocation religieuse. À cette double rebuffade, s'en ajouta une troisième, lorsque, durant l'été 1916, il se vit refuser le poste qu'il convoitait à Fribourg – à cause, crut-il, de manœuvres dirigées contre lui par un groupe d'universitaires catholiques.

L'année suivante (1917), il épousa une jeune femme protestante, se mit à lire Luther et s'éloigna progressivement du catholicisme. Cet abandon de la « foi de ses origines [6] » ne put, en tout cas, que faciliter son adhésion ultérieure aux thèses du national-socialisme – dont le « paganisme » déclaré heurtait directement l'Église (même si, aveuglé par ses réflexes anticommunistes et/ou antisémites, le Vatican devait finir par apporter au Troisième Reich un coupable soutien).

Les années vingt furent, pour le jeune et ambitieux Heidegger, des années difficiles. Sa carrière universitaire n'avançait pas assez vite à son goût (ce qu'explique, en partie, le fait qu'il ne publia son grand livre, *Être et Temps*, qu'en 1927). Il était, du même coup, tenté d'attribuer la responsabilité de ses difficultés professionnelles à l'université elle-même, à la « crise » générale que traversait l'Allemagne et, au-delà, au régime de Weimar. Autrement dit, au gouvernement « républicain » et « libéral » qui se révélait incapable de « gérer » la crise en question.

Il obtint bien, en 1923, un poste à Marbourg. Mais cette ville du nord de l'Allemagne ne lui plut pas. Elle devint, de surcroît, le théâtre de sa liaison passionnée avec Hannah

Arendt – liaison qui ne pouvait, vu le contexte de l'époque, que nuire gravement à sa carrière. Heidegger s'employa donc à revenir le plus vite possible à Fribourg. Il n'y parvint cependant qu'en 1928 – lorsque Husserl, dont la chaire lui fut alors proposée, prit sa retraite.

Est-il possible de définir ce qu'était, à la fin des années vingt, l'engagement de l'auteur d'*Être et Temps* ? Une chose est sûre : s'il n'était pas, tant s'en faut, « apolitique », Heidegger n'était pas non plus un « activiste ». Le plus probable est qu'il ne se sentait pas très « concerné » par la politique. Beaucoup moins, en tout cas, que par ses propres perspectives d'avenir. Mais sa rancœur ou son « ressentiment » envers la République de Weimar ne font guère de doute – non plus que son penchant nationaliste, ainsi que son hostilité à la démocratie.

Bref, même si Heidegger ne plaçait pas la politique au premier rang de ses préoccupations, il ne pouvait, lorsqu'il lui arrivait de s'en préoccuper, se situer ailleurs qu'à droite. Et même qu'à l'extrême droite.

Peut-on aller plus loin ? Il existe incontestablement des convergences entre les thèses réactionnaires d'Oswald Spengler (*Le Déclin de l'Occident*, 1918) et le vocabulaire de la « déchéance » et de la « déréliction » cher à Heidegger – ou bien sa critique d'une modernité « inauthentique », envahie par le « on » (la « foule »), l'urbanisation, la technoscience et la culture de masse.

Il en existe aussi entre les doctrines de la « révolution conservatrice », propagées par Arthur Möller van den Bruck, et la phraséologie « révolutionnaire » d'*Être et Temps*, l'« historicisme » et le « décisionnisme » qui inspirent ce dernier ouvrage. Celui-ci, en effet, propose de voir dans le « temps » la signification ultime de l'« Être », mais ne donne pas, au temps lui-même, de signification concrète. Le temps de l'histoire humaine n'a pas de contenu *a priori*. Il dépend de nous, et de nous seuls, de lui conférer un sens « authentique », à partir de nos « décisions » – quelles que puissent être celles-ci. Une boutade – « je suis résolu, mais je ne sais pas à quoi [7] » – résume bien ce qu'était, à l'époque, l'état d'esprit des étudiants de Heidegger.

Réelles, ces convergences philosophico-politiques ne suffisent pas, pourtant, à faire de Heidegger un nazi « avant la lettre ». Tout ce qu'on pouvait dire, en 1927, c'est que la possibilité existait que le philosophe évoluât dans cette direction – comme elle existait, à la même époque, pour Jünger ou pour Schmitt. Mais la possibilité en question n'avait encore, cette année-là, rien d'une fatalité. Heidegger pouvait faire d'autres choix.

Il ne les fit pas. Au fil des six années suivantes, il ne cessa, au contraire, de s'aligner de plus en plus nettement sur les positions défendues par Hitler – dont le parti, simultanément, ne cessait de croître. Il n'y a rien de très original à mettre les deux processus en relation. Si le philosophe se rapprochait du parti nazi, c'est qu'il voyait celui-ci se rapprocher du pouvoir. Car si la politique n'intéressait pas beaucoup Heidegger, le pouvoir, en revanche, le fascinait.

D'une part, il aspirait à satisfaire, une fois pour toutes, ses ambitions personnelles, en devenant le philosophe le plus connu et le plus influent de son époque. La certitude qu'il éprouvait d'être « prédestiné » à jouer ce rôle éclate, par exemple, dans le mépris qu'il n'hésitait pas à témoigner, en privé, à l'égard de ses collègues. Dès 1923, sa correspondance avec Jaspers montre le peu de cas qu'il faisait de ses contemporains – Husserl compris. Dix ans plus tard, il répétait à son « ami » qu'il y avait trop de professeurs de philosophie en Allemagne, et qu'il suffirait certainement au pays de n'en garder que « deux ou trois » – sans préciser lesquels [8]. Quant à Jaspers lui-même, dont il avait cherché l'appui durant les années 1920, il cessa tout contact avec lui après 1933 (surtout parce que la femme de Jaspers était juive).

D'autre part, loin de vouloir demeurer en marge des événements, la pensée heideggérienne, à ce moment, se voulait pensée de l'histoire, pensée de son temps – et « en prise » sur son temps. Elle se croyait porteuse d'une révolution « spirituelle » appelée, à son tour, à s'incarner, dans une révolution réelle. Toute grande philosophie – écrivit Heidegger en 1930, dans une lettre au ministre prussien de la Culture, Grimme, destinée à expliquer les raisons de son refus d'être nommé à Berlin – n'aspire-t-elle pas à devenir une philosophie « maîtresse de son époque [9] » ?

Au fil des années 1927-1933, Heidegger entreprit donc « résolument » – pour mieux rejoindre l'idéologie national-socialiste – de s'éloigner du rationalisme, de l'esprit des Lumières, de Kant, ainsi que de toute pensée ancrée dans le respect de la raison scientifique ou dans celui de la démocratie libérale.

Schmitt et Jünger, de leur côté, faisaient le même chemin. Ce n'est pas un hasard si Heidegger tenait Schmitt en grande estime. Ni s'il ne cessa jamais de témoigner le plus vif intérêt pour les livres de Jünger – en particulier pour *Le Travailleur* (1932).

Trois étapes, dans cette dérive.

Les rencontres de Davos (mars-avril 1929), théâtre d'une spectaculaire attaque frontale (à propos d'une interprétation de Kant) lancée par Heidegger contre son collègue Cassirer, éminent représentant des Lumières, récemment élu recteur de l'Université de Hambourg (et premier juif à être élu recteur d'une université allemande).

La leçon inaugurale prononcée par Heidegger à Fribourg (24 juillet 1929), *Qu'est-ce que la métaphysique ?* – leçon dans laquelle, en présence de son ex-maître Husserl, partisan de considérer la philosophie comme une « science rigoureuse », le nouveau professeur déclara brutalement que jamais la philosophie « ne pourrait être mesurée à la mesure de l'Idée de la Science [10] », et qu'il importait au contraire de l'arracher à la logique étroite de l'entendement dans laquelle Kant l'avait enfermée.

Les leçons de 1929-1930, enfin, sur *Les Concepts fondamentaux de la métaphysique* – leçons qui commencent par une analyse de l'« ennui », et s'achèvent par une célébration enthousiaste du « péril de l'épouvante », seul capable de révéler l'homme à sa vraie grandeur [11].

Durant l'hiver de 1931-1932, un étudiant de Heidegger, Hermann Mörchen, rendit visite à Heidegger à Todtnauberg.
L'épouse du maître, nota-t-il à l'époque, était déjà devenue une adepte du national-socialisme.
Et le maître lui-même s'apprêtait à lui emboîter le pas.
Mörchen s'avoua perplexe.
L'histoire, pourtant, ne faisait que dérouler son cours de plus en plus inéluctable.

Le philosophe et le tyran (1933-1945)

Heidegger avait quarante-quatre ans lorsqu'il adhéra (le 1er mai 1933) au parti national-socialiste, le NSDAP. Il ne s'agissait donc pas d'une erreur de jeunesse.
Il en resta membre jusqu'en 1945. Il ne s'agissait donc pas non plus d'une lubie sans lendemain.
Ces douze années ne furent pas, il est vrai, homogènes. Il importe de distinguer, à l'intérieur de cette période, l'année durant laquelle Heidegger assuma volontairement les fonctions de recteur de l'université de Fribourg (avril 1933-mars 1934), de celles qui suivirent. À partir du moment, en effet, où il démissionna de ses fonctions rectorales, et jusqu'à l'entrée des troupes françaises dans Fribourg, il fut ce qu'on pourrait appeler un « opposant discret » au régime hitlérien.
Reste, cependant, à ne pas se tromper sur le sens de son « opposition ». Ni, bien évidemment, sur celui de son adhésion antérieure.
S'agissant de l'adhésion, c'est-à-dire de l'année 1933-1934, les choses sont claires.
Cette année-là, Heidegger perdit tout esprit critique.
Il crut, d'abord, que son « heure » était venue : l'heure

qui allait faire de lui le philosophe « officiel » du régime, le « guide spirituel » du *Führer* – et lui donner, enfin, la victoire sur ses collègues tant haïs.

Il était, par ailleurs, littéralement « envoûté » par la « personnalité » de Hitler. Lors de leur dernière entrevue (juin 1933), Jaspers émit devant lui des doutes sur la capacité d'un homme aussi « inculte » que le *Führer* à diriger l'Allemagne. Choqué, Heidegger répliqua : « La culture ne compte pas ! (...) Regardez donc ses admirables mains [12] ! ».

Enfin, Heidegger était sincèrement convaincu que le NSDAP apporterait à l'Allemagne la « révolution » dont celle-ci avait besoin pour revenir au premier rang des nations. Quel serait, concrètement, le contenu de ladite « révolution » ? Ce dernier ne se dessinait vraisemblablement pas mieux, aux yeux du philosophe, qu'à ceux de la plupart des Allemands. Trois grands axes, néanmoins, devaient être visibles. Un axe nationaliste (il s'agissait de remettre en question le traité de Versailles, dont les conséquences avaient été catastrophiques pour l'Allemagne). Un axe anticommuniste (alimenté par la crainte fantasmatique du « puissant » voisin soviétique). Et, enfin, un axe antisémite (alimenté, quant à lui, par une hostilité envers les juifs aussi ancienne que la culture allemande elle-même).

Heidegger était, de toute évidence, en plein accord avec ces trois axes. En témoignent, amplement, les nombreux textes, appels et proclamations qu'il signa durant son année de rectorat. À commencer par son discours de prise de fonction, le fameux *Discours sur l'auto-affirmation de l'université allemande*, prononcé le 27 mai 1933, sur fond de chemises brunes et de bras levés : un discours dont les conclusions « révolutionnaires », tout en allant dans la même direction que la propagande du régime, semblaient inviter celui-ci à aller plus loin, et plus vite, encore.

N'oublions pas que ce jour-là devait être, pour le philosophe, un jour décisif. Heidegger avait bien l'intention, en effet, d'utiliser la « révolution » national-socialiste pour réaliser l'une de ses grandes ambitions personnelles, qui était d'inspirer une nouvelle politique en matière d'enseignement supérieur, visant à « rénover » l'université allemande. Le *Discours de rectorat* constituait le « manifeste » de cette nouvelle politique universitaire, en même temps qu'un témoignage d'adhésion au régime. C'est dire à quel point il serait absurde de chercher, dans ce texte, les indices d'une « résistance » cachée de la part du philosophe !

On a parfois du mal à imaginer, aujourd'hui, que Heidegger ait pu être antisémite. À ceux qui, sur ce point, persistent à douter, je rappellerai seulement que l'antisémitisme était perçu, dans toute l'Europe des années trente, comme une simple « opinion ». Que cette « opinion » était tenue pour « normale » par beaucoup de gens. Et qu'elle était, en Allemagne même, profondément ancrée dans la culture nationale ainsi que dans la sensibilité populaire.

Heidegger, objecte-t-on souvent, n'a que rarement tenu, que ce soit en public ou en privé, des propos antisémites. Et il n'a pratiquement rien écrit, du moins dans son œuvre philosophique, qui puisse se comprendre en ce sens.

Cela est vrai. Et pour cause : l'antisémitisme était si virulent autour de lui qu'il n'avait nul besoin d'en rajouter – surtout s'il aspirait à passer pour un « intellectuel » de haute volée, un esprit supérieur à la foule.

Mais rien n'indique qu'il l'ait désapprouvé. Tout démontre, au contraire, qu'il le partageait.

Tout – c'est-à-dire des déclarations explicites rapportées par des témoins dignes de foi, certaines de ses activités « administratives » (comme le fameux rapport secret de décembre 1933, dans lequel Heidegger n'hésita pas à dénoncer l'un de ses collègues, coupable d'entretenir des « liens étroits » avec des juifs [13]) et, d'une façon générale, la manière offensante dont, de 1933 à 1945, il se comporta à l'égard de ses ex-étudiants, collègues ou amis juifs.

Pourtant, objecte-t-on également, les cours de la seconde moitié des années trente sont émaillés de critiques plus ou moins ouvertes contre le « biologisme », le « vitalisme » et tous les courants philosophiques qui reviennent à faire de la vie ou des « valeurs » biologiques les valeurs suprêmes. Or l'antisémitisme nazi et, plus largement, le mythe « aryen » qui constituait l'ossature du racisme nazi reposaient sur une conception « biologisante » du monde. Heidegger entendait-il donc se démarquer, discrètement, de celle-ci ?

Cette interprétation optimiste revient à travestir les textes. Nulle part Heidegger ne met en doute les notions de « race supérieure », ni même de « race » ou de « peuple » *(Volk)* en général. La seule chose qu'il semble contester, c'est l'attitude consistant à définir, par des critères purement « biologiques », la « supériorité » d'une race donnée. La véritable « supériorité » d'un peuple (ou de la « race aryenne ») est en effet, selon lui, d'ordre « spirituel ». Je ne vois là aucune intention de remettre en cause le racisme du Troisième Reich. Mais, bien plutôt, celle de lui conférer une dimension plus « philosophique », plus « transcendante ». Ou, si l'on veut, plus « radicale », plus « révolutionnaire ».

S'il y eut, par conséquent, désaccord entre Heidegger et la majorité des idéologues officiels du national-socialisme (Alfred Baeumler, Ernst Krieck, Alfred Rosenberg), ce désaccord porta sur des questions de vocabulaire, mais non sur l'essentiel. Il ne faut d'ailleurs pas minimiser le désaccord en question, dont la formulation par Heidegger ne devint explicite qu'après sa démission du rectorat. Il s'agit, en effet, d'un des « symptômes » qui nous éclairent le mieux sur la nature de la – fort discrète – « dissidence », dans laquelle il parut se complaire à partir de 1934.

Reconstituons la chaîne des événements. Dès le *Discours de rectorat*, Heidegger semble se réclamer d'une conception du national-socialisme plus radicalement « révolutionnaire » que celle des responsables du parti eux-mêmes. Une anecdote – qui demeure des plus significatives même si, comme il est possible, elle a été forgée par le philosophe lui-même pour les besoins de sa cause – voudrait que, après avoir écouté ce discours, le ministre Wacker, présent à la cérémonie, ait subtilement reproché à Heidegger de défendre une sorte de « national-socialisme privé [14] ».

Dans les mois qui suivirent, le nouveau recteur fit usage des pouvoirs (non négligeables) dont il disposait, pour réformer, sur ce modèle radical « extrémiste », l'université de Fribourg. Dans ce combat difficile (car si l'esprit démocratique était peu répandu chez les universitaires allemands, ceux-ci avaient au plus haut point le souci de défendre leurs privilèges), il lui fallut bien – comme à tout philosophe descendu du ciel des idées sur la terre de l'action – se chercher des alliés. Il trouva les siens chez les jeunes étudiants enrôlés dans les SA.

Durant son année de rectorat, Heidegger devint ainsi – au sein d'un parti nazi de plus en plus profondément divisé entre une ligne « dure », celle des SA de Röhm (qui mettait l'accent sur l'urgence d'une véritable « révolution »), et une ligne « pragmatique » (qui soulignait la nécessité de ne pas trop effrayer la bourgeoisie, l'armée, les Églises, etc.) – un partisan déclaré de la première.

Ce fut, malheureusement pour lui, la seconde qui l'emporta. De là, vinrent les « ennuis » qu'il ne cessa d'éprouver au fil de cette année chaotique. De là, également, le constat d'échec qui le conduisit, dès mars 1934, à démissionner. Le mois suivant, débutait dans la revue nazie *Volk im Werden* (Peuple en devenir) une opération de dénigrement contre Heidegger, brusquement accusé de « nihilisme » – opération orchestrée par l'un de ses principaux rivaux au sein du parti, Ernst Krieck, recteur de l'université de Francfort, défenseur de l'anthropologie « raciale » et partisan de la ligne « pragmatique ». Le 30 juin de la même année, enfin, cette dernière triomphait dans le sang : en une nuit, la Nuit des longs couteaux, Hitler faisait assassiner les principaux chefs SA, à commencer par Röhm.

Heidegger, qui était déjà retourné à ses chères études, n'avait plus, dès lors, l'espoir de jouer le moindre rôle officiel. Cela ne voulait pas dire qu'il devenait un « ennemi » du régime – et encore moins un opposant de tendance

« libérale », comme il chercha à le faire croire après la guerre. Il devenait, bien au contraire, un opposant de tendance « conservatrice », puisqu'il se présentait, désormais, comme le gardien d'une certaine « pureté » originaire de la doctrine national-socialiste – une « pureté » corrompue par les manigances des idéologues « pragmatiques » et « vitalistes » qui avaient réussi à s'imposer dans l'entourage du *Führer*.

C'est dire que le « maître » de Fribourg pouvait apparaître, dans les cercles proches du pouvoir, comme un intellectuel quelque peu excité, mais pas vraiment dangereux. Bref, comme quelqu'un qu'il fallait discrètement tenir à l'œil – d'autant plus discrètement qu'il était devenu, depuis 1927, le philosophe allemand le plus connu dans le monde. Et, de fait, de 1934 à 1945, Heidegger fut discrètement surveillé. Il subit même quelques vexations mineures. Mais il n'en garda pas moins toute sa liberté d'expression. Une liberté dont, chose remarquable, il ne fit jamais usage pour critiquer franchement le régime – même en privé.

Tout au plus se borna-t-il à marquer, chaque fois qu'il le pouvait, sa « différence ». Les occasions de le faire ne manquaient pas. Heidegger devait, entre autres, répondre à l'accusation de « nihilisme » lancée contre lui par Krieck. Il le fit à travers ses cours de la fin des années trente sur Nietzsche, en renvoyant l'accusation à Krieck lui-même – c'est-à-dire en dénonçant le « biologisme » et le « nietzschéisme » (deux termes abusivement donnés comme synonymes) des nazis « pragmatiques ». Lesquels, faut-il le préciser, se souciaient assez peu de ce que Heidegger pensait.

De cette retorse (et, pour tout dire, frivole) stratégie de réponse à Krieck, émergea cependant l'idée selon laquelle toute la philosophie occidentale, « d'Anaximandre à Nietzsche » inclus [15], n'aurait été que « nihilisme ». Un « nihilisme » que la pensée heideggérienne, et elle seule, aurait permis à l'Europe de « dépasser » – si le parti national-socialiste, auquel était échue la mission historique d'aider cette pensée à s'incarner dans l'histoire, n'avait failli à sa tâche, en renonçant prématurément à la « pureté » de sa doctrine originelle.

Du mensonge au silence (1945-1976)

En 1945, l'Allemagne perdit la guerre. Le Troisième Reich s'effondra. Hitler se suicida. Le parti nazi disparut. Et Heidegger, désormais considéré, selon la terminologie des troupes d'occupation, comme un « nazi typique », fut interdit d'enseignement.

Bizarrement, en revanche, l'idée selon laquelle la « métaphysique » occidentale n'avait été que « nihilisme », ainsi que l'idée corrélative selon laquelle il devenait urgent d'accomplir un « dépassement » de ladite métaphysique, devinrent des idées phares. Pour la philosophie continentale, dès le début des années cinquante. Puis, également, pour la philosophie anglophone, à partir du moment où, dans les années 1970, celle-ci découvrit, dans les idées en question, l'une des références majeures de la pensée « déconstructionniste » du philosophe français Jacques Derrida – alors fort à la mode sur les campus américains.

Il faut dire que, une fois passés les premiers mois de la libération de l'Allemagne par les troupes alliées, période pendant laquelle il ne subit d'ailleurs aucune sanction grave, Heidegger recouvra rapidement un statut somme toute enviable : celui d'un grand philosophe retiré des péripéties de ce monde, et recevant dans sa « hutte » montagnarde des visiteurs venus de partout, attirés par le prestige, toujours vivant, de l'auteur d'*Être et Temps*.

Malgré les responsabilités qu'il avait assumées durant son rectorat, Heidegger n'eut pas véritablement affaire à la justice. Il eut, en revanche, le sentiment qu'il aurait, un jour ou l'autre, affaire à l'histoire. Il entreprit donc, dès 1945, de « réécrire » à sa façon le récit de la période qui avait débuté en 1933. Il le fit, d'abord, pour se justifier des accusations qui, sur le moment, pesaient contre lui. Mais, également, afin de laisser à la postérité une « statue » de lui-même conforme à ses aspirations.

Cette « réécriture » ne put se faire, on le sait, qu'au prix de force mensonges. Heidegger prétendit qu'il avait toujours été foncièrement apolitique, qu'il n'avait accepté les fonctions de recteur que contraint et forcé, qu'il avait consacré l'essentiel du pouvoir dont il avait alors disposé à limiter l'emprise du parti national-socialiste sur l'université de Fribourg, qu'il avait démissionné dès qu'il avait pu en signe de désaccord avec le régime et qu'il avait passé les onze années suivantes à manifester, dans ses cours, son opposition « résolue » à celui-ci.

Totalement dépourvues de crédibilité, comme on l'a vu, ces allégations se trouvent, au surplus, contredites par d'autres déclarations de Heidegger – des déclarations apparemment plus « sincères ».

Deux exemples, parmi d'autres. Écrivant, le 15 décembre 1945, au président de la commission politique d'épuration, Heidegger, croyant minimiser la portée de son *Discours de rectorat*, souligne la « liaison intime » existant, selon lui, entre le contenu politique de ce discours et le reste de ses « écrits philosophiques »[16]. Il ne fait, ce disant, que confirmer un propos qu'il avait tenu, dès 1936, à Rome, devant son ex-étudiant Karl Löwith[17]. Et que son disciple français Jean Beaufret résumera en affirmant (à juste titre) que, chez Heidegger, « tout se tient[18] ».

Second exemple : quelques mois plus tard, en 1946, Herbert Marcuse, qui, de 1928 à 1932, avait été l'assistant de Heidegger, est amené à effectuer une mission en Allemagne, pays où il n'est pas revenu depuis 1933. Il en profite pour se rendre à Fribourg, dans l'espoir de revoir son vieux « maître », et, précisément, rencontre celui-ci dans la rue sans avoir eu le temps de le prévenir. Du coup, Heidegger, qui, de son côté, n'a toujours pas compris ce que le Troisième Reich avait pu représenter pour les juifs, et qui s'imagine reprendre le fil d'une conversation accidentellement interrompue treize ans auparavant, lui tend la main en lui lançant, comme à un vieil ami : « Alors, mon cher Herbert, tout est à recommencer [19] ! »

Dire une chose à l'un et autre chose à l'autre, en bref se contredire, n'était pas ce qui gênait Heidegger. Faire passer son rectorat tantôt pour un acte de courage et tantôt pour « une grosse bêtise » *(eine grosse Dummheit)* ne lui semblait même pas incohérent. Inventorier un par un tant de mensonges serait trop long – et fastidieux. Une lecture prolongée de textes ouvertement « apologétiques » comme *Le Rectorat : faits et réflexions* (1945), ou comme l'entretien accordé au *Spiegel*, *Réponses et questions sur l'histoire et la politique* (1966), conduirait, de surcroît, le lecteur le plus indulgent à se fatiguer d'un philosophe qui demeure malgré tout, par l'impact qu'il a eu sur son époque, l'un des plus importants de notre siècle. Il serait dommage d'en arriver à cette extrémité.

Je ne puis pourtant omettre de signaler que la chose la plus grave qui doive être reprochée à Heidegger n'est pas d'avoir *menti* (qui n'a jamais menti ?) – mais bien de *s'être tu*. Que le plus pénible de l'affaire, en d'autres termes, ne réside pas tant dans les piètres grimaces d'un « mandarin » soucieux de sauver sa « carrière », que dans l'invraisemblable *silence* que le philosophe a réussi à maintenir, de 1945 jusqu'à sa mort (1976), sur la Shoah.

Nulle part, en effet, pendant les trente et une années qui ont suivi la guerre, Heidegger n'a exprimé le moindre « regret » relativement au fait d'avoir appartenu, jusqu'à la fin, à un parti qui avait accompli le crime le plus horrible qui soit. Mais, ce qui est pire encore, il n'a nulle part donné le signe clair qu'il avait bien saisi la nature particulièrement horrible du crime en question.

Deux indices semblent même indiquer qu'il ne l'avait, précisément, pas du tout saisie.

Le premier se trouve dans sa lettre à Marcuse du 20 janvier 1948 – lettre dans laquelle Heidegger suggère que l'entreprise d'extermination des juifs n'a pas été « pire » que celle d'asservissement des peuples d'Europe orientale conduite, depuis 1945, par les Soviétiques [20].

Second indice : le tristement célèbre passage d'une conférence (inédite) sur la technique, prononcée à Brême en 1949, dans laquelle le philosophe affirme l'équivalence, d'un point de vue « métaphysique » ou du point de vue de « l'essence », de « la fabrication de cadavres dans les chambres à gaz » et de « l'agriculture » conçue comme « industrie alimentaire motorisée [21] ».

N'insistons pas. Ni le tact, ni même le sens du tragique de l'histoire n'étaient, assurément, les qualités dominantes de Heidegger.

Du reste, la pensée de celui-ci ne cessa d'évoluer, à partir de 1945, dans un sens de plus en plus étranger, non seulement à l'histoire réelle, mais aussi à la philosophie « historiciste » proposée par *Être et Temps* (livre qui, comme on sait, demeura à jamais inachevé). Il n'est pas facile (et il ne rentre pas dans mon propos actuel) d'expliciter le sens de cette évolution. Ce qui est sûr, c'est que la défaite allemande conduisit Heidegger à tourner « résolument » le dos à la réalité, et donc à s'enfermer dans ce que j'ai appelé ailleurs une « pensée poétique » (la pire forme de pensée) – c'est-à-dire dans une sorte de méditation solitaire (à peine troublée par un dialogue avec quelques grands « morts » privilégiés, tels que Héraclite ou Hölderlin) sur l'essence de la parole. Méditation qui finit, à son tour, par déboucher sur une sorte de vénération sacrée pour le « silence » et l'« ineffable » – bref, sur un « ésotérisme » des plus douteux. On me permettra de conclure que le « grand » Heidegger reste celui d'*Être et Temps*. Et qu'il aurait beaucoup mieux valu, pour tout le monde, que l'histoire s'arrête là.

L'histoire, malheureusement, ne s'arrête jamais.

Et l'on voit même redémarrer, de temps à autre, des courants qu'on espérait morts.

J'ai indiqué, plus haut, comment, dans les années soixante, l'entreprise « révisionniste » de Nolte (lui-même ancien élève de Heidegger) avait redonné vie à une certaine forme de « sympathie » pour le national-socialisme.

Il me reste à signaler que les doctrines de Nolte ont suscité, en France, un vif enthousiasme à l'intérieur du cercle (fort étendu dans l'université) des adeptes fervents de Heidegger. L'un des principaux traducteurs de ce dernier, François Fédier, les a reprises à son compte et longuement développées, en 1995, dans son introduction à un recueil de textes curieusement intitulé *Écrits politiques (1933-1966)* – comme si Heidegger n'avait pas eu de pensée politique avant 1933, ni après 1966.

Fédier s'attache, en particulier, à démontrer que, vu la gravité que représentait, en 1933, la « menace » communiste, Heidegger n'avait pas d'autre choix, à ce moment, que d'adhérer au parti nazi et de soutenir Hitler – ainsi que le faisaient, d'ailleurs, la plupart des Allemands[22]. Pas un instant ne semble lui venir à l'idée qu'entre nazisme et communisme, une troisième voie (oserai-je l'appeler « démocratique » ?) pouvait exister – ni que d'autres choix, plus courageux, comme l'exil par exemple, restaient encore possibles. Pas davantage ne semble le gêner le fait que le « prix » à payer pour « vaincre » le communisme ait été l'instauration, dès les premières semaines suivant l'arrivée de Hitler au pouvoir, d'un « antisémitisme d'État » – dont il n'était pas difficile de deviner qu'il ne pourrait aller qu'en s'aggravant.

Peut-être ne s'agit-il là, pour Fédier et pour tous ceux qui veulent absolument « blanchir » Heidegger, que d'un « détail ».

Mais Heidegger n'a jamais demandé à être « blanchi ». Il n'avait pas assez mauvaise conscience pour cela. Il s'est contenté de mentir sur l'accessoire, et de se taire sur l'essentiel.

Pourquoi faut-il donc que ses disciples français donnent l'impression de vouloir, sans cesse, « en rajouter » ?

Pourquoi veulent-ils absolument rendre « intéressante », voire « sympathique », la triste attitude qui a consisté à dire : « qu'importe si les juifs sont sacrifiés, pourvu que le communisme voit vaincu » ?

Cette attitude, cette forme extrême et particulièrement « désastreuse » de « l'indifférence », nous ne la connaissons que trop bien. N'est-ce pas, toutes proportions gardées, celle qui inspira, dans la France de Vichy, le comportement d'un Maurice Papon ? Et le secrétaire général de la préfecture de la Gironde raisonna-t-il, en 1942, très différemment de la manière dont avait raisonné, en 1933, le recteur de l'Université de Fribourg [23] ?

Chapitre VI

LA « GUERRE DES RACES »

Il me faut maintenant parler de Michel Foucault. Pour des raisons qu'on va découvrir, j'éprouve quelque malaise à le faire.

Disons d'abord, pour situer le problème, que la publication (qui a commencé en janvier 1997) des cours donnés par Foucault au Collège de France constitue l'un des grands événements intellectuels de cette fin de siècle. Un événement dont l'effet sera, selon toute vraisemblance, de modifier profondément la perception que nous pouvions avoir de la pensée du philosophe.

Jusqu'ici, en effet, nous ne connaissions cette pensée qu'à travers les livres écrits par Foucault (une dizaine de volumes), ainsi que par les entretiens, articles ou préfaces réunis dans *Dits et Écrits*. Par leur forme élaborée, les livres masquaient la complexité des processus intellectuels dont ils représentaient l'aboutissement. Par leur caractère de circonstance, les *Dits et Écrits* ne nous offraient qu'un éclairage indirect, souvent superficiel, sur ces mêmes processus. Toujours soucieux de se cacher (comme il l'avoua, entre autres, à la fin de l'Introduction à *L'Archéologie du savoir*, ainsi que dans l'entretien qu'il m'accorda en 1980, « Le philosophe masqué »), habile à revêtir les déguisements les plus divers, Foucault – que ses camarades de l'École normale supérieure avaient surnommé le *Fuchs* (le « renard », en allemand) – nous échappait. Il nous manquait le fil qui nous aurait permis de reconstituer, dans sa complexité cachée, la cohérence de son parcours.

Or, ce fil, désormais, nous le tenons. Les cours donnés par lui au Collège de France, de 1970 à 1984, vont nous le faire découvrir. Ces cours, auxquels il attachait une grande importance, furent, pendant les dernières années de sa vie (celles de sa véritable maturité intellectuelle), le laboratoire où se forgeait, au jour le jour, sa philosophie. Directement issus de ses recherches quotidiennes (et, en particulier, de ses journées de lecture à la Bibliothèque nationale), ils lui donnèrent la possibilité de s'exprimer avec beaucoup plus de liberté qu'il ne s'autorisait à le faire dans ses livres « écrits ». C'est devant le public jeune et restreint du Collège qu'il put penser à haute voix, esquisser des pistes nouvelles, essayer des hypothèses inédites – sans se sentir tenu de les pousser jusqu'à leurs dernières conséquences, ni même d'y adhérer au-delà du moment où il les avançait.

En même temps, ces cours qu'il préparait soigneusement ne relevaient pas de l'improvisation. Comme tous ses proches le savent, Foucault lisait des textes rédigés à l'avance, et non des notes éparses. Du reste, les responsables de l'édition des cours, François Ewald et Alessandro Fontana, qui ont choisi de publier, non pas ces textes, mais une transcription littérale des enregistrements réalisés pendant les leçons, ont pris la peine de confronter cette version au manuscrit proprement dit, et de signaler en note les variantes les plus significatives : or celles-ci sont en nombre infime, et généralement dénuées d'importance.

Les treize volumes annoncés des cours seront donc, à la lettre, un trésor : treize nouveaux livres de Foucault – mais treize livres qui échappent, justement, au caractère figé, « poli » à tous les sens du terme, que revêt habituellement un livre (surtout un livre de Foucault). C'est dire à quel point leur lecture peut nous révéler un « autre » Foucault. Je ne dis pas : le « vrai » Foucault, car je n'ai pas la naïveté de croire qu'il y ait un « vrai » Foucault, ni même que le Foucault des cours soit plus « vrai » que celui des livres ou que celui des entretiens. Je dis seulement : un « autre » Foucault, dont la confrontation avec les deux précédents devrait nous aider à ressaisir ce qui, jusqu'ici, nous demeurait insaisissable : l'unité de la pensée de Foucault – c'est-à-dire d'un des plus grands philosophes de notre temps. Le jeu en vaut, semble-t-il, la chandelle.

On me dira que j'anticipe. Des treize volumes annoncés, un seul, à la date d'aujourd'hui, est paru : celui qui contient le cours de l'année 1975-1976, énigmatiquement intitulé « Il faut défendre la société ». N'est-ce pas trop peu, encore, pour se faire une idée globale de l'ensemble ?

Sans doute. Quoi que puissent, cependant, nous apporter ceux qui le précèdent ou qui le suivent, ce cours – celui-là et nul autre – représente déjà, par lui-même, un objet fascinant. Ce n'est certainement pas un hasard si les éditeurs de la série l'ont choisi pour lancer la publication.

Introduction à un « lapsus »

Fascinant : le mot n'est pas trop fort.
Je le justifierai de deux façons.
1) D'une part, ce cours correspond à un pivot, à un moment charnière dans l'itinéraire compliqué de Foucault. Il fait suite à la parution de *Surveiller et punir* (février 1975), et précède celle de *La Volonté de savoir* (octobre 1976). Il occupe donc, comme le déclarent les éditeurs, « dans la pensée et dans les recherches de Foucault, une position spécifique, stratégique pourrait-on dire : c'est une sorte de pause, de moment d'arrêt, de tournant, sans doute, où il évalue le chemin parcouru et trace les lignes des enquêtes à venir [1] ». C'est cela, en effet – et beaucoup plus que cela. Car *Surveiller et punir* a, en réalité, clos un cycle : celui qu'avait ouvert *Histoire de la folie à l'âge classique* (1961), et qu'avait scandé, pendant quatorze ans, une série de travaux consacrés à l'histoire des procédures « disciplinaires » (médicales et

juridiques, pour l'essentiel) par lesquelles l'État moderne avait, du XVIe au XIXe siècle, constitué son territoire en reléguant, sur les marges de celui-ci, dans la position d'exclus, des « catégories » de population (les fous, les criminels, etc.) considérées comme « déviantes » par rapport à sa loi. Quant à *La Volonté de savoir*, elle a, de son côté, ouvert un nouveau cycle. Un cycle au cours duquel Foucault, avouant à l'occasion que la seule chose qui l'intéresse est l'éthique, non la politique, va tourner le dos à la période qui l'a jusqu'alors occupé, pour se plonger dans l'étude des « sagesses » hellénistiques et romaines. Désormais, son champ d'étude sera l'ensemble des processus par lesquels s'est élaborée, à la fin de l'Antiquité, une morale individuelle (fondée sur le « souci de soi » et le bon « usage des plaisirs »), d'où est issue, selon lui, la notion moderne de « sujet », entendue comme « origine » de la vérité.

Entre ces deux cycles – dont l'articulation est rien moins qu'évidente –, « Il faut défendre la société » est un livre crucial.

D'un côté, il rend publique la rupture de Foucault avec la problématique de l'« exclusion ». Celle-ci lui est désormais trop familière. Il craint de s'y enfermer comme dans une routine. Il lui reproche, en outre, de reposer sur l'usage d'un concept de « répression » dont il n'a jamais réussi à se satisfaire : la « répression » est une notion passe-partout, qui n'explique rien à force de tout expliquer.

D'un autre côté, ce cours annonce une préoccupation nouvelle, chez Foucault, pour les rapports du « pouvoir » (politique) et de la « vie » (biologique). De cette préoccupation, témoignent la naissance, dans le texte même du cours, du concept de « bio-pouvoir », ainsi que les réflexions sur la « biopolitique » qui accompagneront, dans les années suivantes, la rédaction – lente et parfois laborieuse – de l'*Histoire de la sexualité* (dont *La Volonté de savoir* constitue le premier volume).

La place chronologique qu'occupe « Il faut défendre la société » dans l'œuvre de Foucault – une place qui, dans sa biographie, correspond aux trois premiers mois (du 7 janvier au 17 mars) de l'année 1976 – est donc bien une place déterminante. Celle du moment, aimerait-on dire, où « tout a basculé ».

2) D'autre part, cependant, s'il s'agit bien d'un « basculement », on ne saurait dire, au juste, vers quoi Foucault « bascule ». Car « Il faut défendre la société » n'appartient ni au cycle qu'il clôt, ni à celui qu'il inaugure. Ce cours – ou le moment d'une vie intellectuelle qu'il reflète – n'est pleinement intégrable ni à ce qui le précède, ni même (car il ne « préfigure » pas vraiment l'*Histoire de la sexualité*) à ce qui le suit. C'est une sorte de moment « entre parenthèses » dans la vie et dans l'œuvre de Foucault.

Non pas un moment creux ou vide, mais, au contraire, un moment bouillonnant – bouillonnant d'idées neuves et, paradoxalement, destinées à rester sans suite, ou presque. Une dérive ? Un délire ? Un dérapage ? Difficile à dire. Quelque chose de ce genre, incontestablement.

Un lapsus, alors ? Peut-être. En tout cas, un message qui, sans le savoir et sans le vouloir, nous en dit long sur la nature des fantasmes qui agitaient alors l'esprit de Michel Foucault.

Ma thèse peut paraître exagérée. Je crois pourtant qu'elle se défend, pour peu qu'on prenne la peine de relire, leçon après leçon, le cours en question. J'essaierai de le faire, en quelques pages forcément trop rapides.

Première surprise

Le 7 janvier 1976, Foucault confesse, devant son public, la lassitude qu'il éprouve à parler, depuis six ans, de recherches qui, dit-il, n'avancent plus. Il admet en même temps que ces recherches lui sont nécessaires : il les estime inséparables d'une certaine façon d'agir sur l'actualité contemporaine, de prendre position dans le débat politique du moment. Un débat qui, pour lui, revêt la forme exclusive du combat. « Combat », « offensive », « bataille », « lutte », « affrontement », « guerre » : les premières pages du cours sont remplies de ces mots. Qui ne sont pas nouveaux chez Foucault, mais qu'on a rarement vus si souvent répétés.

De quoi s'agit-il ? Réponse en deux temps.

D'une part, penser le pouvoir en termes de « répression » ou d'« exclusion » n'est plus une pensée neuve. C'est une pensée qui est devenue formelle et mécanique. Ce qu'il faut, c'est penser non seulement le pouvoir mais la « société civile » (bref, la société tout court) en termes de « guerre » – autrement dit, de « guerre civile ».

D'autre part, cette nouvelle pensée de la société (civile) comme guerre (civile) est requise, concrètement, par la nécessité de comprendre ces deux phénomènes majeurs du XXe siècle que sont nazisme et stalinisme [2].

Ce dont il s'agit, en somme, à en juger par cette double réponse, c'est d'arriver au bout du politique. De mettre fin à la politique en gagnant la dernière bataille – celle qui « suspendrait enfin, et enfin seulement, l'exercice du pouvoir comme guerre continuée [3] ». La fin du pouvoir comme guerre ou, plus exactement, la fin de la guerre et du pouvoir : nous ne sommes pas loin, ici, d'une certaine forme d'« utopie ». Une utopie qui se voudrait d'extrême gauche, et peut-être « anarchiste » ou « libertaire » – en tout cas, sûrement pas communiste au sens classique du mot.

Le 14 janvier, Foucault revient sur son projet d'entamer « une série de recherches sur la guerre comme principe éventuel d'analyse des rapports de pouvoir [4] », en le justifiant à nouveau par la nécessité d'abandonner le concept de « répression » qui lui a fourni, jusque-là, un tel principe. D'après lui, en effet, toute théorie de la répression renvoie encore à un modèle juridique du pouvoir, le modèle de la « souveraineté ». Or, un tel modèle ne peut qu'être inadéquat, puisque la notion même de « droits souverains de l'individu », bref le « droit de la souveraineté », n'est qu'une variante parmi d'autres d'un langage mystifiant – le langage que le pouvoir tient sur lui-même, c'est-à-dire le langage du droit. « Ce fameux droit formel et bourgeois [5] » auquel Foucault ne songe pas une seconde à reconnaître la moindre légitimité.

La leçon suivante (21 janvier) est celle de la première surprise. Quel est le « discours de la guerre » auquel Foucault va demander de jouer le rôle d'« analyseur » des rapports de pouvoir ? Ce discours – discours « historico-politique » et non plus « juridico-formel », discours « binaire » de la « guerre perpétuelle » – n'est autre que le « discours de la lutte des races ». Plus ancien et plus fondamental que le discours de la lutte des classes ou de la « guerre sociale », qui n'en serait qu'une des multiples transcriptions ultérieures, ce discours de la lutte des races date du XVIIe siècle. On le voit émerger, vers 1630, « du côté des revendications populaires ou petites-bourgeoises dans l'Angleterre prérévolutionnaire et révolutionnaire », puis de nouveau en France, à la fin du règne de Louis XIV, toujours comme « discours de lutte contre le roi » – mais en provenance, cette fois, du « côté inverse », celui de « l'amertume aristocratique [6] ».

Que disent-ils, en substance, ces discours – discours des Puritains et des Niveleurs, ou bien discours de la « réaction nobiliaire » ? Ils disent (tout le cours serait à citer : je ne peux qu'épingler quelques phrases parmi d'autres) que le rapport de pouvoir est, en son fond, un rapport de « lutte à mort [7] ». Que, sous l'État, sous ses lois, sous sa paix, il faut « entendre et redécouvrir une sorte de guerre primitive et permanente ». Que le principe d'intelligibilité du politique n'est à chercher nulle part ailleurs que « dans le sang et la boue des batailles », en entendant par là, évidemment, des batailles historiques bien réelles : « la loi naît des batailles réelles, (...) des massacres (...) qui ont leur date et leur héros d'horreur ; la loi naît des villes incendiées, des terres ravagées ; elle naît avec les fameux innocents qui agonisent dans le jour qui se lève ». Que nous sommes tous en guerre les uns contre les autres, et qu'« il n'y a pas de sujet neutre ». Que « cette guerre ancienne est une guerre permanente », que « la guerre n'est pas terminée, les batailles décisives sont encore en train de se préparer, la bataille décisive elle-même nous avons à la remporter ». Que seule « l'appartenance à un camp » (c'est-à-dire une position militante, non une position neutre comme celle que, traditionnellement, le philosophe revendique pour lui-même) permet « de déchiffrer la vérité ». Que « le sujet qui parle est un sujet (...) guerroyant ». Qu'au principe de l'histoire se trouvent donc une série de faits bruts, « qu'on pourrait dire déjà physico-biologiques : vigueur physique, force, énergie, prolifération d'une race, faiblesse de l'autre ». Que c'est seulement « au-dessus de cette trame de corps, de hasards et de passions, de cette masse et de ce grouillement sombre et parfois sanglant » que vont s'élaborer les stratégies rationnelles de la guerre. Donc, qu'à la base de tout il y a une « brutalité » fondamentale, mais que la vérité (la « vérité effective des choses », la « *verità effetuale delle cose* », comme disait Machiavel) va être du côté de cette « déraison » ou de cette « brutalité ». Et que, si l'on veut aujourd'hui ressaisir cette vérité, il ne s'agit de rien de moins que de « retrouver le sang qui a séché dans les codes ».

Ce n'est pas tout. Le discours de la guerre des races, ajoute Foucault (qu'on sent ici transporté par son sujet), n'a rien d'un discours académique ou abstrait. Il mobilise du savoir, certes. Mais c'est pour mieux rejoindre, par ce biais, « les grandes pulsions mythiques et aussi l'ardeur des revanches populaires [8] ». Bref, il est aussi le discours « des plus fous espoirs », le discours du « grand soir », de la revanche définitive et impitoyable (qui ne pratiquera pas le pardon), de « l'attente de l'empereur des derniers jours, du *dux novus*, du nouveau chef, du nouveau guide, du nouveau *Führer* ; l'idée de la cinquième monarchie, ou du troisième empire, ou du troisième Reich, celui qui sera à la fois la bête de l'Apocalypse ou le sauveur des pauvres »...

Sans doute faut-il faire, ici, la part de la distance et celle de l'ironie. Foucault, qui ne reprend pas explicitement ce discours à son compte, est le premier à en reconnaître le caractère « ambigu »⁹. Mais il ne le dénonce pas non plus de manière explicite. C'est même la raison pour laquelle il le déclare « ambigu » – avouant ainsi sa propre ambivalence. Bien sûr, le discours de la guerre des races, le discours selon lequel « le corps social est au fond articulé sur deux races [10] », a connu une postérité multiforme. On en retrouve la trace, diversement codée, dans le darwinisme et l'eugénisme social du XIXᵉ siècle. Puis, au XXᵉ siècle, dans le racisme d'État du Troisième Reich, qui en représente, si l'on veut, la déformation extrême – car le « racisme d'État » n'est au fond qu'un « paradoxe par rapport aux fins mêmes et à la forme première [11] » du discours de la guerre des races. Par ailleurs, ce dernier s'est également recodé, d'une manière différente, dans le discours marxiste de la « lutte des classes » et de la « guerre sociale ». Discours lui aussi déformant (ou déformé), selon Foucault – qui accuse Marx et ses héritiers d'avoir procédé, par le moyen de la « dialectique », à la « colonisation » et à la « pacification autoritaire » de ce qui était au départ un authentique discours de guerre.

Résumons : les produits dérivés du discours de la guerre des races ne sont pas satisfaisants – ni ceux de « gauche », ni ceux de « droite », puisqu'ils ont été récupérés, précisément, par la gauche et la droite institutionnelles. Ces dernières ont fait, de ce qui était initialement un instrument de lutte « d'un groupe social contre un autre », l'instrument privilégié « de tous les conservatismes sociaux [13] ». De gauche ou de droite, les conservatismes affirment toujours qu'« il faut défendre la société » contre la race dangereuse qui la menace de l'intérieur.

Ce n'est pas à ce slogan que va la sympathie de Foucault. Mais si l'on remontait au-delà du XIXᵉ siècle, avec lequel s'est ouvert l'embranchement gauche-droite, si l'on revenait au discours de la guerre des races sous la forme primitive qui fut la sienne au XVIIᵉ siècle, ne serait-ce pas pour nous, aujourd'hui, le moyen de renouer avec un discours de la révolution pure – le discours dont Foucault, en ce mois de janvier 1976, semble rêver tout haut ?

Deuxième surprise

Une deuxième surprise nous attend au début de la leçon suivante (28 janvier). Foucault a dû recevoir, de la part de ses auditeurs, des questions étonnées. Il y répond, mais toujours sans chercher à dissiper l'ambiguïté. « Vous avez pu croire que j'ai entrepris, la dernière fois, de vous faire l'histoire et l'éloge du discours raciste. *Vous n'avez pas eu tout à fait tort...* » (c'est moi qui souligne). « Vous n'avez pas eu tout à fait tort, à ceci près toutefois : ce n'est pas tout à fait du discours raciste que j'ai voulu faire l'éloge et l'histoire, mais plutôt du discours de la guerre ou de la lutte des races. » Et d'ajouter : « Je crois qu'il faut réserver l'expression de " racisme " ou de " discours raciste " à quelque chose qui n'a été au fond qu'un épisode, particulier et localisé, de ce grand discours de la guerre ou de la lutte des races [14]. »

Deux éclaircissements, donc, quelque peu insuffisants. D'une part, on n'aurait « pas tout à fait tort » de croire que Foucault a fait l'éloge du discours raciste. Il a fait, en tout cas, l'éloge d'un discours qui, comme le discours raciste, présuppose la notion de race, admet la validité de son usage. Le discours raciste, d'autre part, ne représente au fond qu'une phase, une transcription ou une reprise (dans le langage sociobiologique cher au XIXe siècle) du discours plus ancien (et plus « intéressant ») de la guerre des races. Bref, volonté de minimiser le racisme, d'exalter la guerre des races (bonne) en l'arrachant au racisme (mauvais, mais dérivé). Foucault n'en dit pas plus pour le moment. Il avance.

Il avance en expliquant que le discours de la guerre des races a été la matrice d'une nouvelle conscience de l'histoire : la conscience révolutionnaire. Le rôle de cette nouvelle histoire – ou de cette contre-histoire – révolutionnaire est de montrer « que les lois trompent, que les rois se masquent, que le pouvoir fait illusion et que les historiens mentent [15] ». En d'autres termes, ce discours a été au départ (et reste dans une large mesure, au moins pour Foucault lui-même, à cette date) le discours héroïque des « opprimés » [16].

Sans doute a-t-il été, par la suite, retranscrit ou recodé en style « conservateur ». Sans doute a-t-il donné naissance au racisme d'État, idéologie au service de l'État. Mais Foucault n'arrive pas vraiment à détacher la transcription de l'original, à condamner celle-là au nom de celui-ci – comme si, dans celle-là, vibrait encore quelque chose de ce qui a fait la force de celui-ci. De là cet énoncé inquiétant : « Le racisme c'est, littéralement, le discours révolutionnaire, mais à l'envers [17]. »

Certes, le racisme d'État a pris des formes hideuses : celles – que Foucault, explicitement, n'hésite pas à placer sur le même plan ! – de l'antisémitisme nazi en Allemagne et, en URSS, de la psychiatrie policière (qui interne les opposants politiques au nom d'une prétendue déviance psychobiologique).

Mais, en dépit de leur aspect hideux, ces formes de racisme n'en gardent pas moins – mystérieusement – un lien avec leurs origines héroïques. « Donc, gloire et infamie du discours des races en lutte [18]. » Gloire et infamie : l'infamie, apparemment, n'efface pas la gloire. Mais de quelle gloire s'agit-il ? Où Foucault voit-il de la gloire... ?

Connaissez-vous Boulainvilliers ?

Retenons de la leçon du 4 février (consacrée, pour l'essentiel, aux discours relatifs à la « conquête » de l'Angleterre – la fameuse « conquête » des Saxons par les Normands –, ainsi qu'au discours de Hobbes, qui n'est absolument pas, malgré les apparences, un discours de la guerre) les explications initiales. Celles-ci répondent, là encore, à une question posée à la fin du cours précédent.

On me reproche, résume Foucault, de faire débuter le racisme au XVIIe siècle, c'est-à-dire d'ignorer l'existence du racisme médiéval. Réponse : je ne l'ignore pas, mais ce n'est pas mon problème. Et cela, pour deux raisons. Parce que « le fond de mon problème » n'est ni le racisme, ni l'histoire du racisme [19], mais une analyse du corps social et politique en termes de guerre des races. Et parce que l'antisémitisme médiéval est un « vieil antisémitisme de type religieux [20] », qui ne s'est pas réellement investi dans la « guerre sociale », ni transformé en racisme d'État, avant le XIXe siècle.

La première partie de cette réponse est pour le moins expéditive. La seconde, inspirée des conclusions de Hannah Arendt, est contestable sur le plan historique (l'antijudaïsme de la monarchie française sous le bon roi saint Louis n'avait-il vraiment rien à voir avec un antisémitisme d'État ?).

La leçon du 11 février analyse, quant à elle, la deuxième figure (après la figure anglaise) du discours de la guerre des races : sa figure française. Celle-ci est à chercher au cœur de la querelle, née à la fin du règne de Louis XIV, entre « germanistes » (Boulainvilliers) et « romanistes » (Dubos). Partisans de la « réaction nobiliaire », les premiers défendaient contre les seconds la thèse selon laquelle les Francs étaient en réalité des Germains – et leur roi (autrement dit, le roi de France), le débiteur éternel de son aristocratie guerrière, grâce à laquelle, jadis, la « race gauloise » avait pu être conquise.

Le 18 février, Foucault s'attarde sur les doctrines de Boulainvilliers, à qui revient, selon lui, un double mérite. Celui d'avoir, le premier, utilisé « la guerre comme analyseur général de la société [21] ». Et celui, plus douteux, d'être à l'origine du portrait (repris par Nietzsche) du Franc-Germain comme « grand barbare blond [22] ».

On voit toujours mal si (et dans quelle mesure) Foucault se désolidarise de Boulainvilliers, qu'il crédite d'avoir introduit les « rapports de force » au cœur de la compréhension de l'histoire, d'avoir fait de la guerre « la matrice de vérité du discours historique [23] ».

On s'étonne aussi de le voir citer Boulainvilliers plutôt que Montesquieu, qui fut, lui aussi, un « germaniste » radical. Montesquieu, il est vrai, est un juriste, et le théoricien d'un régime constitutionnel et parlementaire – tandis que Boulainvilliers, moins « libéral », peut passer pour plus « révolutionnaire »...

Cette dernière hypothèse semble, en tout cas, trouver sa confirmation dans la leçon du 25 février. Si Boulainvilliers m'intéresse tant, nous dit en substance Foucault, c'est parce qu'il est le premier à avoir donné « statut dans l'histoire à quelque chose qui deviendra au XIXe siècle, avec Michelet, l'histoire du peuple ou des peuples [24] ». Bref, parce que Boulainvilliers a découvert « le caractère relationnel du pouvoir », c'est-à-dire le fait que le pouvoir n'est ni une « propriété », ni une « puissance », mais une « relation ». Parce qu'il a vu que, face à la monarchie, le « peuple » constituait l'autre terme de cette relation. Et parce que, en pratiquant l'histoire non seulement comme moyen d'analyser les rapports de force, mais comme moyen de les modifier, il a pris parti pour le peuple. Quant à la fin de ce cours, elle se résume à un éloge de l'« historicisme » inventé (le raccourci, on l'admettra, est bien rapide) par Boulainvilliers.

Nouveaux motifs d'étonnement, donc : que Foucault (dont on connaît la méfiance envers toute philosophie de l'histoire) se rallie à la fois à l'historicisme et à une théorie du « peuple » comme sujet de l'histoire – soit aux positions mêmes de Sartre, qu'il combattait vigoureusement en 1966. Et qu'il puisse référer l'origine de ces positions à un auteur comme Boulainvilliers, dont le fanatisme réactionnaire est quand même loin de préfigurer Michelet !

La leçon du 3 mars répond (là encore, en partie) au second de ces motifs d'étonnement. Foucault explique que le discours historiciste inventé par Boulainvilliers a pu, au fil des décennies suivantes, être réutilisé au service des stratégies politiques les plus diverses, voire les plus opposées – y compris au service d'une stratégie ouvertement « révolutionnaire ». Boulainvilliers apparaît ainsi, selon la mise en perspective opérée par Foucault, comme le précurseur à la fois de la théorie de la guerre des races, et de l'idée de révolution entendue comme renversement des rapports de force : « il s'agit de passer du point de la nuit au point du jour, du point le plus bas au point le plus haut [25]... ».

Évidemment opposée à tout juridisme (le juridisme est l'arme de ceux qui veulent que rien ne change), la théorie « révolutionnaire » de Boulainvilliers revient à prôner la destruction de la « civilisation » par les « barbares ». Le barbare, la « grande bête blonde » dont on a déjà parlé, est quelqu'un qui « n'entre pas dans l'histoire en fondant une société, mais en pénétrant, en incendiant et en détruisant une civilisation [26] ». Le véritable problème, enchaîne Foucault, n'est donc « pas du tout révolution ou barbarie » (allusion au mouvement « Socialisme ou barbarie », animé dans les années cinquante par Claude Lefort et Cornelius Castoriadis), « mais révolution et barbarie, économie de la barbarie dans la révolution [27] ».

Bref, la théorie de la guerre comme élément constitutif de l'intelligibilité historique va être réutilisée de diverses manières à partir de la révolution de 1789 (leçon du 10 mars). Mais, dans tous les cas, elle va perdre sa pureté originelle. Elle va être « dialectisée ». Or cette « dialectisation » correspond à un « embourgeoisement » [28]. L'élément de la guerre va être, sinon éliminé, « du moins réduit, délimité, colonisé, implanté, réparti, civilisé (...) et, jusqu'à un certain point, apaisé [29] ». Le danger fondamental de la violence « va être promis à une sorte d'apaisement final, non pas au sens de cet équilibre *bon* et *vrai* qu'avaient recherché les historiens du XVIIIe siècle, mais au sens de réconciliation [30] » (c'est de nouveau moi qui souligne).

Une « réconciliation » que Foucault, on l'a compris, déplore.

Ce qui est arrivé le 17 mars 1976

Arrive le 17 mars, jour de la leçon finale. Après avoir raconté l'histoire de la guerre des races au XVIIIe siècle, et montré comment cette notion de guerre avait été peu à peu éliminée, au siècle suivant, par un processus de « dialectisation », Foucault se propose d'envisager, pour clore son cours, la manière dont le thème de la race va, non pas disparaître, « mais être repris dans tout autre chose qui est le racisme d'État [31] ».

Il part, pour ce faire, de l'observation suivante : « un des phénomènes fondamentaux du XIXe siècle » a été « la prise en compte de la vie par le pouvoir », « une sorte d'étatisation du biologique [32] ». Dans la théorie classique de la souveraineté, celle-ci se caractérisait par le droit de vie et de mort – bref, par le pouvoir « de faire mourir ou de laisser vivre ». Au XIXe siècle, cet antique pouvoir s'est trouvé supplanté par un autre : celui « de faire vivre et de laisser mourir [33] ». Autrement dit, aux vieilles technologies de pouvoir, à ces technologies « disciplinaires » qui avaient pour objet le corps de l'individu, se sont substituées des technologies nouvelles, régulatrices plutôt que disciplinaires, qui ne s'adressaient plus à l'homme en tant qu'*individu*, mais à l'homme en tant qu'*espèce*, aux processus biologiques (natalité, longévité, mortalité) en tant que tels. Bref, à une « anatomo-politique du corps humain », s'est substituée une « biopolitique » de l'espèce [34].

Afin de baliser le champ de ce nouveau « bio-pouvoir », Foucault signale trois problèmes : problème de la morbidité (c'est-à-dire des maladies endémiques qui affaiblissent une population) ; problèmes de la vieillesse, des accidents et des infirmités diverses ; prise en compte des relations entre l'espèce humaine et son milieu d'existence (naturel ou social). Le « corps » nouveau que ces trois séries de problèmes permettent de voir émerger est un corps collectif :

c'est celui de la « population » en général. Il s'agit, pour le pouvoir, de maximiser les capacités de travail, et donc de vie, de la population qu'il contrôle. Il s'agit de prolonger la vie, d'exclure la mort. La mort, explique Foucault, est ce qui, désormais, « échappe à tout pouvoir » ou tombe en dehors de lui [35]. Suit une brève digression de circonstance sur la mort de Franco (survenue le 20 novembre 1975) – de Franco que Foucault, curieusement, nomme « le plus sanglant de tous les dictateurs » (sanglant, oui ; mais « le plus sanglant », vraiment ?).

Ayant ainsi caractérisé, dans ses grandes lignes, cette nouvelle technologie de pouvoir ayant « pour objet et pour objectif la vie », Foucault se pose la question suivante : « dans cette nouvelle technologie de pouvoir (...), comment va s'exercer le droit de tuer et la fonction du meurtre, s'il est vrai que le pouvoir de souveraineté recule de plus en plus et qu'au contraire avance de plus en plus le bio-pouvoir disciplinaire ou régulateur [36] ? ».

Réponse : « C'est là, je crois, qu'intervient le racisme. Je ne veux pas dire du tout que le racisme a été inventé à cette époque. Il existait depuis bien longtemps. Mais je crois qu'il fonctionnait ailleurs. Ce qui a inscrit le racisme dans les mécanismes de l'État, c'est bien l'émergence de ce bio-pouvoir. C'est à ce moment-là que le racisme s'est inscrit comme mécanisme fondamental du pouvoir, tel qu'il s'exerce dans les États modernes, et qui fait qu'il n'y a guère de fonctionnement moderne de l'État qui, à un certain moment, à une certaine limite, et dans certaines conditions, ne passe par le racisme [37]. »

Le racisme, en effet, peut remplir deux fonctions. D'une part, il offre le moyen d'introduire, dans ce domaine de la vie que le pouvoir a pris en charge, une coupure : « la coupure entre ce qui doit vivre et ce qui doit mourir [38] ». D'autre part, il permet de faire jouer l'antique relation guerrière (« si tu veux vivre, il faut que l'autre meure ») de la seule manière qui soit compatible avec l'exercice étatique du bio-pouvoir : en définissant l'autre comme « race dégénérée », dont l'élimination est profitable à la société. Dès lors, « la mort de l'autre, la mort de la mauvaise race, de la race inférieure (...), c'est ce qui va rendre la vie en général plus saine ; plus saine et plus pure ». Dans une société où l'État fonctionne sur le mode du bio-pouvoir, c'est-à-dire dans une « société de normalisation » (comme le sont toutes les sociétés modernes, sans exception), « la fonction meurtrière de l'État ne peut être assurée (...) que par le racisme [39] ».

Difficile de ne pas surprendre, ici, quelques postulats inavoués. Le postulat selon lequel l'État aurait nécessairement une fonction « meurtrière », plutôt que juridique. Ou bien celui selon lequel, entre les modernes « sociétés de normalisation », il n'y aurait que des différences de degré, mais aucune différence de nature : sociétés étatiques, fonctionnant sur le mode du bio-pouvoir, elles seraient, au fond, toutes pareilles. Des postulats qui, pour le moins, mériteraient examen. Mais Foucault ne s'y arrête pas. Il lui faut conclure. Et le rythme du discours, tout à coup, s'accélère dangereusement. Au risque de rendre possibles tous les dérapages...

Premier dérapage. Si le racisme d'État connaît, chronologiquement, ses premiers développements avec la colonisation, alors on peut parler d'un « génocide colonisateur [40] ». « Ethnocide » eût été discutable, mais sémantiquement acceptable. « Génocide », ici, est totalement inapproprié. Si l'on s'autorise à comparer à Auschwitz les guerres dont s'est parfois (mais pas toujours) accompagnée la colonisation européenne à la fin du XIXᵉ siècle – alors, quelle spécificité peut-il rester à l'entreprise exterminatrice conduite par le Troisième Reich ?

Deuxième dérapage. Sautons par-dessus quelques décennies, et venons-en, justement, au nazisme – ou à ce que Foucault appelle « l'exemple du nazisme [41] ». Car il ne saurait s'agir, bien entendu, que d'un simple « exemple ». D'un « exemple » parmi d'autres, puisque le Troisième Reich n'est qu'un État raciste parmi d'autres. Rien, en effet, ne le distingue des autres (États modernes) – sinon le fait qu'il a développé « jusqu'au paroxysme [42] » les mécanismes de pouvoir nouveaux qui s'étaient mis en place depuis le XVIIIe siècle. « Jusqu'au paroxysme » : simple différence de degré, encore une fois, non de nature. Différence symbolique, si l'on veut. Et, à la limite, irréelle. Car comment Foucault définit-il la « solution finale » (que, bizarrement, il limite aux années 1942-1943) ? Comme la tentative, non pas d'éliminer les juifs (et les Tsiganes), mais « d'éliminer, à travers les juifs, toutes les autres races dont les juifs étaient à la fois le symbole et la manifestation [43] ».

Les « juifs » n'existent pas : ils ne sont qu'un « symbole », une « manifestation » – voire une simple apparence. Nous ne sommes plus dans le réel, mais dans le domaine du signe. Le confirme cette étrange comparaison : il n'y a pas, ajoute Foucault, de différence entre la « solution finale », d'une part, et, d'autre part, les décrets du 30 mars et du 7 avril 1945, par lesquels Hitler, battu, acculé au suicide, prend des dispositions pour la destruction des infrastructures allemandes. Peu importe, à ce point, qu'il s'agisse de deux choses sans rapport, ou que les décrets en question n'aient jamais été appliqués, tandis que le programme de la « solution finale » l'a largement été. Ce qui s'est vraiment passé est secondaire, puisque seuls comptent, au fond, le « symbole » ou l'emblème, le chiffre, la représentation – non le malheur des hommes.

S'ouvre, à ce point, une étrange déchirure : celle du « négationnisme ». Et si, en fin de compte, la Shoah n'avait pas eu lieu ? Si elle n'était qu'un mauvais rêve... ?

Troisième dérapage, enfin. Même si « seul (...) le nazisme a poussé jusqu'au paroxysme *(bis)* le jeu entre le droit souverain de tuer et les mécanismes du bio-pouvoir », ce jeu est inscrit effectivement dans le fonctionnement de tous les États : pas seulement dans celui des États capitalistes mais, tout aussi bien, dans celui des États socialistes. Donc, l'État socialiste n'est qu'un État raciste (parmi d'autres). Le socialisme n'est qu'un « social-racisme » [44].

Là, Foucault semble hésiter, surpris de sa propre

audace. Il reconnaît qu'il n'a plus le temps de démontrer. Qu'il se laisse aller à une « affirmation massue », à un « libre propos [45] ». Mais il se laisse aller quand même. L'État socialiste, assène-t-il, pratique le racisme d'État. Non pas (comme le Troisième Reich) sous la forme du racisme ethnique, mais sous celle (qui n'en est pas radicalement différente) de l'évolutionnisme biologique – puisqu'il « biologise » la déviance politique en « psychiatrisant » ses adversaires. Pas de différence, en somme, entre le génocide des juifs et la « psychiatrisation » des dissidents soviétiques. Le premier n'est pas d'une autre nature que la seconde. La seconde n'est pas moins meurtrière que le premier.

Bien pire : ce n'est pas seulement l'État socialiste (tel qu'il apparaît en 1917), c'est le socialisme en général (tel qu'il émerge au XIXe siècle) qui est fondamentalement raciste. Certes, Foucault s'autorise, *in extremis*, une nuance. Lorsque le socialisme insiste surtout sur la nécessité d'une transformation des conditions économiques comme principe de la révolution, il n'a pas besoin, « immédiatement au moins [46] », du racisme. Mais, en revanche, lorsqu'il est obligé de penser l'élimination de l'adversaire à l'intérieur du système capitaliste, il ne peut s'en passer. « C'est ainsi que les formes de socialisme *les plus racistes* (je souligne), cela a été, bien sûr, le blanquisme, cela a été la Commune et cela a été l'anarchie, *beaucoup plus* que la social-démocratie, *beaucoup plus* que la Seconde Internationale, et *beaucoup plus* que le marxisme lui-même [47] ».

Il ne s'agit, à nouveau, que d'une différence de degré : la pensée de Marx a été *moins* raciste que celle de Fourier – ou de Toussenel. Marx n'a pas dit, à la différence de la plupart des autres socialistes de son temps, que l'ennemi de classe était le juif, incarnation vivante du capitaliste honni. Mais sa pensée n'en a pas moins conduit à la révolution de 1917, et celle-ci à l'État stalinien. D'où il s'ensuit que le socialisme, sous toutes ses formes, est (dès le départ) raciste, ou conduit (nécessairement) au racisme. Pouvait-il

en aller autrement ? « C'était là, conclut Foucault, le problème, et je crois que c'est toujours cela le problème [48]. »
Quel problème ? dira-t-on. La réponse, implicite, me semble être la suivante : dans le contexte d'une société fonctionnant sur le mode du bio-pouvoir, le droit à la révolution, c'est-à-dire le droit à la guerre, ne peut pas se passer du racisme. En tout cas, il ne peut pas se passer de la notion de race. Et peut-être le seul moyen, pour une révolution à venir, d'éviter de retomber dans le racisme d'État est-il d'en revenir, délibérément, à la guerre des races. Fin du cours.

Chapitre VII

JUSQU'AU BOUT DU FANTASME

Il faut prendre ce texte – lui aussi – au sérieux. Il ne l'a pas encore été. D'une part, parce que sa publication est trop récente, et ses lecteurs, jusqu'ici, trop peu nombreux. D'autre part, parce que, parmi ces derniers, tous n'ont pas forcément été « gênés » par ce qu'ils lisaient. Et que ceux qui l'ont été hésitent – pour des motifs compréhensibles – à faire part, publiquement, de leur embarras [1].

Il ne servirait pourtant à rien de minimiser ce texte, comme si le cours qu'il reproduit n'avait jamais eu lieu. Comme s'il n'avait laissé, nulle part, de traces. Comme s'il n'était le symptôme de rien – sinon, dans le pire des cas, celui d'un « passage à vide » dans l'itinéraire de Foucault. « Passage à vide » que laisseraient pressentir les propos initiaux sur la lassitude – entre « ennui » et « supplice » – qu'éprouve le philosophe, quelques années après sa nomination au Collège, à discourir à heure fixe devant un public avec lequel il n'arrive plus à communiquer.

Il faut défendre la société doit être lu comme n'importe quel autre livre de Foucault : avec le souci d'en retrouver la cohérence spécifique. Du fait qu'il est encore peu familier du grand public (et même des fervents de son auteur), j'ai été obligé d'en retracer, l'un après l'autre, les principaux moments. Il reste, maintenant, à en ressaisir la logique interne. À partir de quel « centre », autour de quel thème celle-ci s'organise-t-elle ?

La réponse semble aisée : autour d'une problématique bien connue des spécialistes de l'historiographie moderne, celle de la « guerre des races ». Une problématique dont chacun sait qu'elle a revêtu, en l'espace de cent cinquante ans, trois figures successives que distingue l'usage politique qui en a été fait. Une figure aristocratique et réactionnaire, au début du XVIIIe siècle, avec Boulainvilliers et Montesquieu, théoriciens des origines « franques », donc « germaines », de la monarchie française. Une figure bourgeoise et libérale, dans la première moitié du XIXe siècle, chez des historiens comme Augustin Thierry ou François Guizot. Ceux-ci retournent contre elle-même l'argumentation « nobiliaire », afin de justifier le combat révolutionnaire de la bourgeoisie (issue de la « race gauloise », jadis vaincue et longtemps opprimée) contre l'aristocratie (issue de la « race franque »). Et, enfin, une figure socialiste chez Marx, responsable de la reconversion conceptuelle de la « guerre des races » en « lutte des classes ». Marx qui, au demeurant, reconnaît pleinement sa dette envers ses prédécesseurs – comme l'atteste sa lettre du 27 juillet 1854 à Engels, où il fait de Thierry le véritable « père de la lutte des classes ».

Il n'y a rien de surprenant dans le fait de voir Foucault s'intéresser à cette problématique. Ni, compte tenu de sa conception générale du « discours », dans le fait de le voir déchiffrer les trois figures successives de cette problématique comme si, variantes d'une même structure de base, elles se situaient exactement sur le même plan.

Toutefois, une telle attitude pose, en l'occurrence, un problème – car la théorie de la lutte des classes peut difficilement être considérée comme « équivalente » à celle de la guerre des races, et Marx assimilé, du point de vue de l'historiographie, à Boulainvilliers ou à Thierry. Sans revenir à l'opposition simpliste selon laquelle Marx serait un historien « scientifique », et ses prédécesseurs, de simples « idéologues », il n'en reste pas moins que la notion de

« classe » est susceptible d'une approche objective, tandis que celle de « race » ne renvoie, pour ce qui concerne l'espèce humaine, à aucune réalité rigoureusement définissable. Qu'on croie, ou non, au caractère éternel de la lutte des classes, il n'est guère contestable qu'il y a des classes sociales : même Aron l'admettait. En revanche, il n'y a plus, depuis belle lurette, un seul historien professionnel, monarchiste ou « bourgeois », qui défende l'interprétation selon laquelle l'histoire politique de la France moderne se réduirait, en dernière instance, à un conflit entre Francs et Gaulois.

Comment s'expliquer, en ce cas, que Foucault semble accorder autant – sinon plus – de crédibilité théorique au discours de Boulainvilliers qu'à celui de Marx ? Certes, il n'est pas marxiste. Il se dit même, parfois, antimarxiste (quoique, sur ce point, ses positions aient beaucoup varié selon les circonstances et les enjeux). Cela ne paraît pas être, néanmoins, une raison suffisante pour se rallier aux doctrines de celui qui demeure le chef du parti « germaniste » à la fin du règne de Louis XIV.

Peut-on sérieusement faire de Boulainvilliers le découvreur de la nature « relationnelle » du pouvoir (comme si Machiavel n'avait pas existé), le fondateur de l'« historicisme » (notion qui recouvre d'ailleurs des théories fort diverses, dont la genèse est autrement complexe), et l'inventeur d'une conception « révolutionnaire » du rôle joué par le « peuple » ? Peut-on faire un usage fructueux du motif de la « guerre des races », alors que le terme de « race » – que ce soit dans l'histoire de France ou dans d'autres contextes – relève de la pure fiction ? On a beau chercher : on ne trouve pas de justification rationnelle à ce qui apparaît, ici, comme le parti pris de Foucault.

Si le parti pris en question possède sa logique propre, celle-ci ne relève donc pas d'une démarche scientifique, mais de ce qu'on pourrait appeler un « fantasme ». Je proposerai de lire « Il faut défendre la société » comme on déchiffrerait une sorte de « rêve éveillé ». Approche qui n'enlève rien à l'intérêt du texte, bien au contraire. Car la structure inconsciente de ce rêve n'est ni une structure anodine, ni une de celles qu'on s'attendrait à trouver, banalement, chez Foucault. C'est la structure même d'un grand mythe occidental : le mythe raciste. Ou, plus précisément, le mythe antisémite. Le vieux mythe selon lequel les forces saines de la société (la race « pure ») seraient opprimées par une race minoritaire et tyrannique, une race « capitaliste » dont elles ne pourraient se libérer que par une lutte « révolutionnaire » – lutte à mort, bien entendu, et débouchant sur l'extermination radicale de l'oppresseur, condition *sine qua non* de la libération finale.

Certes, Foucault ne s'exprime pas en des termes aussi crus. Il parle du haut d'une chaire du Collège de France. Il ne reprend pas à son compte l'assimilation éculée du juif à l'usurier. Il reconnaît l'existence d'une « nuance » entre Marx et Toussenel. Bien plus, il distingue le discours de la guerre des races, proprement dit, du discours raciste. Et, s'il souligne l'intérêt méthodologique du premier, c'est pour mieux l'arracher à la réputation criminelle qui entoure le second.

Mais de quoi s'agit-il, en fin de compte ? D'un processus qui revient à dire que le capitalisme est mortellement dangereux, qu'il faut lutter contre lui comme on lutterait contre une maladie et que cette lutte ne pourra prendre que la forme d'une guerre « race contre race ». De là, le ton anachronique et, par moments, étrangement archaïque du cours de l'année 1975-1976. De là, son ambiance crépusculaire (proche de Goya ou de Callot), ses références troubles à la « boue des batailles » et au sang des victimes qu'on assassine à l'aube – bref, la violence « messianique » qui l'anime. Violence prophétique ou apocalyptique, qui semble calquée (comme le suggère une allusion de Foucault [2]), sur celle du messianisme juif lui-même – qu'il lui faudrait alors détruire pour mieux le supplanter.

Qu'on m'entende bien. Je ne dis pas que Foucault soit antisémite. Tout le monde sait qu'il ne l'était pas. Je ne dis même pas que ce texte de Foucault (celui-là et nul autre) soit, par endroits, un texte antisémite. Ce n'est pas si simple, puisque le cours condamne explicitement les « déviations » racistes du discours de la guerre des races. Et que ses dernières phrases formulent clairement comme « problème », c'est-à-dire comme danger, le risque, pour toute révolution, de recréer un « racisme d'État ».

Je dis seulement que la logique inconsciente à l'œuvre dans l'usage que Foucault fait du motif de la guerre des races est la même que celle qui anime, depuis le XIXe siècle, un certain antisémitisme de gauche ou plutôt d'extrême gauche. Un antisémitisme qui n'était pas celui de Marx, mais celui d'autres courants révolutionnaires – socialistes « utopistes » ou anarchistes – qu'on qualifierait aujourd'hui, précisément, d'antimarxistes. J'ajoute que les traces d'une telle logique, évidentes dans « Il faut défendre la société », demeurent exceptionnelles dans ce que nous connaissons, en l'état actuel, de l'œuvre de Foucault. On ne les retrouve pas, par exemple, dans *La Volonté de savoir*. Pas plus qu'on ne retrouve la guerre des races, ni ses divers avatars théoriques, dans les livres publiés par Foucault après 1976.

Mon hypothèse soulève cependant une question déplaisante. Comment Foucault, qui n'était pas homme à se laisser « piéger », fût-ce par une logique inconsciente, et qui connaissait parfaitement la géographie des mouvements révolutionnaires, a-t-il pu demeurer insensible aux troubles connotations de la guerre des races, dont le cours de 1975-1976 ne se cache pas de faire « l'histoire et l'éloge » ?

La « guerre sociale »

On pourrait commencer à puiser un début de réponse dans la biographie de Foucault. Cela ne nous mènerait pas loin. Le silence dont son œuvre fait preuve sur la Shoah est loin de lui être propre : c'est celui de sa génération tout entière. Sa répulsion à l'égard du marxisme n'est pas, elle non plus, très originale. Ses affinités intellectuelles avec l'historien Georges Dumézil ne prouvent rien, car, si Dumézil ne cachait ni son adhésion aux doctrines politiques de l'Action française, ni (comme Boulainvilliers) son admiration pour l'Allemagne, il n'était pas pour autant antisémite. Enfin, l'enthousiasme irréfléchi avec lequel Foucault a salué les débuts de la révolution islamique en Iran, s'il relève d'une erreur d'analyse, ne permet pas davantage de conclure que le philosophe aurait partagé, dans tous les domaines, le fanatisme des ayatollah.

Il me semble, au surplus, qu'un texte de Foucault est trop important pour être rabattu sur des schémas purement anecdotiques. Si, en certains endroits, « Il faut défendre la société » semble témoigner d'une étrange complaisance envers la « boue des batailles » et la vigueur des races « barbares », il vaut la peine d'en chercher la raison dans autre chose que dans les fameux penchants « sadomasochistes » de Foucault, longuement et inutilement évoqués par son biographe américain, James Miller. Ce qui est, à mon sens, véritablement intéressant, n'est pas le fait qu'il y ait eu, chez Foucault, des pulsions destructrices – mais plutôt la manière dont ces pulsions, pour s'exprimer, ont choisi de s'investir dans tel type d'idéologie subversive, plutôt que dans tel autre. En d'autres termes, il faut essayer de comprendre ce que pouvait représenter pour le philosophe, au début de 1976, au beau milieu d'une période de doute ou de remise en question, le discours que j'ai appelé « antisémitisme d'extrême gauche ».

Les origines de ce discours remontent, on le sait, au XIXe siècle. Le socialiste fouriériste Toussenel – auteur d'un pamphlet qui fit fureur, *Les Juifs, rois de l'époque* (1844) – en reste le précurseur le plus célèbre. Mais, après l'affaire Dreyfus, l'antisémitisme cesse d'être une idéologie de gauche pour devenir une idéologie de droite. De plus, après la Seconde Guerre mondiale et la révélation de la Shoah, toute formulation explicitement antisémite devient, pendant près de trois décennies, pratiquement inconcevable. C'est donc à la renaissance inattendue d'un antisémitisme discrédité que l'on assiste, dans une fraction de l'extrême gauche, au début des années 1970.

Le phénomène est-il véritablement surprenant ? Non, si l'on se rappelle que cet âge est justement, pour les mouvements révolutionnaires, celui du grand reflux. Après l'échec des révoltes étudiantes et populaires qu'ont connues les principaux pays occidentaux en 1968-1969, les formes de lutte clandestine, armées ou non, qui ont tenté de donner un prolongement à ces révoltes se trouvent elles-mêmes, aux alentours de 1975, au bord de l'asphyxie. Privées de soutien populaire, victimes d'une répression efficace, elles disparaissent l'une après l'autre. Tout se passe alors, selon un schéma classique, comme si l'avortement de la révolution dans le réel provoquait, par compensation, une surenchère inouïe au niveau du discours.

Cette logique de la surenchère ne fait, bien sûr, qu'accentuer le rejet du marxisme et du communisme « traditionnels », qui s'était déjà fait jour vers le milieu des années soixante. Bien plus, comme la gauche « instituée » et l'extrême gauche « radicale » cherchent à recruter des adhérents dans les mêmes secteurs de la population, comme elles se retrouvent quotidiennement en situation de concurrence directe, la première ne tarde pas à devenir l'ennemie privilégiée de la seconde.

Les réactions de cette dernière connaissent, cependant, d'importantes variations liées à la nature de ses références idéologiques. Quelle que soit leur hostilité au stalinisme, par exemple, ainsi qu'au programme des partis communistes européens (qu'ils qualifient abusivement de « staliniens »), trotskistes et maoïstes se réclament, avec leurs adversaires, d'un ancêtre commun en la personne de Marx. Ce lien « familial » les contraint à modérer leur agressivité théorique. Tel n'est pas le cas des anarchistes, dont les grands ancêtres, Bakounine ou Proudhon, furent au contraire des adversaires déterminés de Marx. À la différence des maoïstes et des trotskistes, les anarchistes éprouvent donc, pour le stalinisme et, plus généralement, pour toutes les formes de socialisme « réel », une haine sans mesure. À la limite, le communisme est, pour eux, le pire ennemi. Pire, en un sens, que le capitalisme lui-même. Et pire, par conséquent, que fascisme ou nazisme, qui ne sont, selon l'idéologie anarchiste, que des sous-produits du capitalisme.

Soyons justes : tous les anarchistes ne vont pas jusque-là. Beaucoup restent sensibles à la générosité « humaniste » des valeurs libertaires. Une minorité fort active, cependant, est disposée à passer outre. À déclarer la « guerre sociale [3] », non seulement au capitalisme et à la démocratie « bourgeoise », mais aussi – et peut-être d'abord – à ce qu'elle appelle le « totalitarisme de gauche », celui de Moscou et de ses satellites.

Bref, cette minorité agissante se place elle-même, *mutatis mutandis*, dans une position analogue à celle de Hitler en 1933. Du coup, son discours retrouve – et, bientôt, cherche délibérément à adopter – des accents hitlériens. Certes, le but n'est plus d'instaurer un Troisième Reich. Il serait plutôt de faire advenir le règne des derniers jours – « la bête de l'Apocalypse ou le sauveur des pauvres », comme dit Foucault. Mais la différence n'est pas si grande, au fond. Car il s'agit moins, dans les deux cas, de « transformer le monde » que de détruire de fond en comble l'ordre existant. Un ordre dont les deux faces, capitaliste et communiste, se réduisent finalement à une seule figure : celle du juif – juif exploiteur (l'usurier), ou bien juif oppresseur (le bolchevik).

Que faire, alors, du souvenir de la Shoah, qui semble rendre à jamais le nazisme condamnable ? La solution la plus efficace consiste à le rayer de la carte. Reprenant les allégations avancées, dès la fin de la Seconde Guerre mondiale, par les porte-parole de l'extrême droite pro-nazie, mais aussi par un ancien militant d'extrême gauche, Paul Rassinier (1906-1967), et reprises à partir de 1974 par un admirateur de Rassinier, Robert Faurisson, une fraction du mouvement libertaire en France va, dans le cours des années 1970, se réinventer une doctrine « négationniste ». La Shoah n'a, tout simplement, jamais eu lieu. Il n'y a pas eu de génocide. L'histoire des chambres à gaz n'est qu'une « légende ». Auschwitz n'est qu'un « mensonge ». Légende et mensonge forgés, on s'en doute, par les juifs – désireux de pouvoir opprimer à leur tour, en profitant de la culpabilité occidentale, le peuple palestinien. Et propagés avec la bénédiction du camp « stalino-démocratique » – soucieux de cacher au monde qu'il commet tous les jours des crimes bien pires que ceux de Hitler.

Inutile d'insister. Les multiples variantes de cette doctrine – qui rassemble aujourd'hui des adeptes dans le monde entier – sont bien connues. Je n'entreprendrai pas de les décrire en détail. Ni de rappeler le rôle qu'ont joué, dans sa diffusion, les « bordiguistes » français (disciples du « révolutionnaire » italien Amadeo Bordiga). Ou Pierre Guillaume, ancien membre du groupe « Socialisme ou barbarie » et animateur, au quartier Latin, d'une librairie « gauchiste », La Vieille Taupe – qui songeait dès 1970 à rééditer Rassinier, et finit par publier, en 1980, un livre de Faurisson doté d'une préface due au libertaire (juif mais antisioniste) Noam Chomsky. Ou bien encore ce journal de l'« ultra-gauche » anarchiste qui, en 1979, dénonçait l'antifascisme comme un « alibi » du capitalisme, et qui avait repris pour titre *La Guerre sociale*. J'ai effectué ailleurs ce travail historique [4].

Je n'essaierai pas davantage, ici, de démêler ce que ces doctrines doivent à Foucault, ni Foucault à ces doctrines. Certes, La Vieille Taupe n'était qu'à quelques encablures du Collège de France, où Pierre Guillaume et ses amis avaient, comme tout un chacun, le droit de suivre des cours. Certes, l'expression de « guerre sociale » revient souvent dans « Il faut défendre la société ». Mais là n'est pas le problème. Même si Foucault était, pour les groupuscules d'ultra-gauche, le grand intellectuel de référence, il n'était pas le seul. Au demeurant, le négationnisme, dès qu'il s'est constitué en système et est devenu un mouvement « public » (soit aux environs de 1977), a provoqué chez lui des colères bien connues de ses proches, et qui se terminaient généralement par un de ces éclats de rire dont il avait le secret.

Reste que, au début de 1976, Foucault, assoiffé de révolution mais convaincu que le communisme (et donc le marxisme) constituait le principal obstacle à l'avènement du « grand soir », investit passagèrement son désir de subversion dans un curieux discours, le discours de la guerre des races. Ou, plus exactement, dans une interprétation nouvelle (et encore plus curieuse) de ce vieux discours, une interprétation « anarchisante », qu'il parut inventer « sur mesure », comme pour se faire plaisir. Moyennant quoi, il ne fit que retomber, à sa façon, dans un schéma classique, combinaison désuète de pulsion révolutionnaire et d'antisémitisme. Dès qu'il s'en rendit compte, quelques semaines ou quelques mois plus tard, il « largua » définitivement le piètre scénario de la guerre des races. Bref, il sut, à temps, se sauver de ses propres démons.

D'autres, moins intelligents que lui, se laissèrent prendre durablement. L'adhésion qu'une idée absurde est capable de susciter est parfois sans limite. Elle n'est pas non plus sans danger. C'est la raison pour laquelle il convient de revenir, ici, sur la pensée politique de Foucault. Afin de déterminer, si faire se peut, le point exact où cette pensée s'est (momentanément) égarée.

La haine du droit

Écoutons Gilles Deleuze. « Ce qui, d'une manière diffuse ou même confuse, a caractérisé le gauchisme, c'est théoriquement une remise en question du problème du pouvoir, dirigée contre le marxisme autant que contre les conceptions bourgeoises, et pratiquement c'est une certaine forme de luttes locales, spécifiques, dont les rapports et l'unité nécessaire ne pouvaient plus venir d'un processus de totalisation ni de centralisation, mais, comme disait Guattari, d'une transversalité [5]. »

Cette analyse s'applique particulièrement bien au « gauchisme » de Foucault. Sur le plan pratique, ce dernier s'est engagé, entre 1971 et 1973, dans les luttes concrètes qui se déroulaient au sein du GIP (Groupe information prisons) – loin des partis, des syndicats et des institutions. Sur le plan théorique, il a, simultanément, tenté d'élaborer une nouvelle conception du pouvoir, destinée à remplacer la conception marxiste – qui dominait alors la gauche européenne.

Même si, sous l'influence de l'actualité, elle en vint à occuper une place centrale dans son esprit à partir de 1968, cette recherche d'une nouvelle conception du pouvoir n'était pas, chez Foucault, une préoccupation récente. Elle remontait fort loin, probablement à la période (1950-1952) où, sous l'influence de Louis Althusser, il avait passagèrement adhéré au Parti communiste français.

La mort de Staline, les révélations ultérieures du rapport Khrouchtchev, la révolution hongroise et sa brutale répression, mais aussi le développement des guerres coloniales (Indochine, Algérie) et des luttes de libération dans le tiers-monde ne pouvaient manquer d'avoir aiguisé sa sensibilité politique. Au-delà de ces événements qui accompagnaient son entrée dans l'âge adulte, le souvenir de la Seconde Guerre mondiale, qui avait traversé comme un cauchemar son enfance et son adolescence, demeurait profondément imprimé dans sa conscience. Pourtant, les deux décennies qui suivirent la Libération restèrent celles du grand silence : nul ne parlait de Vichy, ni de la Shoah.

Bien des années plus tard, dans un entretien accordé en 1977 à un journaliste japonais, Foucault reconnut que la question du pouvoir avait commencé « à paraître dans sa nudité », pour lui, vers 1955, sur fond de ces deux ombres gigantesques, de ces « deux héritages noirs » qu'avaient été, pour sa génération, « fascisme et stalinisme [6] ». « La non-analyse du fascisme », dit-il dans un autre entretien de 1977, cette fois avec Jacques Rancière, « est l'un des faits politiques importants de ces trente dernières années [7] ». Passons sur l'usage ici fait de la catégorie de « fascisme », dont la principale utilité semble être d'occulter la spécificité du phénomène nazi. Un fait est clair. C'est bien la volonté de comprendre « fascisme et stalinisme » qui a conduit Foucault, très tôt, vers ce qui devait devenir, surtout à partir de 1968, son problème principal : le problème du pouvoir.

Pourtant, Foucault n'a jamais consacré de livre à ce problème. Il ne l'a traité nulle part de manière explicite et systématique. Bien plus, lorsqu'on l'interrogeait sur les grandes lignes de sa « théorie du pouvoir » (ou de celle qu'on lui attribuait, souvent de manière simpliste), il se défendait d'avoir, sur ce sujet, des conceptions bien définies, ou même des instruments précis de recherche et d'analyse. Il affirmait procéder de manière empirique, chercher à l'aveuglette, avancer à tâtons.

Il n'y a aucune raison de ne pas le croire sur ce point. Il semble donc vain de vouloir restituer, aujourd'hui, ce qui aurait pu être la « philosophie politique » sous-jacente à son travail. Il peut être utile, en revanche, de relire avec une attention particulière les quelques pages de ses livres où il s'est approché le plus qu'il a pu d'un exposé de ce type. C'est ce qu'a fait Deleuze, par exemple, à propos du chapitre I (et surtout des p. 31-38) de *Surveiller et punir*. Publié en 1975 (soit quelques mois, je le rappelle, avant le début du cours sur la guerre des races), ce texte ne contient pas de « thèses » à proprement parler, mais suggère « l'abandon d'un certain nombre de postulats qui ont marqué la position traditionnelle de gauche », c'est-à-dire la conception marxiste du pouvoir [8]. Il vaut donc la peine de récapituler, en suivant l'excellente analyse qu'en propose Deleuze, la liste de ces postulats que Foucault jugeait faux.

Ceux-ci sont au nombre de six. *Postulat de la propriété* : le pouvoir serait la « propriété » d'une classe qui l'aurait conquis. Non, dit Foucault, le pouvoir est moins une propriété qu'une stratégie, un mode de fonctionnement. Et ce mode de fonctionnement n'est pas le privilège de la classe

« dominante » – si tant est qu'il existe quelque chose comme une classe « dominante ».

Postulat de la localisation : le pouvoir serait pouvoir d'État, il se localiserait dans ce que les marxistes appellent les « appareils d'État ». Erreur : le pouvoir n'est pas localisable, il est toujours diffus. L'État lui-même n'est qu'un effet d'ensemble, la résultante d'une multiplicité de rouages et de foyers qui se situent à un niveau tout différent, et constituent pour leur compte une « microphysique » du pouvoir. Les sociétés modernes sont des sociétés « disciplinaires », mais la discipline ne peut pas s'identifier avec une institution ni avec un appareil : elle est un type de pouvoir, une technologie, qui traverse toutes sortes d'appareils et d'institutions pour les relier, les prolonger, les faire converger, les faire s'exercer sur un nouveau mode.

Postulat de la subordination : le pouvoir, incarné dans l'appareil d'État, serait subordonné à un mode de production, comme une « superstructure » à une « infrastructure ». Erreur : il n'y a pas de détermination « en dernière instance » du politique par l'économique. À l'image « pyramidale » que propose le marxisme, la « micro-analyse fonctionnelle » substitue une stricte immanence. Loin d'être engendrés par le champ économique, les mécanismes de pouvoir agissent déjà à l'intérieur de celui-ci. Ils font sentir leurs effets, sur les corps et les âmes, à l'atelier comme à l'usine. L'espace social est un espace sériel. Il est composé de segments contigus, sans unification transcendante ni totalisation distincte.

Postulat de l'essence ou de l'attribut : le pouvoir aurait une essence et serait un attribut, qui qualifierait ceux qui le possèdent (dominants) en les distinguant de ceux sur lesquels il s'exerce (dominés). Erreur : le pouvoir n'a pas d'essence, il est opératoire. Il n'est pas attribut, mais rapport. La relation de pouvoir est l'ensemble des rapports de forces, qui n'implique pas moins les forces dominées que les forces dominantes, toutes deux constituant des singularités. Le pouvoir investit les dominés, passe par eux et à travers eux.

Il prend appui sur eux, tout comme eux-mêmes, dans leur lutte contre lui, prennent appui à leur tour sur les prises qu'il exerce sur eux.

Postulat de la modalité : le pouvoir agirait par violence ou par idéologie. Tantôt il réprimerait, tantôt il tromperait, tantôt police et tantôt propagande. Erreur : répression et idéologie n'expliquent rien, mais supposent elles-mêmes un agencement ou « dispositif » à l'intérieur duquel elles opèrent. Elles ne constituent pas le combat des forces, elles sont seulement la poussière soulevée par ce combat. Un rapport de forces est une fonction du type « inciter, susciter, combiner... ». Dans le cas des sociétés disciplinaires, on dira : répartir, sérier, composer, normaliser. Le pouvoir « produit du réel », avant de réprimer. Et il produit aussi du « vrai », avant d'idéologiser. *La Volonté de savoir* le montrera plus en détail, à propos d'un exemple précis : la sexualité.

Postulat de la légalité, enfin : la loi serait le principe du pouvoir. Le pouvoir de l'État (république ou monarchie) s'exprimerait avant tout dans la loi. Celle-ci serait conçue tantôt comme un état de paix imposé aux forces brutes, tantôt comme le résultat d'une guerre gagnée par les plus forts. Mais, dans les deux cas, elle se définirait par la cessation d'un combat, et s'opposerait à l'illégalité – qu'elle constituerait par exclusion. Erreur : la loi n'est pas plus un état de paix que le résultat d'une guerre gagnée, elle est la guerre elle-même et la stratégie de cette guerre en acte – comme le pouvoir n'est pas une propriété de la classe dominante, mais un exercice actuel de sa stratégie.

Il faut donc revenir d'un modèle « juridique » à un modèle « stratégique » du pouvoir. Substituer, à l'opposition trop grossière « loi-illégalité », une corrélation plus fine « illégalismes-lois ». Car la loi n'est jamais qu'une composition d'illégalismes qu'elle différencie en les formalisant. Sa fonction est de gérer les illégalismes – les uns qu'elle permet, rend possibles ou invente comme privilèges de la classe dominante, les autres qu'elle tolère comme compensation offerte aux classes dominées, les autres enfin qu'elle interdit, isole et prend comme objet, mais aussi comme moyen de domination. « À la limite, déclare Foucault dans un entretien accordé à Roger-Pol Droit en février 1975, je dirais volontiers que la loi n'est pas faite pour empêcher tel ou tel type de comportement, mais pour différencier les manières de tourner la loi elle-même [9]. »

Telles sont donc, centrées autour de cette critique des postulats sous-jacents à ce qu'on pourrait appeler l'idéologie de la gauche traditionnelle, les grandes lignes de la conception du pouvoir que propose *Surveiller et punir* – et que développera *La Volonté de savoir* (voir en particulier le chapitre 2 de la quatrième partie, intitulé « Méthode »). « C'est comme si, remarque à juste titre Deleuze, quelque chose de nouveau surgissait depuis Marx. C'est comme si une complicité autour de l'État se trouvait rompue [10]. »

Et d'ajouter, dans une note de la même page, que l'État mis en cause, ici, n'est pas tel ou tel type particulier d'État, mais bien l'État en général, en incluant dans ce concept l'État de droit. Je cite la note : « Foucault n'a jamais participé au culte de « l'État de droit », et selon lui la conception légaliste ne vaut pas mieux que la conception répressive. C'est d'ailleurs la même conception du pouvoir dans les deux cas, la loi apparaissant seulement comme une réaction extérieure aux désirs dans un cas, et comme une condition interne du désir dans l'autre cas. »

Suit une référence à la p. 109 de *La Volonté de savoir*. C'est-à-dire à un texte dans lequel Foucault explique que son but est moins d'avancer vers une « théorie » que vers une « analytique » du pouvoir. Et affirme clairement qu'une telle analytique ne parviendra à se constituer « qu'à la condition de faire place nette et de s'affranchir d'une certaine représentation du pouvoir », celle qu'on pourrait appeler « juridico-discursive ».

Et sans doute, en effet, est-ce bien là le « problème ».

Car s'il y a un « problème » dans la pensée politique de Foucault (un « problème » dont la présence souterraine rende compte, par exemple, des dérapages observés dans

« Il faut défendre la société »), ce « problème », à mon sens, est celui de la « haine du droit » qui structure cette pensée.

Par « haine du droit », j'entends ici non pas quelque disposition caractérielle ou affective, mais la conviction théorique selon laquelle ce qu'on appelle le « droit » (sous toutes ses formes et dans la totalité de ses branches) ne saurait être qu'une mystification, une machine à produire de l'illusion et, par conséquent, de la servitude. Conviction fréquemment énoncée dans le discours explicite de Foucault, mais – à ma connaissance – jamais véritablement justifiée, ni même discutée. Postulat, en quelque sorte, tenu pour évident, alors même qu'il ne l'est pas plus que l'énoncé contraire ou, d'ailleurs, que n'importe quel énoncé relatif au « droit » en général.

Le droit, la loi, le juridique, la légalité : voilà ce que Foucault, par principe, ne peut pas supporter. On ne s'étonnera plus, dès lors, qu'une même conviction ne cesse de sous-tendre, d'un bout à l'autre, l'ensemble de ses recherches sur le pouvoir. De les sous-tendre, c'est-à-dire de les organiser, de les orienter, de les diriger vers tel but, telle conclusion. Car la dynamique de la haine du droit est puissante. Elle entraîne avec elle toute une politique, théorique et pratique.

La haine du droit suscite, d'abord, celle de l'État de droit (bien notée par Deleuze). Autrement dit, la haine de la démocratie, puisque – nous y reviendrons – seul un gouvernement issu du « peuple », un gouvernement « du peuple et par le peuple » mérite pleinement le nom d'État de droit. Or la démocratie moderne, comme chacun sait, est l'héritière du « progressisme » des Lumières, ainsi que du mouvement « révolutionnaire » qui se diffuse dans le monde occidental à partir de la fin du XVIIIe siècle.

Il est donc logique que la haine du droit conduise, sinon à celle des Lumières, du moins à celle du « progressisme révolutionnaire », c'est-à-dire du socialisme en général, puis du marxisme et du communisme en particulier (dernières étapes d'un processus mystificateur, visant à l'émancipation de l'homme par l'instauration d'une loi nouvelle). Qu'elle conduise, en fin de compte, à rêver d'une révolution qui ne soit pas « progressiste » au sens « trompeur » des Lumières – mais plutôt analogue à une « restauration des origines », c'est-à-dire d'un état antérieur à la loi, dans lequel personne ne gouvernerait personne.

Restauration qui ne pourrait s'accomplir, on le devine, que par l'effet d'une violence radicale faite au droit. Par l'effet d'une violence susceptible de détruire l'ordre existant dans sa totalité, d'exterminer littéralement et physiquement tous ceux qui s'opposeraient à sa marche invincible.

La haine du droit coextensive à la pensée de Foucault n'apparaît nulle part plus clairement que dans « Il faut défendre la société ». Elle explique le crédit accordé – pour notre plus grande surprise – au discours de la guerre des races, l'importance excessive attribuée à l'« historicisme » de Boulainvilliers et, pour finir, l'étrange climat dans lequel baignent les dernières pages du cours.

La démocratie serait, en un sens, pire que le « totalitarisme », et en particulier pire que le « totalitarisme de gauche », puisqu'elle en constituerait l'origine ou la matrice ? Les pratiques d'assujettissement, les technologies disciplinaires qui caractérisent fascisme et stalinisme seraient tout bonnement issues des régimes démocratiques ? Le stalinisme serait même, de ce point de vue, la réalisation la plus parfaite de l'idéal démocratique d'asservissement du peuple ? La preuve n'en est-elle pas que les crimes de Staline sont pires que ceux de Hitler, sans être cependant aussi détestables que ceux dont ils s'inspirent, c'est-à-dire ceux auxquels se livrent les démocraties ?

Ces thèses provocantes qu'on a d'abord été tenté de mettre au compte d'un « dérapage », relèvent bien, en fin de compte, d'une logique cohérente. Et cette logique, au fond, est moins « périphérique », dans l'œuvre de Foucault, qu'on n'aurait pu le penser à première vue.

Peut-être même en forme-t-elle, en un sens, le centre ou l'horizon caché. Force est de constater, en effet, que, si le thème de la guerre des races ne réapparaît pas dans les livres publiés par Foucault après 1976, la conviction selon laquelle « sur beaucoup de points fascisme et stalinisme n'ont fait que prolonger toute une série de mécanismes qui existaient déjà dans les systèmes sociaux et politiques de l'Occident » se trouve réaffirmée, elle, dans une conférence faite à Tokyo en avril 1978 [11]. Et qu'en 1982 encore (deux ans avant sa mort), dans un texte destiné à un volume collectif publié aux États-Unis, il répétera qu'une des raisons pour lesquelles fascisme et stalinisme l'intéressent tant, sur le plan théorique, c'est « qu'en dépit de leur singularité historique » ces formes de pouvoir sont loin d'être « tout à fait originales », qu'elles ont tout simplement « utilisé et étendu des mécanismes déjà présents dans la plupart des autres sociétés ». Bref, qu'elles se sont bornées, dans une large mesure, à réutiliser « les idées et les procédés de notre rationalité politique » – « notre » renvoyant évidemment à « nos » démocraties [12].

Si ces textes font sens, l'horizon qu'ils désignent est bien celui qui apparaît – avec plus de netteté – dans « Il faut défendre la société ». Un horizon vers lequel Foucault n'a donc jamais cessé de tendre, sans néanmoins jamais (parce qu'il était quand même capable d'en deviner les dangers) faire acte d'adhésion pleine et entière à ce qui allait devenir, au fil des années 1970, l'idéologie déclarée d'une certaine ultra-gauche, qui n'avait pas les mêmes inhibitions que lui.

Et peut-être serait-il éclairant (mais ce n'est pas le lieu ici) de relire toute son œuvre à partir de ce point qu'on croyait excentrique, mais dont on n'aurait sans doute pas tort de prétendre qu'il en révèle, sous forme symptomatique, la vérité refoulée.

Le pouvoir et la vie

Ne soyons pas naïfs. Si l'idéologie en question – la démocratie serait pire que le stalinisme, qui serait pire que le nazisme (rebaptisé fascisme pour noyer le poisson) – nous semble relever, avant tout, du cauchemar, ce cauchemar n'est pas de ceux dont on se délivre facilement.

D'abord, parce qu'il existe des points par lesquels il s'arrime au réel. Quiconque s'intéresse à l'histoire du XXe siècle ne peut manquer d'observer (même si l'observation ne prouve pas grand-chose) qu'en effet nombre de pratiques tenues pour caractéristiques des régimes totalitaires (répression policière ou idéologique, camps d'internement, etc.) se sont également développées – de façon temporaire, sporadique ou exceptionnelle – dans des régimes réputés démocratiques, et qu'elles menacent à tout instant d'y resurgir si nous n'y prenons garde.

Ensuite, parce que, pour sortir d'une idéologie « erronée », il faut disposer d'un point d'appui théorique, pouvoir s'appuyer sur une « science », se référer à une « vérité » fondatrice. Or, dans le champ de la politique, aucune vérité de ce type n'existe ou – ce qui revient au même – n'est reconnue comme telle.

Cela ne signifie pas que nous soyons livrés, sans remède, au cauchemar. Qu'il n'existe pas de remède transcendantal, au sens kantien, est un fait – un fait, si j'ose dire, constitutif du politique en tant que tel. Mais qu'importe le transcendantal ! Si le politique n'est rien d'autre que l'ensemble des rapports de pouvoir qui organisent la vie des hommes en société, cette « vie » elle-même, ou la protection de cette « vie », représente par définition le premier but du politique. Et le premier critère, ou instrument de mesure, par lequel on jugera du bien-fondé d'une politique – c'est-à-dire d'un programme ou d'une idéologie. Nul besoin, donc, de chercher un « fondement » de la politique dans je ne sais quelle valeur extérieure à elle-même. La « vie » des hommes en société, valeur immanente au champ de la politique, fournit un tel fondement.

Il conviendrait, à partir de là, de revenir sur le problème des rapports du pouvoir et de la vie. La tentative la plus sérieuse en ce sens, me semble-t-il, a été accomplie récemment par Giorgio Agamben, dans le premier volume, sous-titré « Le pouvoir souverain et la vie nue », d'un travail dont le titre général devrait être *Homo sacer*. Paru en Italie en 1995, ce volume (dans lequel il est largement question de Foucault) a été écrit avant que son auteur n'ait pu lire « Il faut défendre la société ». Il n'en témoigne pas moins d'une très vive intuition des problèmes que soulève le cours de 1975-1976. Arrêtons-nous-y un instant.

Agamben est frappé par la justesse de cette phrase (aux résonances étrangement heideggériennes) de Foucault dans *La Volonté de savoir* : « L'homme, pendant des millénaires, est resté ce qu'il était pour Aristote : un animal vivant et de plus capable d'une existence politique ; l'homme moderne est un animal dans la politique duquel sa vie d'être vivant est en question [13]. »

On trouve en effet, chez Aristote, une distinction entre le simple fait de vivre, de vivre « naturellement », et le fait de « vivre bien », c'est-à-dire conformément à la « justice » (*Les Politiques*, 1253 a 35). L'homme, animal parlant, ne doit pas se contenter de la première forme de vie, commune à tous les animaux. Il doit aspirer à la seconde. Or, la seconde ne peut s'épanouir que dans un cadre « politique », le cadre de la « cité ». La finalité de la « communauté politique » est donc double. Elle doit, bien sûr, garantir le simple fait de vivre (*Les Politiques*, 1278 b 23-31) : c'est la moindre des choses. Mais elle doit surtout garantir le « bien vivre » : telle est sa véritable raison d'être.

Ce schéma semble avoir dominé la philosophie occidentale jusqu'au XIXe siècle. Pourtant, entre la vie « naturelle », d'une part, et la vie « juste », d'autre part, entre l'ordre biologique *(phusis)* et l'ordre juridique *(nomos)*, le droit romain archaïque a subrepticement introduit un troisième terme, un espace intermédiaire – dont la figure de l'*homo sacer* révèle l'existence.

L'*homo sacer*, l'« homme sacré », est celui que le peuple a condamné à mort pour un crime, mais qui ne sera ni exécuté rituellement, ni « sacrifié » : simplement, chaque citoyen a le droit de le tuer, à tout moment et en toute impunité. L'espace intermédiaire, l'espace d'exception (au sens où Carl Schmitt écrivait : « est souverain celui qui décide de l'état d'exception ») qu'ouvre cette étrange disposition du code n'est autre, selon Agamben, que « le premier espace proprement politique, distinct aussi bien de la sphère religieuse que de la sphère profane, aussi bien de l'ordre naturel que de l'ordre juridique normal [14] ».

Cet espace se définit par une tension nouvelle entre deux pôles, le « pouvoir souverain » d'un côté, et la « vie nue » de l'autre – le pouvoir souverain comme pouvoir absolu sur la vie nue menacée de mort. « L'élément politique originaire, commente Agamben, n'est donc pas la simple vie naturelle, mais la vie exposée à la mort (la vie nue ou la vie sacrée). » Il en résulte « que la politique occidentale est d'emblée une biopolitique et que, dès lors, elle rend vaine toute tentative de fonder les libertés politiques sur les droits des citoyens [15] ».

Il faut néanmoins attendre deux millénaires pour que cette structure cachée de l'espace politique vienne au jour. C'est seulement, en effet, au XIXe siècle que se sont développées – comme Foucault l'a bien vu – les premières « biopolitiques » explicites, les premières stratégies visant à faire de la vie naturelle l'objet, ou l'un des objets majeur d'attention de la part du pouvoir politique – l'un des objets sur lesquels le pouvoir doit, avant tout, s'exercer. Du coup, la « vie nue » de l'individu n'a pas tardé à être ouvertement menacée. C'est pourquoi le XXe siècle reste, de ce point de vue, le siècle critique. Celui où la vraie nature du politique s'est enfin révélée. Et, en même temps, celui dans lequel la vie humaine a été le plus systématiquement détruite. Bref, le siècle des « camps », comme dit Agamben. Ou, plus exactement, *le siècle des génocides*.

Ici, s'ouvre une ambiguïté dans la lecture qu'Agamben propose de Foucault. D'une part, comme Foucault, Agamben pense que, le triomphe du biopolitique étant un phénomène commun aux démocraties et aux régimes totalitaires, aucune différence de nature ne sépare ceux-ci de celles-là. Les seconds n'auraient fait que pousser au « paroxysme » ce que faisaient déjà les premières. « Les distinctions politiques traditionnelles (droite et gauche, libéralisme et totalitarisme, privé et public) perdent, conclut-il, leur clarté et leur intelligibilité une fois que la vie nue devient leur référent fondamental, et elles entrent ainsi dans une zone d'indifférence [16]. » Affirmation massue, aussi discutable que la thèse (soutenue p. 130) selon laquelle Karl Löwith (disciple de Heidegger) serait le premier philosophe à avoir remarqué (dans un texte consacré à Carl Schmitt) cette « étrange relation de contiguïté qui unit la démocratie au totalitarisme ».

D'autre part, cependant, Agamben perçoit bien l'insuffisance d'un tel discours, qui n'est pas faux, mais plus exactement trivial. Dire qu'on censure ou qu'on torture dans les démocraties comme dans les régimes totalitaires est dire une vérité – mais une vérité qui, en l'occurrence, ne prouve rien, car si l'on censure ou torture dans une démocratie, on le fait *malgré* la démocratie, et en rupture avec ses lois, tandis que dans d'autres régimes censure et torture sont *conformes* aux lois.

Foucault n'a pas été sensible à cet aspect du problème (toujours la haine du droit). Agamben, lui, constate (et, ce qui est remarquable, est à ma connaissance le premier à écrire, en toutes lettres) que, malgré les déclarations par lesquelles Foucault affirmait que son propre travail procédait d'un désir de mieux comprendre fascisme et stalinisme, il n'a, en pratique, effectué aucune recherche sur ces deux phénomènes. Malgré son intérêt affiché pour la biopolitique, Foucault n'a, « contre toute attente », jamais déplacé son terrain d'enquête « vers ce qui aurait pu apparaître comme le champ par excellence de la biopolitique moderne : la politique des grands États totalitaires du XXe siècle. Ses recherches (...) ne s'achèvent pas sur une analyse des camps de concentration [17] ».

Si dur qu'il soit pour Foucault, ce dernier énoncé (dans lequel perce ce que je crois être un reproche justifié) me paraît constituer la meilleure introduction possible à ce que devrait être, aujourd'hui, une philosophie politique pour nos temps de détresse. Quoi qu'on pense, en effet, de la démocratie et du totalitarisme, on ne peut rien comprendre à la politique aussi longtemps qu'on ne prend pas, comme dit encore Agamben, la mesure du fait que « le camp, comme espace biopolitique pur, absolu et infranchissable (et fondé en tant que tel uniquement sur l'état d'exception) », constitue « le paradigme caché de l'espace politique moderne [18] ». Et qu'on ne part pas de cette prise de conscience pour tenter de rechercher ce que devrait être, précisément, une politique qui rende à jamais le « camp » impossible.

À condition, bien entendu, d'entendre par « camp » le camp d'extermination, symbole du génocide. J'ajoute cette précision, car il n'est pas tout à fait clair que cette acception soit toujours celle que présuppose le discours d'Agamben. Et parce que, loin d'être un « détail » négligeable, le fait de distinguer le camp génocidaire (et les États qui y ont recouru) de toutes les formes d'« enfermement », de détention ou de ségrégation pratiquées par d'autres régimes, demeure, comme j'espère l'avoir montré, la condition théorique primordiale – si l'on veut éviter de retomber dans une situation de confusion intellectuelle qui, par elle-même, reviendrait à ouvrir la porte à de nouveaux génocides.

Éventualité qu'on croyait impossible après 1945, mais dont le spectre ne cesse de faire retour depuis le début des années 1990.

Post-scriptum/Post mortem

Un mot, pour terminer. Le présent texte était pratiquement achevé lorsqu'est venu à ma connaissance un petit livre paru, en février 1997, aux Éditions Mille et une nuits. Son titre : *Rwanda : généalogie d'un génocide*. Son auteur : Dominique Franche, un géographe spécialisé dans l'Afrique des Grands Lacs. À la fin du volume, sa notice biographique signale qu'il est également administrateur du Centre Michel Foucault, à Paris. Pourtant, rien, dans son texte, n'indique qu'il ait eu connaissance du manuscrit – ou de la transcription – d'« Il faut défendre la société ». Foucault, du reste, n'est pas cité dans ce livre, tout entier consacré à une enquête sur les causes, historiques, politiques et idéologiques, qui ont conduit au génocide des Tutsis perpétré au printemps 1994 par les Hutus du Rwanda.

Des conclusions de Dominique Franche (qui, je dois le dire, ont emporté ma conviction), je retiendrai deux points qui me paraissent dignes d'être médités. Premier point : au Rwanda comme au Burundi, le conflit entre Hutus et Tutsis n'est ni un conflit « racial », ni un conflit « ethnique » (comme on dit quelquefois, lorsqu'on veut dire « racial » sans oser le dire vraiment). Et cela, pour la bonne raison que Hutus et Tutsis n'ont jamais constitué deux « races », ni deux « ethnies » distinctes. Qu'ils ont toujours vécu ensemble, jusqu'aux débuts de la colonisation européenne (allemande d'abord, puis belge), comme un seul peuple, parlant la même langue et pratiquant la même religion. Que les particularités physiques (taille, couleur de la peau, etc.) qu'on attribue aux uns et aux autres sont, pour les intéressés eux-mêmes, loin d'être aussi « évidentes » qu'on le prétend. Et qu'il serait plus conforme à leur propre façon de voir, de considérer les appellations « Hutu » et « Tutsi » comme se rapportant à des différences de statut socio-économique, ou à des différences culturelles au sens large, plutôt qu'à une imaginaire opposition « ethnique ».

Il n'est pas faux, cependant (second point), d'observer que, depuis le début de notre siècle, un processus de « racialisation » de l'antique différence culturelle entre Hutus et Tutsis est en cours – processus attisé par la montée des haines, la multiplication des agressions mutuelles et le repli de chaque communauté sur soi.

Mais il faut bien voir que ce processus a été entièrement lancé, au départ, de manière artificielle, par les puissances coloniales, désireuses de diviser pour mieux régner. Et qu'il continue d'être encouragé, par inconscience ou pour les mêmes raisons, par la communauté internationale tout entière.

Or, dans ce processus, un rôle majeur a été joué par la diffusion d'une théorie qu'aucun fait, aucun document objectif ne permet d'étayer : la théorie selon laquelle les Hutus seraient les habitants primitifs du pays, et les Tutsis, une « race » différente, d'origine « sémito-hamitique », venue il y a quelques siècles d'Éthiopie ou de la corne orientale de l'Afrique – et qui, en vertu de son degré supérieur de « civilisation » (lié, de manière fantasmatique, au fait que les Tutsis passent pour être moins « noirs » que les Hutus), aurait conquis ces derniers.

On aura sans peine reconnu là une variante nouvelle du discours de la guerre des races. Est-ce un hasard ? Non, répond calmement Dominique Franche. Son étude a le mérite de montrer que le discours en question a été introduit au Rwanda par les Pères blancs français, venus évangéliser ce pays à partir de 1900. Et que ces missionnaires, dont la formation historique était nettement insuffisante, avaient été eux-mêmes nourris d'ouvrages réactionnaires qui vantaient les mérites des Francs et de Clovis, « évangélisateur » de la France.

Bref, d'une littérature catholique de seconde main, mais qui n'en remontait pas moins à Boulainvilliers. Voire, au-delà, à un auteur du XVIe siècle, Étienne Pasquier, dont les neuf livres des *Recherches de la France* (parus de 1560 à 1621) constituent probablement le tout premier ouvrage où apparaisse l'idée d'une « dualité » entre « race franque » et « race gauloise ».

Du discours de la guerre des races de Pasquier et de Boulainvilliers jusqu'au troisième grand génocide de notre siècle – la filiation, je crois, se passe de commentaire.

Chapitre VIII

UN HIVER EN GIRONDE

On vient de le voir longuement : il est des *discours* qui tuent.
Il est aussi des *silences* qui tuent.
De cette dernière forme d'assassinat, l'indifférence avec laquelle certains serviteurs de Vichy envoyèrent les juifs de France à la déportation et à la mort reste probablement l'illustration la plus dramatique.
C'est la raison pour laquelle je voudrais revenir sur le cas de Maurice Papon.
D'autant qu'il s'agit, après tout, de quelqu'un que j'ai rencontré.

La scène se passe, par un matin d'octobre, dans les couloirs de l'Assemblée.
Sous les lambris dorés baignant dans la lumière, des gens discutent par petits groupes à la faveur d'une suspension de séance. On échange des messages, des bons mots, des papiers griffonnés à la hâte. Je porte les dossiers du ministre des Affaires étrangères, convoqué en ce lieu par le rite annuel du débat budgétaire. Nous sommes en 1980.
– Tiens, me dit un collègue, en me prenant par le bras. Voici Papon. Je vais te présenter.
Je me souviens de son complet gris croisé.
Ainsi que de sa poignée de main. Un peu molle.

– Mes respects, Monsieur le Ministre, ai-je dû bredouiller.

Il m'a adressé quelques mots aimables, avant de s'abandonner voluptueusement à un essaim de parlementaires en quête de subventions.

Puis la séance a repris. Je suis retourné à mes papiers et à mes chiffres. Et je n'aurais sans doute jamais sauvé cette poignée de main de l'oubli (des mains ministérielles, j'en ai serré d'autres) s'il n'y avait eu, en mai suivant, les « révélations » du *Canard enchaîné*.

Je n'ai revu Papon que bien plus tard. Dix-sept automnes plus tard, pour être exact. Mais, cette fois, il était enfermé dans une cage de verre, une cage qui paraissait flotter dans l'atmosphère vert pâle d'une petite salle du Palais de Justice de Bordeaux, en Gironde : la salle de la cour d'assises.

Grandeur et décadence, aurait dit Montesquieu. Qui, lui aussi (mais pour d'autres raisons), connaissait bien Bordeaux. Ainsi que la douceur pluvieuse de cette Gironde dans laquelle s'écrivit, voici deux siècles, *L'Esprit des lois*.

Un préfet philosophe

Papon.

Que pouvait-il représenter, pour moi, à l'automne de 1980 ?

Autant l'avouer : pas grand-chose. Pour l'essentiel, un ancien préfet de police.

Je n'ai jamais aimé les préfets de police. Mais cela ne suffisait pas à me rendre celui-ci haïssable.

Curieusement, je ne connaissais, de sa biographie, que des aspects secondaires : comme, par exemple, le fait qu'il avait publié un essai. Un essai dont je me rappelais le titre – *Vers un nouveau discours de la méthode* – pour la simple raison qu'il était sorti au moment même (1965) où je commençais à m'intéresser à la philosophie. Et que l'outrecuidance du propos m'avait amusé. Un superflic qui se prend pour Descartes, ce n'est pas rien !

L'Algérie, la torture, les manifestations réprimées dans le sang sur le pavé de Paris ? Je n'ignorais pas que le ministre du Budget du gouvernement Barre avait eu, vingt ans plus tôt, sa part de responsabilité dans de sinistres « événements ». Mais je ne mesurais pas l'ampleur exacte de celle-ci. Sans doute étais-je même – comme beaucoup de Français jusqu'à une date récente – incapable de distinguer la manifestation du 17 octobre 1961 (pendant laquelle la police parisienne massacra de sang-froid un nombre d'Algériens probablement supérieur à deux cents) avec celle du 8 février 1962 (qui fit neuf morts au métro Charonne) [1].

Vichy ? J'aurais pu me douter, vu son âge, que Papon avait à l'époque, déjà, exercé des fonctions d'autorité. Mais je n'étais pas assez curieux.

S'agissant de Vichy comme s'agissant de l'Algérie, personne, à l'époque, n'était assez curieux.

Problème politique, bien sûr. Problème de génération, également. Il n'est pas si commode, pour les fils, de tancer les pères, ni de leur demander sur un ton de reproche : vous, les aînés, où donc étiez-vous à telle ou telle date ? Que faisiez-vous ? Et de notre passé, dont vous étiez dépositaires, quel soin avez-vous pris ?

Qui peut dire, au demeurant, si, confrontés à des situations analogues, les jeunes s'en seraient mieux sortis que les anciens ?

Maintenant que je t'ai fait part, lecteur, de ces quelques souvenirs, tu comprendras sans doute que je me sente parfois tenté d'éprouver, pour Papon, une certaine indulgence.

Un homme qui m'a serré la main ne saurait être tout à fait mauvais.

Un flic qui écrit des livres de philosophie (et qui a peut-être lu Heidegger), non plus.

Un fonctionnaire de rang subalterne qui s'est vu obligé d'exécuter, la mort dans l'âme, des ordres déplaisants, un brave type à qui, tout petit, des parents trop rigides ont expliqué que c'était laid de déserter, un bon père de famille qui ne supporte pas qu'on maltraite les enfants [2] – ne sauraient échapper totalement à ma compassion.

Il peut donc m'arriver, ici ou là, de déraper. Voire de trouver qu'il y a, chez Papon, quelque chose d'*humain*. Oui, j'ai bien dit d'*humain*.

Telle est l'une des raisons pour lesquelles je m'efforcerai d'ôter, à ce qui suit, tout caractère *moralisateur*. Il me semble essentiel, en effet, de distinguer la *morale* du *moralisme*. Dans la vie, il faut avoir de la morale. Mais ce n'est pas la peine d'en faire tout un plat. La morale est destinée à être mise en pratique, pas en paroles. Les « prêcheurs », qui n'ont que la morale à la bouche, sont carrément insupportables. Lorsque faire la morale devient un métier, c'est le métier le plus dégoûtant qui soit.

Bien entendu, je parle ici de problèmes à la fois politiques et moraux, puisque je parle, pour l'essentiel, de la question de l'*indifférence* et de celle de la *responsabilité*. Mais je souhaite insister, afin d'écarter tout malentendu, sur le fait qu'il s'agit, pour moi, de problèmes relevant d'une réflexion authentiquement *philosophique*. De problèmes « rationnels », pour le dire autrement, qui ne se refusent pas à l'analyse. Et non d'imbroglios psychologiques ou affectifs.

Nous ne baignons que trop, depuis quelques années, dans le sirop des « droits de l'homme ». Dans la mélasse de l'« humanitaire ». Dans la mollesse du « consensus ».

De grâce, un peu de sécheresse ! Un peu d'air frais ! Un peu de désaccord !

Du bon usage des procès

Problèmes philosophiques, donc.
Commençons par celui-ci, puisqu'il est dans toutes les têtes : fallait-il juger Papon ?

À en croire les sondages, une bonne partie de la France n'en est toujours pas convaincue.

Pour les uns, ce procès était, au mieux, inutile. Papon n'ayant été qu'un rouage ou une courroie de transmission, un secrétaire général de préfecture comme il y en avait quatre-vingt-dix, bref un simple fonctionnaire obéissant à des ordres venus d'en haut, il était parfaitement injuste de le crucifier, lui, et lui seul. Faire de lui un bouc émissaire ne servait à rien. Ah, si au moins on avait pu juger les vrais chefs, un Bousquet, un Leguay !

Pour les autres, ce procès était, au pire, néfaste. Ramener en cour d'assises un tel vieillard, le confronter à des témoins pour la plupart aussi âgés que lui, et demander à des jurés dont aucun n'avait connu l'époque de Vichy de se prononcer sur des faits survenus cinquante-cinq ans plus tôt, cela ne revenait-il pas à ridiculiser le système judiciaire ? À se moquer du droit ? Ah, si au moins on avait pu organiser ce procès à la Libération, alors là oui, à la rigueur !

J'avoue n'avoir jamais compris les arguments, ni des uns, ni des autres.

Certes, Papon n'était qu'un « modeste » secrétaire général de préfecture – fonction qui, dans l'administration française de l'époque de Vichy, était d'ailleurs loin d'être aussi modeste qu'elle en a l'air. Mais cette affirmation, à son tour, appelle immédiatement deux corrections.

D'une part, il n'était pas secrétaire général de *n'importe quelle préfecture*. Celle de la Gironde, située à la frontière de la zone « libre » et de la zone occupée, proche de l'Espagne, ouverte sur l'Atlantique, traditionnellement tournée vers l'Afrique du Nord et les « colonies » d'outre-mer, revêtait une importance stratégique éminente. Elle abritait, en outre, la communauté juive de Bordeaux, l'une des plus anciennes et des plus prestigieuses de France avec celles de Paris, Lyon ou Strasbourg – une communauté d'origine authentiquement sépharade (hispano-portugaise), et à laquelle se rattachait déjà, au XVIe siècle, la famille de Michel Eyquem, sieur de Montaigne et maire de la ville.

Papon n'était pas, d'autre part, *n'importe quel secrétaire général*. Il était l'homme de confiance de Maurice Sabatier, le préfet de région. Pour toutes les affaires « délicates » et, en particulier, pour les affaires juives, Sabatier, en effet, ne faisait guère confiance à son plus proche subordonné, Louis Boucoiran, préfet de la Gironde, jugé trop « mou ». Sabatier préférait traiter directement avec l'adjoint de Boucoiran – autrement dit, avec Papon. Lequel occupait donc bien, dans le dispositif antijuif de Vichy, un poste clef.

Je sais bien, néanmoins, qu'il n'était pas seul à décider. Qu'il ne faisait souvent qu'obéir à des instructions (avec, tout de même, un peu trop de zèle). Bref, qu'il eût été souhaitable de pouvoir juger, en même temps que lui, ses supérieurs hiérarchiques – à commencer par ses « patrons » directs, Bousquet (secrétaire général de la police de Vichy), Leguay (adjoint de Bousquet pour la zone occupée) et Sabatier. Et, surtout, de les juger dans la foulée de leurs crimes. À l'heure où les témoins ne manquaient pas à l'appel. Et où les souvenirs, ceux des victimes comme ceux des bourreaux, avaient encore la clarté du jour.

Malheureusement, on ne l'a pas fait. Ou, pour être franc, on l'a fait – mais très mal. Car Bousquet, précisément, a été jugé peu de temps après la Libération (1949). Mais seulement pour être condamné à une peine d'une incroyable légèreté (cinq ans d'indignité nationale) – une peine dont il fut, au surplus, relevé sur-le-champ, en raison de quelques services tardivement (mais opportunément) rendus à la Résistance.

Est-ce ma faute si le pouvoir judiciaire, embrassant les mythes gaullistes avec d'autant plus d'ardeur qu'il lui fallait faire oublier son propre passé collaborationniste, a ce jour-là failli à sa tâche ?

Ce jour-là et quelques autres, puisque – si je ne me trompe – le mot « juif » n'a même pas été prononcé durant le procès de Philippe Pétain.

On ne réécrit pas l'histoire.

L'épuration a été ce qu'elle a été. Contestable, par moments. Violente, presque toujours. Mais aussi, dans certains domaines, insuffisante ou franchement inexistante. En 1940, Vichy avait révoqué, donc remplacé, cinquante mille fonctionnaires. En 1945, cinq mille d'entre eux seulement ont été « épurés ». La soustraction est simple. Quarante-cinq mille fonctionnaires choisis par Pétain, sur la base de critères qu'on imagine sans peine, et bien d'autres qui ont servi Vichy « sans états d'âme » après avoir été nommés par la Troisième République, sont demeurés en poste à la Libération. C'était évidemment trop. Si de Gaulle n'avait pas eu, comme on sait, le double souci d'assurer la continuité de l'administration française, d'une part, et de restaurer – fût-ce à n'importe quel prix – l'unité de la nation, d'autre part, les tribunaux auraient pu faire leur travail. Si les atermoiements de la justice, délibérément freinée par les pouvoirs politiques successifs, de gauche comme de droite, n'avaient pas été aussi longs, Bousquet, Leguay et Sabatier, entre autres, auraient eu droit, de leur vivant, au procès qu'ils méritaient – et auxquels ils ont finalement réussi à échapper, le premier parce qu'il est tombé sous les balles d'un déséquilibré, les deux suivants parce qu'ils sont morts de mort naturelle avant la fin de l'instruction. À défaut, Papon a eu *son* procès. C'est peu. Mais c'est mieux que rien.

Il était tard, sans doute. Mais pas *trop* tard. D'abord, parce qu'il est bien difficile de démêler, dans les « trous de mémoire » dont Papon a fait preuve durant les audiences, la part de ce qui revient à l'âge de la part qui relève de sa stratégie de défense. D'octobre 1997 à avril 1998, l'accusé n'a, en tout cas, jamais cessé d'avoir – comme on dit – « toute sa tête ». Et n'a jamais paru être de ces esprits faibles qui, agissant sans réfléchir, ne savent ni ce qu'ils font, ni ce qu'ils ont fait.

Ensuite, parce que le « crime contre l'humanité », dont il est reproché à Papon de s'être rendu complice, ne peut être considéré comme un crime parmi d'autres. La monstruosité qui le caractérise justifie pleinement qu'il fasse l'objet, en droit, d'un traitement singulier. C'est la raison pour laquelle, le 26 novembre 1968, l'Assemblée générale des Nations unies a établi l'« imprescriptibilité » de ce crime. Je ne suis pas de ceux qui trouvent à redire à une telle décision.

Et encore moins de ceux qui croient – comme semblent le croire certains intellectuels juifs eux-mêmes – qu'on a déjà « trop » parlé de Vichy, de la Shoah, de l'antisémitisme ou des juifs « en général ». Ni de ceux qui pensent qu'il serait temps de « pardonner », voire d'« oublier ». Sur ce dernier point, je me bornerai à renvoyer à l'un des textes les plus émouvants qui aient été consacrés à ce thème : un texte de Vladimir Jankélévitch, paru en 1971 sous le titre *Pardonner* [3] ?

« Le pardon, écrit Jankélévitch, est mort dans les camps de la mort [4]. » Les crimes de la Shoah (et, ajouterais-je à titre personnel, les crimes relevant de la catégorie de « génocide », quels qu'ils soient) sont trop graves pour pouvoir être pardonnés. De plus, ajoute Jankélévitch, il convient de remarquer que l'Allemagne posthitlérienne, qui n'a été débarrassée de Hitler que par l'effet d'une intervention étrangère, n'a, de son propre mouvement, jamais demandé « pardon » aux victimes de la Shoah. Enfin, si un tel pardon devenait (chose improbable) envisageable un jour, en ce cas, loin de pouvoir être « décrété » de l'extérieur, il ne saurait procéder que d'une initiative totalement libre des victimes elles-mêmes – ou, plus exactement, de leurs descendants, et d'eux seuls. Or il est clair (comme le confirment, un quart de siècle après le texte que je viens de citer, le nombre et la détermination des personnes qui se sont portées parties civiles contre Papon) qu'un tel geste est encore, pour la majorité des personnes concernées, à exclure. Et pour cause : comment le pardon s'exercerait-il, aussi longtemps que justice n'a pas été rendue ?

Je ne suis pas davantage de ceux qui pensent que le procès Papon a raté son but.

Au contraire. Ce procès s'est déroulé, jusqu'au bout, de manière à peu près exemplaire. La cour, sous l'autorité du président Castagnède, a offert l'exemple lumineux de ce que pouvait être, *at its best*, une justice démocratique. Critiquée par tout le monde, la décision de remettre, dès le début des audiences, l'accusé en liberté était sans doute la seule façon de démontrer qu'il n'était pas jugé d'avance. Discutée par certains, la décision prise par le président Castagnède de ne pas se démettre, lorsqu'il fut tardivement révélé (y compris à lui-même) qu'il entretenait, par alliance, un lointain lien de parenté avec l'une des parties civiles, était aussi la seule possible : changer le président, à ce moment-là, aurait provoqué, à nouveau, un tel ralentissement de la procédure que les audiences ne seraient probablement jamais arrivées à leur terme.

Malgré le désistement – regrettable – de certains d'entre eux (le courage n'est pas la chose du monde la mieux partagée), les témoins, ceux de la défense comme ceux des parties civiles, ont donné le meilleur d'eux-mêmes, chacun selon ses moyens. Les historiens qui ont accepté, à cette occasion, de s'exprimer publiquement l'ont fait avec le clair souci de ne pas sombrer dans la polémique. De part et d'autre, les avocats ont su, à quelques exceptions près, mesure garder.

Il n'est pas jusqu'à l'accusé qui n'ait, à sa façon, fait preuve de dignité. Sans doute n'a-t-il jamais vraiment compris pourquoi il était là, ni ce qu'on lui reprochait. Mais son obstination, sa froideur et, pour tout dire, son indifférence elles-mêmes étaient, en tant que telles, hautement significatives. Et ce sont elles, en fin de compte, qui ont joué contre lui. Plus efficacement que n'importe quel témoignage extérieur.

Quant aux jurés, je ne doute absolument pas qu'ils se soient prononcés en leur âme et conscience, sans céder à aucune pression, populaire, politique ou médiatique. On a pu estimer, ici ou là, que la peine retenue par eux, inférieure à celle de vingt ans de réclusion réclamée par l'avocat général, était un peu trop légère – surtout si l'on considère que Papon, qui a quatre-vingt-huit ans et qui ne peut être incarcéré tant que son pourvoi en cassation n'aura pas été rejeté, ne la purgera probablement jamais. Mais le point en question me paraît relever de ce qu'il serait, pour le coup, justifié d'appeler un « détail ». Pour les victimes, et pour les droits de la conscience humaine, il était de la plus haute importance symbolique que Papon fût condamné. La question de savoir « à combien », et celle, subsidiaire, de savoir s'il finira ou non ses jours en prison, ne relèvent, en comparaison, que de l'anecdote.

C'est la justice, faut-il le rappeler, et non la vengeance, que poursuivaient les parties civiles.

Dira-t-on que, impeccable sur le plan juridique, le procès a néanmoins échoué sur le plan historique ? Qu'il n'a pas réussi à offrir, de Vichy, une vision neuve ? Ni même à clarifier les zones d'ombre qui, aujourd'hui comme hier, continuent d'entourer cette période ?

Ce serait oublier qu'un prétoire n'est pas un livre d'histoire. Que le procès Papon était celui d'un homme, non celui d'une époque. Et qu'il ne suffit pas de tout savoir, ou presque, sur les activités d'un secrétaire général de préfecture entre 1942 et 1944 pour se faire une idée exhaustive de ce que fut l'« État français ».

Personne n'ayant de leçons à donner à personne, la fonction de ce procès n'était donc pas d'en donner. Même aux enfants des écoles qui se pressaient, pendant les audiences, dans la salle vidéo. Ni même aux spécialistes de la période, qui ont peut-être été déçus de ne faire, au fil des débats, aucune « découverte » sensationnelle.

Sa vraie fonction était ailleurs. Elle était de fournir un espace à l'intérieur duquel deux questions essentielles pussent être formulées. Deux questions sur lesquelles ni les historiens, ni les journalistes, ne s'étaient encore prononcés. Et

qui, grâce à la cour d'assises de Bordeaux, peuvent enfin, aujourd'hui, être posées à voix haute. Et même recevoir des réponses.
 Ces deux questions, elles tiennent en quelques mots.
 Savait-il ?
 Savions-nous ?

Face à la vérité

Maurice Papon savait-il, lorsqu'il assumait la responsabilité d'arrêter des juifs, et de les faire convoyer à Drancy, qu'il les envoyait à la mort ?
 Et nous, qui n'avons pas vécu cette époque, mais qui appartenons à une société dans laquelle Papon a fait, après 1945, une carrière prestigieuse, savions-nous qui il était, en réalité ? Ou, tout au moins, certains d'entre nous savaient-ils ? Et s'ils savaient, pourquoi n'ont-ils rien dit ? Pourquoi n'ont-ils rien trouvé à objecter à la brillante ascension politico-administrative (préfet, député, ministre) d'un ancien « collaborateur », coupable de complicité de crime contre l'humanité ?
 À la première question, Maurice Papon a toujours répondu par la négative. Quitte à se contredire en affirmant, à l'occasion, qu'il lui était arrivé de « pleurer » après avoir ordonné le départ d'un convoi. Mais ceux qui ont suivi avec attention les débats n'ont, quant à eux, plus guère de doute.
 Certes, tout le monde ne savait pas. La France était un pays occupé. À tous les niveaux, la censure régnait. De plus, ceux qui savaient, ou du moins se doutaient, ne savaient quand même pas tout. Pour tout savoir, il aurait fallu aller à Auschwitz, et en revenir vivant : impossible.
 Ces évidences étant rappelées, il n'en reste pas moins que des sources d'information existaient : des articles de journaux, des émissions de radio en provenance de pays neutres ou en guerre contre l'Allemagne ont fait état, dès l'été 1942, de l'entreprise d'extermination lancée contre les

juifs. Il est difficile d'imaginer que des informations de cette nature, occasionnellement relayées par les réseaux de résistance français, ne soient pas parvenues à la connaissance d'un membre du corps préfectoral, confronté jour après jour aux rapports de la police et des diverses officines d'espionnage travaillant pour Vichy. Ne suffisait-il pas, d'ailleurs, de ne pas être complètement aveugle pour deviner que, de Drancy, les juifs n'étaient pas déportés vers une destination inconnue, à l'est de l'Europe, pour y refaire une vie nouvelle, mais au contraire pour y trouver une mort inévitable – que ce soit par l'effet de la faim, de l'épuisement, de la maladie ou d'une extermination systématique ? Bref, si tout le monde ne savait pas tout, certains – dont Papon – devaient en savoir assez pour ne pas conserver la plus petite illusion, même s'ils n'osaient ou ne voulaient pas le reconnaître publiquement. Ou, comme l'a fort justement dit un historien : ils en savaient de toute façon assez pour savoir qu'ils ne souhaitaient pas en savoir davantage.

Quant à la seconde question, il est possible d'y répondre dans le même esprit qu'à la première. Sans doute beaucoup de gens ont-ils vécu le demi-siècle qui nous sépare de 1945 sans manifester grande curiosité à l'égard de ce que leurs aînés avaient pu faire durant l'Occupation : soit parce qu'ils ne trouvaient rien à y redire, soit parce qu'ils n'osaient pas dire ce qu'ils en pensaient, soit encore parce qu'ils entendaient tourner la page – à l'exemple de De Gaulle qui, dès la Libération, confiait à Papon des fonctions de préfet (en feignant de croire à la légende selon laquelle l'intéressé aurait rendu, à la fin de la guerre, des services à la Résistance). Rien d'étonnant, dans de telles conditions, si Raymond Barre n'a pas cru nécessaire de procéder à certaines vérifications élémentaires, avant de proposer à Papon le portefeuille du Budget : il n'avait pas de raison de se montrer plus sourcilleux que ne l'avait été de Gaulle trente ans auparavant. Au sommet de l'État, les services de renseignement taisaient ces choses qu'il ne fait jamais bon agiter. Quant aux historiens eux-mêmes, ils n'ont pu avoir, pendant longtemps, accès aux archives qui leur auraient permis de rétablir la vérité.

Mais, néanmoins, certains savaient. Et beaucoup d'autres se doutaient. Qu'il s'agisse des déportations de juifs de Bordeaux à Drancy en 1942-1943 ou, dans un registre différent, du massacre des Algériens perpétré par la police parisienne le 17 octobre 1961 – le nom du principal responsable n'était pas difficile à retrouver. Bref, les « secrets » n'étaient pas si « cachés » qu'on l'a prétendu depuis.

La preuve ? Si le procès Papon a effectivement permis de poser publiquement, et pour la première fois, certaines questions cruciales, les quelque quinze années d'instruction qui l'ont précédé n'ont pas été d'une grande utilité. Elles n'ont rien apporté qui ne fût déjà plus ou moins connu dès le moment où l'affaire éclata dans *Le Canard enchaîné*. Il suffit, pour s'en convaincre, de relire un petit roman policier publié en 1984 par Gallimard. Son titre ? *Meurtres pour mémoire*. Son auteur ? Didier Daeninckx. Son sujet ? La biographie criminelle de Maurice Papon – de la déportation des juifs jusqu'au massacre des Algériens.

Il est curieux que ce livre n'ait pas été davantage lu. Le nom de son auteur n'a, que je sache, même pas été prononcé durant le procès. Pourtant, Didier Daeninckx est l'un de nos meilleurs écrivains actuels. De plus, comme il a quelque peu fréquenté l'ultra-gauche, autrement dit certains réseaux « négationnistes », il connaît bien son sujet [5]. Enfin, l'analyse qu'il propose du caractère et des motivations de Papon (rebaptisé Veillut, et transféré de Bordeaux à Toulouse pour les exigences du roman) me semble, d'une certaine manière, dire tout à ce qu'il y a à dire sur le sujet. Qu'on me permette de la citer :

« En fonctionnaire zélé, Veillut a suivi les instructions du gouvernement de Vichy. Il a scrupuleusement organisé le transfert des familles juives vers le centre de regroupement de Drancy. Ni par conviction politique, ni par antisémitisme, mais tout simplement en obéissant aux règlements et en exécutant les ordres de la hiérarchie. Actuellement, des dizaines d'obscurs " chefs de service " décident des calibres de tomates ou de pêches qui seront envoyées à la décharge pour cause de surproduction. Pour eux, les milliers de tonnes de fruits qui finiront arrosées de mazout ont la seule apparence d'un chiffre et d'un code sur un listing mécanographique. En 1942-1943, Veillut ne faisait pas autre chose, il alimentait la machine de mort nazie et liquidait des centaines d'êtres humains au lieu de gérer des surplus de stock [...La région qu'il couvrait] vient en tête de toutes les régions de France pour les déportations d'enfants juifs. Dans les autres préfectures, les gens essayaient de brouiller les cartes, de mettre les sbires de la Gestapo sur de fausses pistes. Pas à Toulouse. Veillut allait au-devant de leurs désirs. Par souci d'efficacité [6]... »

Oui, je le répète, il est curieux que ce livre, disponible depuis 1984, ait été si peu lu. Mais, après tout, *La Bataille de Paris*, excellent travail de Jean-Luc Einaudi sur les massacres du 17 octobre 1961, publié en 1991 [7], n'a pas non plus été très lu. L'ouvrage était même pratiquement introuvable dans les principales librairies françaises, à la veille de l'ouverture du procès de Bordeaux, en octobre 1997.

Il n'était, cependant, pas encore épuisé. Il suffisait de le commander à l'éditeur.

Comme quoi on peut toujours s'instruire, en faisant un effort.

Donc, en 1942, Papon savait. Et, trente ou quarante ans plus tard, « nous » savions. Ou « nous » aurions pu savoir, si « nous » l'avions vraiment voulu.

Assez d'excuses. Assez de faux-fuyants.

Depuis les débats qui ont marqué cet hiver en Gironde, et grâce au travail de pensée qu'ils ont rendu possible, il ne suffit plus – pour être « en règle » avec sa mémoire – de regarder en face la vérité historique.

Il faut aussi regarder en face cette autre vérité, d'ordre philosophique : à savoir que la vérité historique, le plus souvent, n'*intéresse* personne.

Non pas seulement, ni même principalement, parce que la vérité « dérangerait » (qu'y aurait-il eu de « dérangeant », pour de Gaulle, dans le fait de ne pas confier à Papon de responsabilités officielles dès 1945, voire de faire poursuivre les principaux fonctionnaires français soupçonnés de complicité de crime contre l'humanité, comme le faisait à Nuremberg, pour les coupables allemands, le Tribunal militaire international ?). Mais – ce qui est plus grave – parce que la vérité « indiffère ».

Autrement dit, parce que notre siècle, le XXe siècle, n'aura pas été seulement le siècle par excellence des crimes contre l'humanité, des génocides, des grands massacres programmés et des tragédies collectives. Mais aussi le siècle qui aura vu s'épanouir, au niveau collectif comme au niveau individuel, la plus formidable capacité d'*indifférence* à ces massacres et à ces tragédies.

Et pour ne pas limiter le champ d'application de cette thèse à des périodes déjà lointaines, je voudrais également revenir, ne fût-ce que brièvement, sur quelques événements postérieurs à la fin de la Seconde Guerre mondiale.

Chapitre IX

DE L'ALGÉRIE À L'ALGÉRIE

Il ne s'agit pas de se donner *mauvaise* conscience en faisant la liste de toutes les occasions manquées. De toutes les fois où nous aurions dû faire quelque chose, pour arrêter le massacre ou pour le dénoncer – et où nous n'avons rien fait.

Il ne s'agit pas davantage de se donner *bonne* conscience en se disant qu'on n'est pas si mauvais que ça, puisqu'on est capable, au moins, d'éprouver de la honte ou du remords – de n'avoir rien fait.

Il ne s'agit pas, non plus, de dresser l'inventaire de toutes les tragédies collectives du siècle. Nul ne le pourrait. Le chômage, l'exclusion, la misère, la malnutrition, les taux élevés de mortalité infantile, la persistance, dans les pays pauvres, de maladies éradiquées des pays riches, l'esclavage, le travail forcé, la prostitution des mineur(e)s, le trafic international de la drogue, l'empire croissant des « gangs », des bandes armées, des organisations mafieuses : autant de phénomènes tragiques, à l'échelle collective. Autant de phénomènes d'origine purement humaine – dont il n'est pratiquement pas question dans ce livre.

Ce n'est pas négligence, ni oubli.

C'est qu'il fallait choisir.

Placé devant la nécessité d'identifier un champ d'action où il serait possible, à chacun de nous, de faire quelque chose d'utile, ici et maintenant, sans attendre les lendemains qui chantent, j'ai choisi de porter le combat contre un adversaire précis : la *criminalité d'État* (à laquelle j'assimile le terrorisme politico-religieux, sous toutes ses formes).

Pourquoi ?

Parce que tout État (y compris l'État démocratique, lorsqu'on ne le surveille pas, autrement dit lorsqu'il tend à cesser d'être démocratique) est susceptible de devenir criminel.

Parce que l'État, lorsqu'il devient criminel, devient d'un coup – vu l'ampleur des moyens technobureaucratiques dont il dispose – le plus dangereux des criminels.

Et parce qu'en même temps ce criminel avance à visage découvert. Que tout le monde le connaît. Et que lui-même, loin de se cacher, annonce en général les forfaits qu'il va commettre – avant de les perpétrer au grand jour.

Bref, parce que, tout en étant *puissant*, il est relativement *stupide*. Et qu'il ne devrait donc pas être impossible, avec un minimum de détermination, de l'arrêter à temps.

Soit pour le remettre sur le droit chemin, si la chose est possible. Soit, si elle ne l'est pas, pour le détruire.

Pour mémoire (1945-1947)

L'histoire de la criminalité d'État est une longue histoire, qui ne commence évidemment pas avec le XXe siècle.

Si, par crimes d'État, on entend toute forme d'entreprise par laquelle un État, quel qu'il soit, trahit la mission qui, pour l'essentiel, définit sa raison d'être – en d'autres termes, son devoir de protéger la vie, la sécurité et les biens des hommes qui sont placés sous son autorité –, et si l'on ajoute que toute forme d'agression illégitime de la part d'un État contre les citoyens d'un autre État constitue également un crime [1], alors la criminalité d'État est vraisemblablement aussi ancienne que l'État lui-même.

En relèvent, par exemple, les crimes commis, au cours

des siècles, par l'État du Vatican et ses divers représentants dans le monde. En relèvent aussi bien la destruction des Indiens d'Amérique par les colonisateurs européens, ainsi que la déportation forcée et la réduction en esclavage des Noirs d'Afrique.

On a vu que, à partir de la Première Guerre mondiale, cette criminalité avait atteint une vitesse supérieure, en raison du brutal accroissement des moyens technobureaucratiques dont disposait l'État moderne, et de la brusque accélération de la concurrence entre les principaux États occidentaux – entre les principaux « impérialismes » occidentaux.

Il en est résulté l'apparition de formes de criminalité étatique jusque-là inimaginables – à commencer par la plus grave de toutes, la forme du « génocide ». De nombreuses tentatives de génocide ont été préméditées par différents États, au XXe siècle. Trois d'entre elles ont, au moins partiellement, réussi : le génocide des Arméniens, celui des juifs et des Tsiganes, celui des Tutsis du Rwanda.

Parallèlement à ces trois crimes hors du commun, la criminalité d'État, au sens « conventionnel » du terme, se développait dans toutes les directions. Elle se traduisait, en pratique, par des massacres collectifs qui, sans présenter l'une ou l'autre des deux principales caractéristiques du génocide (l'identification de la victime sur une base religieuse, nationale, ethnique ou raciale, ainsi que le caractère prémédité, planifié et méthodiquement organisé du crime), n'en tuaient pas moins de vastes quantités d'hommes.

Ce sont quelques-uns – et quelques-uns seulement – de ces massacres, commis depuis 1945, que je voudrais évoquer.

Je partirai d'une date symbolique : celle du 8 mai 1945.

Ce jour-là, qui marque la fin de la Seconde Guerre mondiale, une « rébellion » éclata à Sétif, en Algérie. L'Algérie était, à l'époque, considérée par les Français comme une partie de la France. Il était clair, cependant, aux yeux de la plupart des Algériens, qu'elle n'était qu'une colonie. La rébellion de Sétif fut donc une rébellion anticoloniale – et même, pour ce qui concerne la France, la première grande rébellion anticoloniale du siècle. Elle ne tarda pas à s'étendre, comme une traînée de poudre, à d'autres villes algériennes (Guelma). Avant d'être réprimée dans le sang.

La répression de cette « insurrection » fut si violente qu'elle ne peut être qualifiée autrement que de crime. Un crime qui fit des milliers de victimes – quarante-cinq mille, selon Charles-Robert Ageron. Mais qui, comme tous les crimes d'État lorsque personne ne se lève pour les dénoncer, demeura impuni.

« En France, commente Ageron, peu de nouvelles filtrèrent. On tut l'ampleur du drame, la férocité de cette jacquerie, la répression disproportionnée, la violence des réactions de la population européenne assiégée (...) La presse, mal informée, ergota sur les causes des événements (...) Aucune enquête journalistique sérieuse ne fut menée (...) L'opinion française ne connut donc jamais les faits et ne prit pas conscience de la légende patriotique qui s'édifia, en Algérie, autour du " génocide de Sétif et de Guelma " [2]. »

Le même scénario (même si, quoi qu'on ait pu dire, le terme « génocide » semble aussi inapproprié dans ce cas que dans le précédent) se répéta, deux ans plus tard, à Madagascar. Cette fois, nous étions officiellement dans une « colonie ». Et la volonté de sa population était, incontestablement, d'échapper au statut colonial. La France ne pouvait l'ignorer. Bien des responsables politiques français pensaient même, dès ce moment, que le chemin de l'indépendance était, à court ou moyen terme, celui que devraient prendre les colonies françaises. Cette exigence de conduire vers l'indépendance des peuples auxquels la France se flattait d'avoir apporté la « civilisation » n'était-elle pas, du reste, inscrite en toutes lettres dans le préambule de la Constitution de 1946 ?

Pourtant, l'« insurrection » de Madagascar en 1947 fut, elle aussi, réprimée dans le sang. Ce nouveau crime fit, à son tour, des milliers de victimes. Peut-être des dizaines de milliers [3]. On n'a jamais su exactement. On n'en a pratiquement jamais parlé. Ni sur le moment, ni depuis. Ni en France, bien sûr : le criminel est trop pressé d'oublier ses crimes. Ni même à Madagascar, où la population, bouleversée par le massacre et par les conditions dans lesquelles il s'est déroulé, a choisi, non pas d'oublier, mais de tenir secret le souvenir pathogène de cet événement traumatique. Un événement qui, pour une part, explique les difficiles péripéties qu'a traversées la Grande Ile, depuis que, treize ans après la répression sanglante, elle a enfin accédé à l'indépendance – malgré les déclarations colonialistes (« il ne saurait être question de changer le statut de Madagascar ») proférées, en 1951 encore, par un ministre de la France d'outre-mer qui s'appelait... François Mitterrand [4].

Entre-temps, la France a connu, dans les années 1950, deux véritables « guerres » coloniales : celles d'Indochine et d'Algérie. Ces guerres n'ont jamais été « déclarées » comme telles. Par qui l'auraient-elles été ? Toute situation coloniale est, par définition, un état de guerre entre deux peuples – même si, extérieurement, la guerre semble avoir fait place à une sorte de « paix armée ». En Algérie comme en Indochine, la guerre existait donc depuis que la colonisation avait commencé.

Ces deux guerres n'en ont pas moins atteint, après 1945, une forme aiguë. C'est le moment où elles sont venues à être officiellement désignées, par les médias et les hommes politiques, comme « guerres ». Et comme, dans ces guerres, l'armée française s'est ouvertement investie, elles n'ont pu être, ni l'une, ni l'autre, étouffées sous le poids de la censure – ou sous celui de l'indifférence. Doublement criminelles, puisqu'elles étaient, dans leur principe même, des guerres « injustes » pour ce qui concernait la France, et que, de surcroît, elles furent conduites de manière criminelle, puisque l'armée française y pratiqua couramment la torture, ces guerres n'ont pas sombré dans l'oubli.

Qui se souvient, en revanche, des massacres de Sétif et de Madagascar ?

Violences dans le tiers-monde (1965-1979)

Si les années 1950 ont été, un peu partout dans le monde, celles des dernières grandes luttes de libération anticoloniales, les deux décennies suivantes ont été marquées par deux sortes de conflits d'un genre nouveau. D'une part, des conflits consécutifs aux erreurs et maladresses commises durant le processus de décolonisation. Et, d'autre part, des affrontements liés au contexte global de la guerre froide.

1) De la première espèce de tragédie, relèvent les guerres qui, en Asie ou en Afrique, ont opposé des États, des peuples ou des ethnies que ne satisfaisaient pas les nouveaux découpages politico-administratifs issus des indépendances. Guerres entre l'Inde et le Pakistan, puis entre les deux moitiés, occidentale et orientale, du Pakistan, par exemple. Ou bien guerre « civile » au Nigeria, par suite de la sécession des Ibos du Biafra. Ce dernier conflit dura près de trois ans (1967-1970), et entraîna, à lui seul, la mort de plus d'un million de victimes – des Ibos, pour la plupart.

On notera, au passage, que l'un des principaux motifs qui ont favorisé la multiplication des guerres de ce genre a été la croyance, partagée par tous les États membres de la communauté internationale, au caractère « inamovible » ou « inviolable » des frontières existantes. Or cette croyance, si l'on y réfléchit tant soit peu, est totalement dépourvue de fondement : toute frontière, quelle qu'elle soit, n'est qu'un effet contingent de l'histoire, le produit d'une conquête ou d'une négociation conclue, à un moment donné, sur la base d'un rapport de forces lui-même parfaitement arbitraire – et devrait donc pouvoir être remise en cause, par la négociation, sans effusion de sang.

Il est vrai que, si on commence à le faire ici, il n'y a pas de raison de refuser de le faire là. Le bouleversement général qui s'ensuivrait serait-il forcément dangereux ? Non, bien sûr, s'il restait pacifique. Force est donc de conclure que, même lorsqu'ils pourraient obtenir satisfaction en négociant, les hommes préfèrent se battre. Hobbes, sur ce point, a raison contre Rousseau.

Autre remarque : la guerre du Biafra a été, dans le tiers-monde, le premier grand conflit auquel les médias internationaux ont assuré une large « couverture ». Les enfants biafrais mouraient de faim « en direct », devant l'objectif de photographes ou de cameramen dont les images faisaient immédiatement le tour du globe. On a donc assisté là au franchissement d'un degré supérieur dans l'escalade de l'horreur. Et c'est parce que l'humanité – l'humanité occidentale, en particulier – s'est fort bien accommodée de cette escalade, que l'indifférence a pu, depuis lors, devenir l'état « normal » dans lequel les peuples « heureux » assistent, sans rien faire, aux drames qui emportent les autres.

2) De la seconde espèce, relève une grande variété de guerres « localisées », qui se sont déroulées, elles aussi, dans le tiers-monde – comme, par exemple, la guerre qui a ravagé, pendant dix ans (1965-1975), le Viêt-nam, le Laos et le Cambodge, et qui a eu pour conséquence directe l'arrivée au pouvoir des Khmers rouges à Phnom Penh.

Ces guerres eurent pour « fonction » principale de permettre aux États-Unis et à l'URSS de s'affronter pour la domination de la planète en ne prenant, néanmoins, que le minimum de risques pour eux-mêmes. Un affrontement direct, ou bien dans le champ clos de l'Europe, aurait été, en effet, trop hasardeux : il aurait immédiatement entraîné l'utilisation de l'arme nucléaire. Il était moins risqué, en revanche, pour chacune des deux superpuissances, de pousser ses « alliés » (généralement, des pays en voie de développement) à se mesurer à ceux de l'autre. Les conflits en question ont littéralement « saigné » le tiers-monde, à la fois parce qu'ils ont beaucoup tué et parce qu'ils ont paralysé le développement économique de nations où, au lendemain des indépendances, presque tout restait à construire. Mais ils ont, à leur façon, permis aux Européens de dormir tranquilles – ou presque.

Ou presque : car ces affrontements « tropicaux » ont, quelquefois, viré au cauchemar. Le cas du Cambodge en demeure la meilleure illustration. Dès que les derniers soldats américains en sont partis, les Khmers rouges, parvenus au pouvoir, ont entrepris de fermer leur pays au reste du monde, et d'y imposer par la violence un système économique et social qui n'avait aucune chance de réussir. L'« expérience », si l'on peut dire, a duré près de quatre ans (1975-1979). Elle s'est soldée par la mort de un à deux millions de Cambodgiens, sur une population qui en comprenait, au départ, six ou sept – autrement dit, d'un habitant sur six, environ [5].

Certaines de ces victimes, considérées comme « traîtres » ou « opposants politiques », ont été froidement assassinées. D'autres ont été éliminées, au passage, soit parce qu'elles faisaient de l'opposition active, soit parce que les Khmers rouges les soupçonnaient de vouloir en faire : c'est le cas, en particulier, de quelques minorités ethniques (Cham, Vietnamiens) ou religieuses (catholiques, musulmans). D'autres, enfin, sont mortes d'épuisement, de faim, de maladie ou par suite des effroyables conditions sanitaires régnant dans le pays tout au long de ces années d'enfer.

Du coup, les intellectuels occidentaux, qui avaient assisté à tout cela, une fois de plus, sans bouger (pour ne rien de dire de ceux qui, dans les premiers temps, avaient cru bon de célébrer avec enthousiasme le programme de Pol Pot), se sentirent obligés, afin de soulager leur mauvaise conscience à partir de 1979, de parler, à propos de ces événements tragiques, de « génocide », voire d'« autogénocide » (cette dernière expression, non seulement inadéquate mais absurde – un génocide étant conçu pour détruire une « différence », comment un peuple tout entier pourrait-il se penser lui-même comme « différent » ? –, avait déjà été employée à propos de la guerre civile au Nigeria).

Journalistes et historiens ayant souvent tendance à se

recopier les uns les autres, il n'est pratiquement plus d'ouvrage sur les crimes des Khmers rouges, aujourd'hui, qui ne qualifie ceux-ci de « génocide ». Il ne s'agit pourtant que d'un exorcisme verbal. Et, de surcroît, d'un exorcisme dangereux – pour deux raisons.

La première est d'ordre historique. La catégorie de « génocide » ne permet absolument pas de comprendre ce qui s'est réellement passé dans le « Kampuchéa démocratique » de Pol Pot. Ce qui s'est réellement passé, c'est une *lutte pour le pouvoir*, dont l'enjeu n'était d'ailleurs pas seulement le pouvoir (pour lui-même), mais aussi la réalisation d'un « fantasme » – c'est-à-dire d'un « idéal » d'« homme nouveau » et de société « autarcique » qui devait moins au communisme (et moins encore à Marx) qu'à la folie personnelle de Pol Pot (et de ses sbires). « Idéal » dont le triomphe, il ne faut pas l'oublier, n'a été – temporairement – rendu possible que parce que le peuple cambodgien s'était, depuis plusieurs années, laissé entraîner dans la spirale de violence déclenchée par l'agression américaine au Viêt-nam.

Quant à la seconde raison, d'ordre philosophique, je l'ai déjà évoquée à plusieurs reprises au cours de ce travail. La généralisation abusive du terme « génocide » à tous les massacres politiques, perpétrés dans le cadre général d'une lutte pour le pouvoir, n'a pour principal effet que de « banaliser » la triste réalité que ce terme désigne. Or, en « banalisant » les génocides proprement dits, on ne fait que « banaliser », *a fortiori*, les massacres politiques. Bref, on contribue (volontairement ou non, c'est un autre problème) à répandre l'opinion selon laquelle les uns comme les autres procéderaient d'une « fatalité » (anthropologique, historique ou géographique) contre laquelle il n'y aurait, finalement, rien à faire.

J'espère qu'il est bien clair qu'en disant cela, je ne vise nullement à nier, ni même à « minimiser », l'importance des crimes des Khmers rouges. J'aspire, au contraire, à combattre la propension qu'ont les Occidentaux à « relativiser » les crimes d'État, en général, en les mettant tous dans le même « panier » théorique – afin de se donner une bonne raison de ne jamais agir.

3) Naturellement, les deux grandes espèces de conflits que je viens de distinguer ne correspondent qu'à des « types » purs. Or ces « types » peuvent très bien, dans la réalité, se combiner.

Il existe, en particulier, un pays qui s'est laissé prendre à la fois par la frénésie anticommuniste de la guerre froide, ainsi que par l'obsession de redessiner des frontières mal assurées par les anciennes puissances coloniales : l'Indonésie.

Après avoir accédé à la souveraineté (1950) sous la présidence d'un des leaders les moins contestés du tiers-monde, Sukarno, l'Indonésie bascula dans la violence en 1965. Cette année-là, à la suite d'un coup d'État appuyé par les États-Unis, le général Suharto installa une dictature militaire d'extrême droite. Celle-ci se proposa immédiatement, comme premier objectif, l'élimination physique de son principal adversaire, le Parti communiste indonésien (PKI). Des listes de membres du PKI furent établies avec l'aide de la CIA (qui a reconnu, depuis, le rôle qu'elle avait joué dans cette histoire). Les massacres, perpétrés au grand jour par l'armée, commencèrent en octobre de la même année, et se poursuivirent jusqu'en 1966. Dix ans plus tard, l'amiral Sudomo admit qu'ils avaient fait au moins cinq cent mille victimes – officiellement toutes « communistes ».

Ce n'est pas tout. Non content d'avoir consolidé son pouvoir à la faveur d'un bain de sang, Suharto décida, quelques années plus tard, de recoloniser le Timor-Oriental – territoire minuscule, mais disposant de ressources pétrolières *offshore*. Ancienne colonie portugaise, le Timor-Oriental était devenu indépendant le 28 novembre 1975. Le 7 décembre suivant, l'armée indonésienne, assurée du soutien des États-Unis et de celui de l'Australie, l'envahit, bombarda la capitale (Dili), et assassina d'emblée soixante mille personnes. Ignorant toutes les résolutions de l'ONU qui, pas plus aujourd'hui que sur le moment, n'a jamais accepté de reconnaître le fait accompli, Djakarta annexa unilatéralement le Timor-Oriental en juillet 1976.

Le gouvernement indonésien mène, depuis lors, une guerre d'anéantissement dans ce petit pays, où ses forces armées ont rencontré une résistance aussi farouche qu'imprévue. « Il s'efforce de réduire la population par le massacre, la famine, la malnutrition et la limitation des naissances. Le système agricole est détruit, les familles paysannes déplacées et transférées dans des camps et des villages stratégiques où elles sont affamées. La mortalité infantile s'étend. Un programme de planning familial – limitation des naissances et stérilisation –, introduit en 1980, est développé en 1985 [...] L'armée indonésienne est engagée dans un conflit qu'elle est incapable de régler militairement », écrit fort justement Yves Ternon [6].

Le bilan de ce conflit n'a donc cessé de s'alourdir d'année en année. En 1975, le nombre des morts tournait autour de dix pour cent de la population de l'île, évaluée à l'époque à six cent quatre-vingt mille habitants. Il atteignit, en 1988, deux cent mille morts – soit le tiers de ladite population.

Bien qu'il ne s'agisse pas d'un génocide à proprement parler (ni même d'un « massacre génocidaire », comme on le dit parfois pour ne pas avoir l'air d'employer le terme « génocide » tout en l'employant quand même), mais plus précisément d'une lutte entre une armée coloniale et un peuple qui refuse de se laisser coloniser, force est de reconnaître que le pourcentage des pertes subies par la population du Timor-Oriental (30 %) est, dans l'absolu, le plus élevé de tous les pourcentages de pertes dues à une agression violente qu'on ait enregistrés depuis 1945.

Ce triste record a de quoi faire réfléchir. D'autant que, comme je l'ai dit, la politique criminelle de Suharto a bénéficié, pendant plus de trente ans, de l'appui inconditionnel des principales puissances occidentales, y compris de la France – trop heureuse, comme l'a récemment rappelé

Noam Chomsky [7], de pouvoir vendre quelques armes de plus au tyran indonésien.

Devenu un allié encombrant, celui-ci a finalement été évincé, en 1998, sur une initiative de l'administration Clinton. Il reste à voir ce que la communauté internationale, qui s'est jusqu'à présent contentée de parler sans bouger, sera capable de faire, concrètement, pour que le Timor-Oriental, l'un des pays les plus martyrisés de la planète, se voie enfin reconnaître le droit à l'autodétermination.

Race et religion : le grand « retour » (1990- ?)

Nous ne sommes ni au bout du siècle, ni à celui de nos peines.

Certes, les batailles de la guerre froide ont fini par se terminer (1989) – à quelques exceptions près, non négligeables, comme celles de l'Afghanistan ou de la corne orientale de l'Afrique.

Et les troubles engendrés par les erreurs commises durant le processus de décolonisation, s'ils persistent en de nombreux points de la planète, comme par exemple dans l'ex-Congo belge, suscitent de plus en plus l'attention active de la communauté internationale.

Mais de nouvelles causes de conflit ont, parallèlement, surgi.

Ou, plutôt, on a vu resurgir, un peu partout, de très vieilles causes de guerre, que l'on espérait – belle naïveté ! – définitivement mortes depuis 1945 : la « race » et la religion.

La religion ou, plus exactement, diverses formes de « fondamentalisme » ou de « fanatisme » religieux (issues de la volonté d'assurer le triomphe absolu d'une religion tout en ramenant celle-ci à sa forme prétendument « originaire », qui n'est le plus souvent qu'une reconstruction *a posteriori*) ont beaucoup tué, tout au long de l'histoire. Le fanatisme catholique, pour ne prendre que ce seul exemple, est à lui seul responsable des victimes des Croisades, de l'Inquisition, des guerres de religion de la Renaissance, de la longue persécution des protestants – et d'un antijudaïsme qui, à partir du XVIIIe siècle, a largement contribué à façonner l'antisémitisme moderne.

La « race », de son côté, sans avoir plus de fondement objectif que les notions théologiques dont se soutient le discours religieux, a été, pendant des millénaires, le *leit-motiv* de tous les nationalismes « ethniques » – idéologies à vocation essentiellement criminelle, dont le national-socialisme a constitué, en notre siècle, la forme la plus aiguë.

Après 1945, on a pu espérer, pendant un temps, que le scandale causé par la révélation de la Shoah allait rendre désormais impossible, tout au moins en public, l'expression d'« opinions » qui, comme les « opinions » nationalistes ou fondamentalistes, risquaient de déboucher sur un renouveau de l'antisémitisme – ou de toute forme de haine religieuse ou « raciale » à l'égard d'un autre peuple, quel qu'il fût.

Malheureusement, le répit fut de courte durée.

D'abord, parce qu'un système d'*apartheid*, fondé sur un racisme analogue à celui de Hitler, subsistait dans un pays au moins, l'Afrique du Sud, où une minorité blanche maintenait la majorité noire dans un état voisin de l'esclavage – tout en travaillant sérieusement, avec la complicité passive de Londres et Washington, à la mise au point d'armes chimiques ou biologiques susceptibles d'être employées « sur une base ethnique ».

Ensuite, parce que, dès la fin des années 1960, on assistait à nouveau, un peu partout sur la planète, à la « libération » progressive d'un certain nombre de « discours de haine », mal refoulés durant les deux décennies précédentes. Nationalisme ethnique et fondamentalisme religieux, fréquemment unis par leur commune inspiration raciste, reprenaient peu à peu du poil de la bête. La « crise » économique, sociale et culturelle de l'Occident ne faisait que les alimenter. Tout comme, d'ailleurs, le « marasme » persistant dans les pays en voie de développement – et la prise de conscience, par ces derniers, des effets destructeurs de l'« impérialisme » occidental.

C'est ainsi qu'on s'achemina, à la fin des années 1980, vers un spectaculaire retour en force, en Europe et aux États-Unis, des partis d'extrême droite (qui « banalisent », en l'affadissant, le discours néo-nazi). Ainsi que, en Europe et en Afrique, vers trois grandes tragédies collectives : celles de la Bosnie, du Rwanda et de l'Algérie.

La Bosnie : ce n'est pas la volonté de remodeler la structure de leur pays qui doit être reprochée aux Serbes (ou alors il faudrait la reprocher également aux Basques, aux Irlandais, etc.), c'est, évidemment, l'idéologie de « purification ethnique » dans laquelle ladite volonté s'est incarnée. Et qui, comme il était aisément prévisible pour quiconque se souvenait des conditions dans lesquelles Hitler était arrivé au pouvoir, ne pouvait que déboucher sur le bain de sang auquel on a, effectivement, assisté.

Curieusement, cependant, les voisins européens de l'ex-Yougoslavie ont paru ne se souvenir de rien. Une nouvelle tentative de génocide – car, là, le terme aurait été parfaitement applicable – a donc failli se dérouler sous nos yeux impassibles. Et si elle a, pour le moment, tourné court, les Bosniaques n'ont dû leur salut qu'à leur exceptionnelle capacité de résistance, à l'appui (y compris militaire) de trop rares alliés et, pour finir, à une intervention énergique de l'administration Clinton – qui a quand même réussi, malgré l'apathie de l'Europe et, pendant un temps, la résistance de la France de Mitterrand (grand « ami » des Serbes) – à imposer les accords de Dayton. Accords dont nul ne sait encore s'ils parviendront à apporter, dans la région, une paix durable.

Le Rwanda : j'ai déjà évoqué, à propos de la trouble fascination de Michel Foucault pour le mythe de la « guerre des races », les lointaines origines idéologiques du conflit qui, depuis la fin de la colonisation belge, oppose, dans ce pays comme au Burundi, deux « catégories » de population, Hutus et Tutsis, dont on ne saurait sans abus faire des « ethnies » au sens strict de ce terme. Quant au génocide proprement dit, son histoire a été écrite, à chaud, mais de manière aussi objective que possible, par Gérard Prunier.

Au printemps 1994 ou, si l'on veut, du 6 avril (date de l'assassinat du président Habyarimana, soutenu par la France) jusqu'au 14 juin (date du début de l'opération Turquoise), soit en l'espace de dix semaines, environ huit cent mille Tutsis ont été tués – ainsi qu'un nombre inconnu d'opposants hutus « modérés » (de dix mille à trente mille). Le chiffre total des morts représente donc dix pour cent de la population du pays [8]. Ce pourcentage de pertes n'est pas aussi élevé que celui qui a frappé le Timor-Oriental. Mais le Rwanda détient, hélas, un autre record macabre : jamais, lors d'aucun massacre connu, autant de gens n'ont été assassinés en un si bref espace de temps.

Quant à l'indifférence de l'opinion internationale, elle atteignit, en cette occasion, des hauteurs vertigineuses. L'ONU ne bougea pas. La France finit par organiser une opération humanitaire – mais le fit sans conviction et, surtout, sans véritable projet politique. S'exprimant, en novembre 1994, devant le sommet franco-africain de Biarritz, le président Mitterrand (belle constance dans l'erreur stratégique, ou manque total de sensibilité ?) feignait de ne pas se rappeler si c'était les Hutus qui avaient commencé à massacrer les Tutsis, ou bien le contraire – et semblait même enclin à conclure que, lorsque les sauvages veulent à toute force se battre entre eux, le mieux est de les laisser faire [9].

Le tribunal pénal international qui a été créé, *ad hoc*, pour poursuivre les auteurs du génocide rwandais fonctionne encore plus mal, et avec moins de moyens, que celui qui l'a été pour l'ex-Yougoslavie (et qui n'a réussi, jusqu'ici, à inculper qu'une seule personne pour crime de génocide). Quant aux responsabilités du gouvernement français dans le déclenchement du massacre, responsabilités qui ne font guère de doute, leur ampleur exacte demeure à établir – et ne le sera pas de si tôt, la mission d'information parlementaire qui a été tardivement (1998) constituée dans ce but n'étant pas une véritable commission d'enquête, à proprement parler, et ne disposant d'aucun pouvoir.

L'*Algérie*, enfin. Il ne s'agit certainement pas de la dernière, dans l'absolu, mais seulement de la dernière en date, des étapes dans notre voyage au bout de l'horreur. Elle nous ramène, symboliquement, à notre point de départ : les émeutes de Sétif, en mai 1945. Et pour cause : le drame que traverse actuellement l'Algérie est, pour une part, la conséquence de la manière dont y a sévi le colonialisme français, des diverses horreurs qui ont accompagné la guerre de libération nationale (tant en France qu'en Algérie : souvenons-nous du 17 octobre 1961) – et, pour finir, des traumatismes laissés, dans la mémoire collective, par cette longue séquence d'événements.

C'est dire si la France, face au déchaînement de violence qui ravage ce pays, peut se sentir – plus encore qu'au Rwanda – « impliquée », pour ne pas dire « coupable ».

C'est aussi reconnaître, du même coup, à quel point il lui est difficile de choisir la « juste » attitude à adopter. Peut-être, en raison même de ses responsabilités d'ancienne puissance coloniale, est-elle le dernier pays à pouvoir intervenir. Peut-être, au contraire, est-ce à elle, en raison même de ses responsabilités historiques, de prendre l'initiative d'une intervention internationale – dans laquelle elle pourrait être présente, sans paraître poursuivre, une fois de plus, ses seuls intérêts personnels.

Intervenir : oui, mais pourquoi ? Pour soutenir qui ?

Les islamistes – comme l'a fait, aux beaux temps de la guerre froide, une CIA aveuglée par son anticommunisme ?

Ou bien la faction du FLN au pouvoir – comme le font, tout au moins sur un plan politique et économique, les gouvernements français depuis l'indépendance ?

Ni l'une, ni l'autre branche de l'alternative ne sont bien tentantes. Certes, le pouvoir algérien présente un double « avantage » : celui d'être un pouvoir laïque, d'une part, qui par définition vaut mieux que n'importe quel pouvoir théocratique, et, d'autre part, celui de vouloir faire « régner l'ordre » – même si cet « ordre », qui n'a rien de démocratique, cache mal les intérêts économiques et financiers de la *nomenklatura* dirigeante. Mais que pèsent, exactement, ces « avantages », si l'on considère que la « terreur d'État » exercée par le gouvernement algérien n'est, en fin de compte, que l'exact symétrique, ou le reflet, de la terreur semée par les « terroristes » islamistes – lesquels, de leur côté, n'aspirent à contrôler l'État que pour transformer, à leur tour, leur « terrorisme » en « terreur d'État » ?

Face à ce peu attrayant dilemme, la seule réponse possible semble être : il est urgent d'intervenir, oui. Non pas pour donner raison aux uns contre les autres. Mais, simplement, pour séparer les belligérants. Pour prendre acte de la faillite d'un État qui n'est plus capable de protéger la vie de ses propres citoyens. Pour redonner à ces derniers la possibilité de vivre dans la sécurité physique à laquelle ils ont droit. Et, à partir de là, pour organiser enfin la consultation véritablement démocratique, qui n'a encore jamais eu lieu, et qui devrait permettre au peuple algérien de choisir librement – et en toute connaissance de cause – son destin politique.

Est-ce vraiment trop demander ?

Et est-ce trop demander aussi que de répéter qu'il revient à la France, pour sauver son honneur trop longtemps compromis, de prendre cette initiative-là – que personne d'autre, au demeurant, ne semble vouloir lui voler ?

Chapitre X

APRÈS L'INDIFFÉRENCE

Il est facile de dénoncer l'indifférence.
Il est facile de dénoncer.
Il est plus difficile de dire ce qu'il conviendrait de faire – « pour en sortir ».
Après l'indifférence, *quoi* ?
Que faire – pour réapprendre à vivre ensemble ? Pour restaurer un « nous », là où il n'y a plus (dans le meilleur des cas) qu'une multitude de « je », fermés les uns aux autres ? Que faire, pour redonner un sens au mot « cité » ?
Je n'ai pas de réponse simple à ces questions complexes. Tout au plus ai-je quelques convictions, que j'aimerais faire partager.
La première est une conviction négative. Il y a des voies qui ne mènent nulle part. Il vaut mieux le savoir.
Ma deuxième conviction a le visage de l'espérance. Il faut oser – et, d'abord, il faut oser *penser*. Ce n'est pas seulement l'affaire des intellectuels. C'est celle de tout le monde.
Troisième conviction : qui prend le risque de *penser* prend celui de se *tromper*. C'est agaçant de se tromper. C'est parfois plus grave encore. Mais, enfin, toute erreur n'est pas mortelle. Il y a même des erreurs qui font du bien. Bref, il ne serait peut-être pas inutile de définir ce que j'appellerai un « statut de l'erreur ».

De quelques impasses

Il ne sera pas dit que nous serons arrivés à la fin du XXe siècle sans avoir rien appris.

Même si notre savoir est surtout « négatif », il y a des choses que, désormais, nous savons. Nous savons, par exemple, que l'histoire n'a pas de sens – pas de sens prédéterminé, en tout cas. Que son cours n'obéit pas aux règles d'une logique fixée d'avance. Qu'il n'exprime pas le développement d'un concept éternel.

Du coup, nous savons également qu'il n'y a pas de connaissance possible, *a priori*, du but vers lequel nous devrions nous diriger. L'histoire demeure ouverte. C'est à nous de lui assigner, par une décision libre, les buts que nous souhaitons lui voir atteindre.

L'avenir n'est pas objet de science. Aucune philosophie de l'histoire, au sens « totalisant » du terme, aucune connaissance scientifique de la réalité sociale, si « positive » soit-elle, ne peuvent nous dire ce qu'il convient de faire, ici et maintenant. Les philosophes et les savants, les intellectuels en général, ne possèdent, de ce point de vue, aucun privilège spécial. Ils n'en savent pas plus que les autres. Ils n'ont pas de réponse globale, toute faite, à apporter à nos questions. Pas de solution miracle pour nos problèmes de tous les jours.

Je rappelle, à ce propos, qu'un intellectuel n'est rien d'autre qu'une personne dont le travail consiste à manipuler des concepts – autrement dit, des mots. Le terme ne s'applique donc pas uniquement aux philosophes et aux savants, mais aussi aux écrivains, aux journalistes, aux politiques, aux astrologues – et à bien d'autres catégories de charlatans. Bref, il est raisonnable de se méfier des intellectuels. De mettre en doute le bien-fondé de leur prétention à détenir une vérité inaccessible au « peuple ».

Cela étant, il serait tout aussi injuste de nier l'utilité des intellectuels. Des « intellos », comme on dit à Paris.

Du temps où il était précisément l'un de ces « intellos », et l'un des plus respectés qui fût (plusieurs années avant « l'affaire » Nolte), François Furet, que j'aimais consulter, me dit un jour :

– Ne vous mêlez jamais de faire de la politique. Le métier d'un intello n'est pas de faire de la politique. Il est de faire des livres.

– Mais des livres pour quoi faire ?

– Pour comprendre, simplement. Et pour faire comprendre. Pour analyser. Analyser – c'est ça, le métier d'un intello.

Furet n'a eu que le tort, un peu plus tard, d'oublier son propre conseil.

Sur le fond, il avait parfaitement raison.

Le métier de l'intellectuel n'est pas de dire ce qu'il faut faire : ça, c'est le boulot des politiques.

Mais l'intellectuel n'en a pas moins un rôle à jouer. C'est à lui qu'il revient d'offrir des analyses de la réalité – des analyses que d'autres, ensuite, utiliseront pour transformer cette réalité.

Ce qui suppose, bien entendu, que l'intellectuel ne ferme pas les yeux sur le monde qui l'entoure. Qu'il ne se retire pas, comme on dit, dans sa « tour d'ivoire ». Car si les prétentions de l'intellectuel qui croit *tout* savoir sont insupportables, celles de l'intellectuel qui ne veut *rien* savoir ne sont pas moins dangereuses. Cela aussi, en cette fin de siècle, nous devrions l'avoir compris.

Nous le devrions d'autant plus que la tentation de la « tour d'ivoire » fait plus de ravages qu'elle n'en a jamais fait. Qu'elle ne sévit pas seulement chez les intellectuels, mais dans toutes les classes de la société. Et qu'elle n'est, finalement, qu'un autre nom de cette maladie « moderne » par excellence, déjà dénoncée – il y a plus de cinquante ans – par Auguste Comte : la maladie de la « spécialisation » à outrance.

Écoutons Comte : « Si l'on a souvent justement déploré, dans l'ordre matériel, l'ouvrier exclusivement occupé, pendant sa vie entière, à la fabrication de manches de couteaux ou de têtes d'épingles, la saine philosophie ne doit peut-être pas, au fond, faire moins regretter, dans l'ordre intellectuel, l'emploi exclusif et continu d'un cerveau humain à la résolution de quelques équations ou au classement de quelques insectes : l'effet moral, en l'un et l'autre cas, est malheureusement fort analogue ; c'est toujours de tendre essentiellement à inspirer *une désastreuse indifférence* pour le cours général des affaires humaines, pourvu qu'il y ait sans cesse des équations à résoudre et des épingles à fabriquer [1]... »

Qu'on ne s'y méprenne point : Comte ne dit pas qu'il soit inutile de « résoudre des équations » ou de « classer des insectes ». Ce sont là, au contraire, des tâches nécessaires. Il dit seulement qu'il est dommage de voir un cerveau humain s'employer de manière « exclusive » et « continue » à ce genre de tâche, d'un bout à l'autre de sa vie. Exactement comme il est dommage de voir un cerveau humain ne s'investir que dans la fabrication de « têtes d'épingles », et dans rien d'autre. Pourquoi ? Parce que dans les deux cas le cerveau finit par s'atrophier. Par devenir « indifférent » à la réalité environnante, au « cours général des affaires humaines » autour de lui. Et que semblable « indifférence » ne saurait être que « désastreuse » pour l'avenir de l'espèce.

Je ne puis, sur ce point, que partager la position de Comte. Si l'intellectuel ne détient *sur* la société aucun savoir « totalisant », ce n'est pas une raison pour qu'il se croie obligé de s'enfermer à vie dans le ghetto d'une spécialisation « pointue » – si « pointue » qu'elle lui évite d'avoir à parler *de* la société, ou *à* la société, dans son ensemble.

Quelle que soit la spécialité d'un intellectuel, on est en droit d'attendre de lui la même chose, exactement, que ce qu'on est en droit d'attendre (ou d'espérer) de tout homme, quel qu'il soit : qu'il ose penser.

Qu'il ose penser *par lui-même*.

D'un désir d'utopie

Car il est urgent d'oser penser. D'oser briser les chaînes du consensus, les entraves du « politiquement correct » par lesquelles nous nous laissons si mollement attacher.

Faut-il rappeler que « prendre une position », être « responsable » de ce qu'on dit, pouvoir « répondre » de ce qu'on a déclaré suppose que l'on assume pleinement le fait de se situer dans un espace de *concepts* – autrement dit, dans un espace dans lequel tout ce qui n'est pas logiquement contradictoire devient, par là même, *possible* ?

Un espace de concepts n'est rien d'autre qu'un espace *utopique*. Qu'il soit philosophe, journaliste ou homme politique, un intellectuel ne peut éviter d'être un *utopiste*. Ou, à tout le moins, de ménager sa place au désir d'*utopie*.

Une place qui, pour des raisons évidentes, sera moins grande dans le discours du politique que dans celui du philosophe, par exemple : le premier est, plus que le second, tenu de se soumettre à ce qu'on appelle (parfois trop vite) les « contraintes » du « réel ». Mais, même si le politique se fait du « possible » une conception plus restrictive que le philosophe, il n'en croit pas moins à l'existence d'un monde « possible » – c'est-à-dire d'un monde « autre » que celui dans lequel il vit. Sans quoi, il ne ferait pas de politique.

Tout le problème se résume donc à la question de savoir jusqu'où peut aller, ici et maintenant, le « possible ». Étant bien entendu qu'à tout moment il y a toujours quelque chose de « possible ».

Pourtant, malgré l'accord qui devrait s'établir sur cette dernière proposition, l'utopie a mauvaise presse. L'échec des grandes idéologies qui, depuis cent ans, ont prétendu changer le monde, l'échec du communisme et, au-delà, celui du grand projet social (abolir les frontières et les classes) forgé par le mouvement ouvrier au siècle passé – tous ces échecs semblent avoir à jamais discrédité l'utopie.

De fait, jamais les hommes politiques n'ont autant qu'aujourd'hui cherché, d'eux-mêmes, à restreindre leur marge de manœuvre, à se réfugier derrière les « contraintes » de l'économie, les « exigences » de la mondialisation. Entre « la gauche » et « la droite », de ce point de vue, le consensus est absolu. S'il subsiste des divergences, elles ne portent que sur des questions de détail. Elles ne reflètent que des différences de degré (ou bien d'intensité) dans l'adhésion commune à quelques idées « à la mode ».

Parmi ces idées, il en est une qui possède, aujourd'hui, un pouvoir « rassembleur » exceptionnellement fort : l'idée selon laquelle l'économie devrait dominer la politique. Libéraux et marxistes partagent, sur ce problème, la même position. Ou, plus exactement, les libéraux (qui occupent désormais la totalité de l'espace politico-médiatique, puisqu'ils ont gagné la guerre froide) ont été assez forts pour s'emparer d'une thèse forgée, au départ, par Marx, afin de la retourner contre le marxisme lui-même – sans que les défenseurs de ce dernier, réduits à peu de chose, puissent seulement riposter.

Marx n'avait pas seulement dit que l'économie était, de fait, déterminante « en dernière instance » par rapport à toutes les autres pratiques sociales (politiques, culturelles, etc.). Il avait affirmé que les lois « objectives » de l'économie « devraient » imposer leur ligne directrice à la politique elle-même. Puisque l'évolution du capitalisme conduisait « nécessairement » à une concentration toujours plus grande du capitalisme en quelques mains, il « fallait » que le prolétariat, de plus en plus exploité, finît par se révolter contre cette situation insupportable.

Les libéraux actuels concluent différemment : pour eux, la concentration progressive du capital est, tout simplement, un processus sans fin. Mais la logique de leur raisonnement est la même que celle de Marx : il n'y a aucune place, dans cette logique, pour une « politique » autonome. En tant que telle, la politique ne sert à rien. Elle n'est, à tout moment, que l'effet, dans le champ du pouvoir et de l'organisation de la vie sociale, des « exigences » ou des « contraintes » de l'économie. Et n'a rien de mieux à faire que de permettre à l'économie (c'est-à-dire au « marché ») de fonctionner le mieux possible. Telle est la raison pour laquelle il n'y aurait, finalement, rien à attendre de la politique. Rien d'autre à espérer qu'une « gestion » toujours plus fine, plus rigoureuse, plus efficace, de la machine capitaliste.

À bas l'État ! Vive la libre entreprise ! À bas les idéologies ! Vive les lois du marché ! Tels sont les nouveaux slogans. Des slogans que les politiques sont les premiers à entonner – fermant ainsi la porte à tout espoir de changement et faisant, du même coup, le lit de l'extrême droite.

Jamais les philosophes, de leur côté, ne se sont montrés si prudents, pour ne pas dire si frileux, devant les tragédies de leur siècle. Frilosité qui ne date pas d'hier, mais qui n'a fait, semble-t-il, que s'accentuer – depuis que se sont déchaînées les grandes tempêtes de 1914 et de 1939. Lorsque, par hasard, ils se laissent aller à proposer une analyse de l'actualité, lorsqu'ils s'aventurent à parler du monde qui les entoure, les philosophes contemporains se gardent bien d'avancer quoi que ce soit qui risque de déplaire. On parle, en Amérique, de « correction politique », pour désigner ce nouveau code de « bonne conduite » – ce système d'interdits qui vise à épargner toute allusion critique aux femmes, aux Noirs, aux Indiens, aux minorités ethniques, aux obèses, aux aveugles, aux non-fumeurs ou aux végétariens. Et les effets pervers du système en question sont bien connus. Mais on oublie trop souvent que le « politiquement correct » existe aussi ailleurs. En Europe, par exemple. Et à l'intérieur même du discours philosophique – qui devrait pourtant être, par définition, le discours le moins inhibé qui soit.

Il serait temps d'échapper à cette frilosité.

De quoi avons-nous peur ?

Il n'y a pas d'autres « contraintes », pour la survie de

l'homme, que celles que lui impose sa propre physiologie. Tout le reste est négociable.

Il n'existe pas de modèle économique, social ou politique préétabli – ni à l'échelle nationale, ni à l'échelle internationale. Il existe une infinité de modèles possibles. L'homme n'a que l'embarras du choix. L'une des missions de la philosophie est de l'aider à effectuer – en toute liberté – ce choix.

Des exemples ? L'actualité en regorge. Prenons celui des travailleurs immigrés clandestins qu'on appelle, en France, « sans papiers ». Il semble difficile de les « rafler » tous pour les renvoyer chez eux, attachés aux sièges d'un avion. Du reste, la plupart d'entre eux ne demandent qu'à être « régularisés » : ils ne souhaitent que continuer à effectuer, dans des conditions plus « normales », les travaux pour lesquels on les a fait venir (et dont aucun Français ne veut). Le gouvernement a-t-il une meilleure solution ? Non, évidemment. Mais il déclare la chose « impossible » – simplement parce qu'il a peur des réactions qu'une éventuelle régularisation des « sans papiers » provoquerait dans l'opinion d'extrême droite. Du coup, rien ne se passe. On laisse la situation se dégrader lentement.

Autre exemple : celui du « devoir » ou du « droit d'ingérence » – qu'on ferait mieux d'appeler « droit d'intervention ». Au nom de ce qu'ils croient être les « contraintes » inhérentes à toutes les *Realpolitik*, la plupart des responsables gouvernementaux y sont, à l'heure actuelle, farouchement opposés. Pour donner à cette opposition, un vernis juridique, ils font valoir que reconnaître à la communauté internationale un droit de ce genre (même si ce n'était que dans les cas « graves », ceux où – par exemple – il s'agirait d'arrêter une guerre, d'empêcher un massacre), reviendrait à transgresser « le » dogme, par excellence, de toute « science politique » : celui de la « souveraineté » de l'État. Moyennant quoi, le débat est déclaré clos avant même d'avoir été ouvert.

Dans ce cas comme dans le précédent, ce n'est pas seulement aux intellectuels, c'est à chacun de nous qu'il appartient de se montrer résolument *utopiste*.

Afin de ne pas laisser le dernier mot aux « gestionnaires ». À ceux qui répètent, parce que cela les arrange, qu'il n'y a rien à faire – ou que tout a déjà été fait.

Oui, il faut prendre – ou reprendre – la parole à ceux qui veulent nous l'ôter.

Et, du même coup, il nous faut prendre le risque de l'*erreur*.

D'un droit à l'erreur

Car tout le monde peut se tromper. Les intellectuels comme les autres.

Et, de fait, les intellectuels se sont beaucoup trompés, depuis un siècle.

Est-ce, cependant, une raison pour les fusiller ? Même l'ignoble Brasillach, qui n'était au fond qu'un malade, n'aurait-il pas tiré meilleur profit de la prison à vie que de douze balles dans la peau ?

Je ne veux pas dire par là que les erreurs des intellectuels soient « innocentes ». Je ne crois pas du tout qu'il y ait des erreurs « innocentes ».

Je crois, en revanche, qu'il convient de définir un « statut de l'erreur ». De l'erreur intellectuelle, en particulier.

Définir un « statut de l'erreur » veut dire, d'une part, lui reconnaître une fonction, une légitimité. L'erreur est nécessaire, dans la mesure où elle constitue une étape inévitable sur le chemin de la vérité. La réflexion historique, philosophique ou politique ne se trouve pas, sur ce point de vue, dans une situation différente de celle des pratiques « scientifiques ». On pourrait aussi dire, dans un autre langage, que « sciences sociales » et « sciences exactes » sont finalement logées à la même enseigne. Ni celles-ci, ni celles-là n'ont le moindre espoir de rencontrer « la » vérité absolue, unique, totalisante. Mais ni les unes, ni les autres ne doivent pour autant renoncer au concept de vérité. Car les unes comme les autres peuvent atteindre (plus souvent qu'on ne croit) « des » vérités locales, partielles et fragmentaires. Des vérités plurielles, si l'on préfère, et toutes relatives – mais dont la découverte constitue à la fois leur raison d'exister, et l'unique instrument connu de progrès social.

L'intellectuel ne doit donc pas avoir peur de « la » vérité. Même s'il sait bien, au soir du XXe siècle, qu'il n'en connaîtra jamais qu'une faible partie.

Définir un « statut de l'erreur » veut dire, d'autre part, déterminer différents degrés de gravité dans l'erreur, à traiter chacun de manière spécifique. Je distinguerai, pour ma part, les erreurs « tolérables » ; celles qui sont susceptibles de conduire au crime sans constituer, par elles-mêmes, des crimes ; et celles, enfin, qui constituent directement des crimes.

Commençons par la troisième espèce. Lorsqu'une erreur constitue par elle-même un crime, elle cesse, à vrai dire, de relever de la catégorie « erreur » pour devenir entièrement « crime ». Du coup, le crime en question se trouve privé de toute circonstance atténuante. Il n'y a plus qu'à le sanctionner – lourdement, si possible, et sans hésitation.

Tel est, par exemple, le cas du discours antisémite, et particulièrement celui du discours « négationniste » (qui n'est que la plus récente des formes prises, historiquement, par l'antisémitisme). Un tel discours ne constitue pas l'expression d'une « opinion » qui, même erronée, devrait, comme toute opinion, demeurer libre. Il s'agit par lui-même d'un discours criminel. On doit donc déférer ceux qui le tiennent devant un tribunal. Non point pour demander aux juges de « dire la vérité » (morale ou historique). Mais simplement pour leur permettre de punir un acte diffamatoire dirigé contre un peuple – de la même manière, exactement, qu'il leur revient de punir les actes de diffamation dirigés contre des individus. La France, de ce point de vue, a la chance d'avoir la loi Gayssot. Il ne lui manque qu'une loi plus englobante, dirigée contre l'incitation à la haine religieuse ou « ethnique », en général – et qui offre, par la même occasion, le cadre adéquat pour réprimer les actes « négationnistes » liés à des génocides (comme, par exemple, les actes visant à nier le génocide des Arméniens ou celui des Tutsis).

Quant aux actes ou discours susceptibles de conduire au crime, mais qui ne constituent pas par eux-mêmes des crimes, ils ne sauraient être poursuivis par la justice. Ils doivent cependant être poursuivis en un sens différent – autrement dit, dénoncés et critiqués par les historiens, les philosophes, les intellectuels en général. Certains discours « révisionnistes », capables, à un stade ultérieur, de faire le lit du « négationnisme », relèvent de cette catégorie intermédiaire, d'autant plus dangereuse qu'elle est difficilement répréhensible [2]. Nombre de discours actuellement à la mode (comme celui qui revient à déclarer les crimes du communisme « pires » que ceux du nazisme) en relèvent également, non seulement parce qu'ils sont faux, mais surtout parce qu'on ne voit pas à quoi ils peuvent servir – sinon à « banaliser », dans l'opinion, les thèmes fondamentaux de la propagande d'extrême droite [3].

Reste le cas des erreurs que je qualifierai de « tolérables ». Celles-ci peuvent être plus ou moins graves. Elles doivent faire, elles aussi, l'objet d'une critique. Mais elles sont moins dangereuses que les précédentes, dans la mesure où elles restent, la plupart du temps, sans lendemain. L'histoire, en avançant, se charge d'elle-même de les faire disparaître – ou, si l'on veut, de rendre la vue aux aveugles. L'enthousiasme des disciples d'Althusser pour la « révolution intellectuelle » chinoise, à la fin des années 1960, ou celui de Michel Foucault pour la « révolution islamique » en Iran, dix ans plus tard, illustrent bien ce dernier type d'égarement. Grave, je l'admets, mais pas tragique. Car ce qui est tragique, ce n'est pas de commettre une erreur de ce genre. C'est de ne pas s'en rendre compte – ou de ne pas en revenir.

D'où, au passage, une précaution qui me semble salutaire : tout ce qu'on dit, il faut le signer et le dater. En acceptant le risque d'être obligé, demain, de se désavouer. Sans une telle prise de risque, il n'y aura plus de discours courageux – de discours susceptible de créer une brèche dans le béton du consensus officiel, de donner à penser « autrement », de « libérer » la parole de ceux que l'idéologie dominante condamne à se taire et à subir.

Depuis les grèves qui, en France, ont marqué la fin de l'année 1995, il me semble que Pierre Bourdieu et son équipe s'efforcent d'aller dans cette direction. Je ne donne pas le contenu de leur discours en modèle : ce contenu peut fort bien être considéré comme archaïque, rétrograde, erroné. L'important est le geste même par lequel Pierre Bourdieu prend la parole pour essayer de dire quelque chose qui échappe à la langue de bois du libéralisme triomphant. Et, du même coup, redonne l'envie de s'exprimer à des milliers de gens qui ne sont pas des « intellectuels », au sens classique – mais qui n'en ont pas moins des choses à dire, des choses que nous ferions bien d'écouter.

Michel Foucault, dans les dernières années de sa vie, voulait déjà accomplir ce genre de geste. S'effacer, ou effacer son nom propre, afin de permettre à d'autres de dire, eux aussi, ce qu'ils avaient à dire. Et de signer de leur nom.

Nous avons tous quelque chose à dire. Si peu que ce soit, disons-le. Je ne connais pas d'autre manière de commencer à rompre la chape de plomb qui pèse sur nos esprits – cette chape de plomb que j'ai appelée « indifférence ».

Arles, 28 juillet 1998

NOTES

Avant-propos

1. Voir, sur ce point, Vahakn Dadrian, *Le Génocide des Arméniens*, 1996, trad. fr. Paris, Stock, 1997, p. 37.
2. *Ibid.*, p. 368 et note 41, p. 380.
3. *Ibid.*, p. 37.
4. Voir, sur l'histoire du « négationnisme » turc, le travail remarquable (et pionnier) d'Yves Ternon, *Enquête sur la négation d'un génocide*, Marseille, Éditions Parenthèses, 1989.
5. Voir, par exemple, le livre de Kâmuran Gürün, *Le Dossier arménien*, publié en 1984 (en français), pour le compte de la « Société turque d'histoire », par une mystérieuse maison d'édition dénommée « Triangle » (dont la localisation géographique n'est pas précisée sur l'ouvrage).
6. Voir, dans le *New York Times* du 22 mai 1996, l'article de William H. Honan relatif au financement, par le gouvernement turc, d'une chaire d'histoire ottomane à Princeton University – chaire occupée, comme on s'en doute, par un historien « négationniste ».
7. Je songe ici au cas de l'historien Bernard Lewis, condamné « au civil », à Paris, en juin 1995, pour avoir déclaré, dans un entretien publié par *Le Monde* le 16 novembre 1993, que la qualification de « génocide », appliquée aux massacres de 1915, n'était rien de plus que « *la version arménienne de cette histoire* » – version rejetée par Lewis sur la base de l'« argumentaire » turc habituel.
8. Voir, à la « une » du *Monde* des 26-27 avril 1998, l'article édifiant d'Ariane Chemin.

Chapitre premier : Puissances du mal, formes du droit

1. Hugo Grotius, *Le Droit de la guerre et de la paix*, livre II, chapitre XXV (*Des guerres qu'on fait pour autrui*), en particulier les § VI, VII et VIII (je me réfère ici à la traduction française publiée par Jean

Barbeyrac à Amsterdam en 1724, et rééditée en fac-similé, en 1984, par le Centre de philosophie politique et juridique de l'Université de Caen).
  2. « Idée d'une histoire universelle au point de vue cosmopolitique », dans Emmanuel Kant, *Opuscules sur l'histoire*, Paris, Flammarion, coll. « GF », 1990, p. 79-80.
  3. *Ibid.*, p. 86.
  4. *Vers la paix perpétuelle*, dans Emmanuel Kant, *Vers la paix perpétuelle et autres textes*, Paris, Flammarion, coll. « GF », 1991, p. 77.
  5. *Ibid.*, p. 84-93.
  6. *Ibid.*, p. 79.
  7. Yves Ternon, *L'État criminel*, Paris, Seuil, 1995, p. 22. Toutes les citations figurant dans ce paragraphe et dans le suivant proviennent de cet excellent ouvrage, dont l'importance n'a pas encore été suffisamment reconnue, p. 22-23.
  8. *Ibid.*, p. 26.
  9. *Ibid.*
  10. David S. Wyman, *L'Abandon des juifs*, Paris, Flammarion, 1987.
  11. Yves Ternon, *op. cit.*, p. 31.
  12. *Ibid.*, p. 33.
  13. *Procès des grands criminels de guerre devant le Tribunal international – Nuremberg, 14 novembre 1945 – 1er octobre 1946*, Nuremberg, 1947, t. I, p. 46-47.
  14. Yves Ternon, *op. cit.*, p. 40.
  15. Raphael Lemkin, *Axis Rule in Occupied Europe*, Washington DC, Carnegie Endowment for World Peace, 1944, p. 79.
  16. *United Nations Resolutions*, éd. par D. J. Djonovich, series I. Resolutions adopted by the General Assembly, vol. II, 1946-1948, Dobbs Ferry, NY, Oceana Publications, 1973, p. 238.
  17. Cesare Beccaria, *Des délits et des peines* (1764), Paris, Flammarion, coll. « GF », 1991, § XXX, p. 139-140.
  18. Code pénal, édition de 1997-1998, livre II, titre premier, chapitre premier, *Du génocide*. Il est à remarquer que, dans son état actuel, le Code pénal français distingue (à juste titre, selon moi) le génocide, crime de masse perpétré sur la base d'une discrimination nationale, ethnique, raciale ou religieuse, des « autres crimes contre l'humanité » – parmi lesquels figurent la « déportation », ainsi que « la pratique massive et systématique d'exécutions sommaires » inspirée, en particulier, par des motifs d'ordre « politique ».

Chapitre II : Grammaire de « génocide »

  1. Max Horkheimer et Theodor W. Adorno, *Dialectique de la raison* (1947), trad. fr. Paris, Gallimard, 1974, rééd. coll. « Tel », 1983. Voir, en particulier, la première partie, « Le concept d'*Aufklärung* », p. 21-57. Adorno, seul, a poursuivi le chemin ouvert par ce livre dans *Dialectique négative* (1966), trad. fr. Paris, Payot, 1978.
  2. Raphael Lemkin, *Axis Rule in Occupied Europe*, *op. cit.*, p. 79.
  3. *Encyclopédie philosophique universelle*, Dictionnaire, 1, Paris, PUF, 1990, p. 878-880.

4. Voir, par exemple, Robert Jaulin, *La Paix blanche : introduction à l'ethnocide*, Paris, Seuil, 1970 et UGE, coll. « 10-18 », 1974, 2 vol.
5. Marcel Bataillon, « Génocide et ethnocide initial », dans *De l'ethnocide*, Paris, UGE, 1972, p. 298.
6. Hannah Arendt, *Eichmann à Jérusalem : rapport sur la banalité du mal* (1963), trad. fr. Paris, Gallimard, 1966, rééd. coll. « Folio », 1991, p. 448.
7. Leo Kuper, *Genocide. Its Political Use in the Twentieth Century*, New Haven et Londres, Yale University Press, 1981, p. 11. Voir également, sur le même thème, Frank Chalk et Kurt Jonassohn, *The History and Sociology of genocide : Analyses and Case Study*, New Haven (CT), Yale University Press, 1990.
8. Stéphane Courtois, Nicolas Werth, Jean-Louis Panné, Andrzej Paczkowski, Karel Bartosek et Jean-Louis Margolin, *Le Livre noir du communisme*, Paris, Robert Laffont, 1997, p. 14.
9. Voir l'article d'Ariane Chemin dans *Le Monde* du 31 octobre 1997, les déclarations de Jean-Louis Margolin dans *Le Monde* des 9-10 novembre 1997 et l'article de Nicolas Werth dans *Le Monde* du 14 novembre 1997. Coauteurs de l'ouvrage, Werth (qui a rédigé le chapitre sur l'URSS) et Margolin (auteur des chapitres sur la Chine, le Viêtnam, le Laos et le Cambodge) se sont, dès la sortie du *Livre noir*, désolidarisés de l'Introduction rédigée par Stéphane Courtois. Leurs critiques (parfaitement justifiées, à mon sens) portent, pour l'essentiel, sur trois points : 1) le chiffre total des victimes avancé par Courtois ne repose pas sur un calcul sérieux ; 2) même s'il n'est pas question de nier la réalité des crimes accomplis par certains États communistes, le « crime d'État » (principalement sous la forme de l'exécution) n'a été qu'une stratégie répressive parmi d'autres également employées par ces mêmes États, et ne saurait donc être identifiée, sans abus, avec une prétendue « essence » du communisme (à supposer qu'il existe quelque chose de ce genre) ; 3) il n'y a pas grand sens, enfin, à rassembler dans un même amalgame les deux millions de victimes cambodgiennes, disparues en l'espace de quatre ans, avec les quelque trois mille victimes repérables en Tchécoslovaquie sur une période de quarante ans – pour ne rien dire d'un régime comme celui de Castro à Cuba, où il n'y a eu que très peu d'exécutions.

Chapitre III : Nazisme et communisme

1. Jean-Paul Sartre, *Critique de la raison dialectique*, Paris, Gallimard, 1960, nouvelle édition 1985, p. 14.
2. Hannah Arendt, *The Origins of Totalitarianism* (1951), San Diego, New York et Londres, Harcourt Brace and Company, nouvelle édition, 1973, p. 29.
3. *Ibid.*, p. 227.
4. *Ibid.*, p. 222.
5. Il vaut la peine de relire, de ce point de vue, la préface – d'une complaisance surréaliste – écrite par Julien Freund (pourtant ancien résistant) pour une réédition de *La Notion de politique*, Paris, Flammarion, coll. « Champs », 1972. Le cas de Freund, en outre, est loin d'être

isolé. La plupart de ceux qui, depuis un quart de siècle, se sont employés à remettre à la mode, en France, la pensée de Carl Schmitt semblent avoir totalement oublié ses tendances antisémites. Il suffit pourtant, pour se « rafraîchir » la mémoire sur l'antisémitisme de Schmitt (avant, pendant et *après* la guerre), de consulter Paul Bookbinder, « Carl Schmitt, *Der Leviathan*, and the jews », dans *International Social Science Review*, Winfield (Kansas), vol. 66, n° 3, été 1991, p. 99-109 ; Jürgen Habermas, « Le besoin d'une continuité allemande : Carl Schmitt dans l'histoire des idées politiques de la RFA », dans *Les Temps modernes*, n° 575, juin 1994, p. 26-35 ; et Jean-Luc Évard, « Les Juifs de Carl Schmitt », dans *Les Temps modernes*, n° 596, novembre-décembre 1997, p. 53-100.
  6. Ian Kershaw, *Qu'est-ce que le nazisme ?* (1985), trad. fr. Paris, Gallimard, coll. « Folio », 1992, p. 61.
  7. Karl Popper, *La Société ouverte et ses ennemis* (1945), trad. fr. Paris, Seuil, 1979, t. I, p. 107.
  8. Raymond Aron, *Démocratie et totalitarisme*, Paris, Gallimard, 1965, rééd. coll. « Folio », 1987, p. 284.
  9. Hannah Arendt, *op. cit.*, p. XXVII. Dans cette page, extraite d'une préface ajoutée en 1966, Arendt écrit : « l'innommable cruauté gratuite des camps allemands de concentration et d'extermination semble avoir été largement absente des camps russes, où les prisonniers mouraient par suite de négligence plutôt que de tortures ».
  10. Raymond Aron, *op. cit.*, p. 298-299.
  11. Ian Kershaw, *op. cit.*, p. 93.
  12. Alain Finkielkraut, *L'Humanité perdue. Essai sur le XXe siècle*, Paris, Seuil, 1996, p. 117.

Chapitre IV : L'« oubli » de la Shoah

  1. Léon Poliakov, « Histoires et polémiques : à propos du génocide », dans *Commentaire*, Paris, Julliard, n° 53, printemps 1991, p. 203 (cet article constitue, à mes yeux, la meilleure réponse qui ait jamais été opposée aux thèses « fonctionnalistes » de Nolte, Mayer et Burrin). Hannah Arendt, quant à elle, estimait que l'ordre concernant la « solution finale » avait dû être donné oralement par Hitler en septembre 1940 (voir *Eichmann à Jérusalem, op. cit.*, p. 351).
  2. George Steiner, Ramin Jahanbegloo, *Entretiens*, Paris, Éditions du Félin, 1992, p. 30.
  3. Hannah Arendt, *The Origins of Totalitarianism* (1951), San Diego, New York et Londres, Harcourt Brace and Company, nouvelle édition, 1973, p. XXVII.
  4. *Ibid.*, p. XXVII.
  5. Raymond Aron, *Démocratie et totalitarisme*, Paris, Gallimard, 1965, rééd. coll. « Folio », 1987, p. 298-299.
  6. Léon Poliakov, article cité, p. 202.
  7. *Devant l'histoire : les documents de la controverse sur la singularité de l'extermination des Juifs par le régime nazi*, Paris, Éditions du Cerf, 1988, p. 33-34.
  8. Éric Conan et Henry Rousso, *Vichy : un passé qui ne passe pas*, Paris, Fayard, 1994, p. 271.

9. *Ibid.*, p. 272.
10. *Ibid.*, p. 269.
11. *Ibid.*
12. *Ibid.*, p. 272.
13. *Ibid.*, p. 259-260.
14. *Ibid.*, p. 279.
15. Henry Rousso, « De Nuremberg à Goldhagen », *L'Express*, n° 2376, 16 janvier 1997.
16. François Furet, *Le Passé d'une illusion. Essai sur l'idée communiste au XXe siècle*, Paris, Robert Laffont et Calmann-Lévy, 1995, p. 197.
17. Publiées pour la première fois, en italien, par la revue romaine *Liberal*, ces lettres l'ont ensuite été, en français, par la revue *Commentaire*, Paris, Plon, n°s 79 (automne 1997) et 80 (hiver 1997-1998). Le titre de cet ensemble, « Sur le fascisme, le communisme et l'histoire du XXe siècle » est, à lui seul, éloquent : le mot « nazisme » n'est plus prononcé – comme si ce délicat « oubli » suffisait, *wishful thinking*, à faire disparaître de la réalité la chose même qu'il désigne !
18. *Commentaire*, n° 80, *op. cit.*, p. 795-802.
19. Voir, en particulier, les articles d'Éric J. Hobsbawm, « Histoire et illusion », et Giulio Procacci, « De plus loin et de plus près », *Le Débat*, Paris, Gallimard, n° 89, mars-avril 1996.
20. Tzvetan Todorov, *Les Abus de la mémoire*, Paris, Arléa, 1995, p. 33. Ce livre reprend le texte d'une conférence donnée par Todorov à Bruxelles, en 1992 – et s'ouvre par des remerciements adressés à Jean-Michel Chaumont (lequel, de son côté, cite volontiers Todorov).
21. *Ibid.*, p. 37.
22. *Ibid.*, p. 60.
23. Jean-Michel Chaumont, *La Concurrence des victimes : génocide, identité, reconnaissance*, Paris, La Découverte, 1997.

Chapitre V : Papon, lecteur de Heidegger

1. Voir, par exemple, Christian Delacampagne, *Histoire de la philosophie au XXe siècle*, Paris, Seuil, p. 98-106 et 182-209.
2. Rüdiger Safranski, *Heidegger et son temps* (1994), trad. fr. Paris, Grasset, 1996, p. 11. Pour bien comprendre le parcours politique de Heidegger, il reste cependant indispensable de se reporter à Hugo Ott, *Martin Heidegger : éléments pour une biographie* (1988), trad. fr. Paris, Payot, 1990.
3. Lettre de Heidegger à Hannah Arendt, du 23 septembre 1925.
4. Martin Heidegger, *Introduction à la métaphysique*, cours de 1935 publié en 1953, trad. fr. Paris, Gallimard, 1967, p. 49. La phrase dit, littéralement : « La Russie *[sic]* et l'Amérique sont toutes deux, au point de vue métaphysique, la même chose, la même frénésie sinistre de la technique déchaînée. » Un texte de 1945 *(Le Rectorat, 1933-1934 : faits et réflexions)* va encore plus loin, puisqu'il affirme que, du point de vue de « la domination universelle de la volonté de puissance », il n'y a aucune différence entre « communisme », « fascisme » et « démocratie mondiale ».

5. Martin Heidegger, *Réponses et questions sur l'histoire et la politique*, texte de 1966 publié en 1976, trad. fr. Paris, Mercure de France, 1988, p. 42.
6. L'expression se trouve dans une lettre de Heidegger à Jaspers, datée du 1er juillet 1935.
7. Rüdiger Safranski, *op. cit.*, p. 180.
8. Témoignage de Jaspers cité par Safranski, *op. cit.*, p. 245.
9. Lettre de Heidegger citée par Safranski, *op. cit.*, p. 225.
10. *Qu'est-ce que la métaphysique ?*, texte de 1929 repris dans Martin Heidegger, *Questions I*, trad. fr. Paris, Gallimard, 1968, p. 65.
11. Martin Heidegger, *Les Concepts fondamentaux de la métaphysique*, trad. fr. Paris, Gallimard, 1992, p. 524. La phrase complète dit : « C'est seulement là où il y a le péril de l'épouvante qu'il y a la béatitude de l'étonnement – ce vif ravissement qui est le souffle de tout philosopher. »
12. Témoignage de Jaspers cité par Safranski, *op. cit.*, p. 247.
13. Hugo Ott, *op. cit.*, p. 196.
14. *Le Rectorat, 1933-1934 : faits et réflexions*, texte de 1945 repris dans Martin Heidegger, *Écrits politiques (1933-1966)*, trad. fr. Paris, Gallimard, 1995, p. 226.
15. « Le retour au fondement de la métaphysique », texte de 1949 repris dans Martin Heidegger, *Qu'est-ce que la métaphysique ?*, *op. cit.*, p. 28-29.
16. Martin Heidegger, *Écrits politiques*, *op. cit.*, p. 207.
17. Karl Löwith, *Ma vie en Allemagne avant et après 1933*, trad. fr. Paris, Hachette, 1988, p. 77-78.
18. Jean Beaufret, *De l'existentialisme à Heidegger*, Paris, Vrin, 1986, p. 18.
19. Herbert Marcuse aimait, paraît-il, raconter cette anecdote à ses étudiants. C'est ce que m'a confié l'un d'entre eux, Paul Bookbinder, qui fut son élève à Brandeis University, et qui enseigne aujourd'hui l'histoire de l'Allemagne contemporaine à l'Université du Massachusetts à Boston.
20. Lettre de Heidegger publiée pour la première fois par Hugo Ott, *op. cit.*, p. 199.
21. Ce texte peut se lire en français dans Philippe Lacoue-Labarthe, *La Fiction du politique*, Paris, Christian Bourgois, 1987, p. 58.
22. François Fédier est longuement revenu sur sa conception « révisionniste » de l'histoire dans un article intitulé « S'il s'agit vraiment de rendre justice à Heidegger... », *L'Infini*, Paris, Gallimard, n° 56, hiver 1996. Pour une première réponse à cet article, voir Christian Delacampagne, « Sur le nazisme de Heidegger : une mise au point », *Prétentaine*, Montpellier, Université Paul Valéry, n° 9/10, avril 1998, p. 319-324.
23. Il est vrai que le ralliement de Papon à Vichy ne s'explique pas seulement par la haine du communisme, mais aussi par le souci technocratique de garantir la continuité d'une administration française dans laquelle l'intéressé espérait bien faire carrière. Mais, on l'a vu, le souci de sa propre carrière ne fut pas non plus étranger à l'adhésion de Heidegger au NSDAP.

Chapitre VI : La « guerre des races »

1. Michel Foucault, *Il faut défendre la société*, Paris, Seuil/Gallimard, 1997, p. 247.
2. *Ibid.*, p. 13.
3. *Ibid.*, p. 17.
4. *Ibid.*, p. 21.
5. *Ibid.*, p. 35.
6. *Ibid.*, p. 51.
7. Toutes les citations qui figurent dans ce paragraphe viennent des p. 40-48.
8. Toutes les citations qui figurent dans ce paragraphe viennent de la p. 49.
9. *Ibid.*, p. 52.
10. *Ibid.*, p. 51.
11. *Ibid.*, p. 53.
12. *Ibid.*, p. 50.
13. *Ibid.*, p. 53.
14. *Ibid.*, p. 57.
15. *Ibid.*, p. 63.
16. *Ibid.*, p. 66.
17. *Ibid.*, p. 71.
18. *Ibid.*, p. 73.
19. *Ibid.*, p. 76.
20. *Ibid.*
21. *Ibid.*, p. 138.
22. *Ibid.*, p. 132.
23. *Ibid.*, p. 146.
24. *Ibid.*, p. 149.
25. *Ibid.*, p. 172.
26. *Ibid.*, p. 174.
27. *Ibid.*, p. 176.
28. *Ibid.*, p. 194.
29. *Ibid.*, p. 193.
30. *Ibid.*, p. 193.
31. *Ibid.*, p. 213.
32. *Ibid.*
33. *Ibid.*, p. 214.
34. *Ibid.*, p. 216.
35. *Ibid.*, p. 221.
36. *Ibid.*, p. 226.
37. *Ibid.*, p. 227.
38. *Ibid.*
39. *Ibid.*, p. 228.
40. *Ibid.*, p. 229.
41. *Ibid.*, p. 230.
42. *Ibid.*, p. 231.
43. *Ibid.*, p. 232.

44. *Ibid.*
45. *Ibid.*, p. 233.
46. *Ibid.*
47. *Ibid.*, p. 234.
48. *Ibid.*

Chapitre VII : Jusqu'au bout du fantasme

1. J'ai cru déceler un embarras de ce genre dans la recension du cours de Foucault effectuée par Jean-Loup Amselle, « Michel Foucault et la guerre des races », *Critique*, n° 606, novembre 1997. Pourtant, Amselle n'hésite pas à confondre, lui aussi, nazisme et stalinisme, en les décrivant dans son article comme de simples « variantes totalitaires » de l'État moderne (p. 795).
2. Michel Foucault, *Il faut défendre la société*, Paris, Gallimard/Seuil, 1997, p. 64.
3. Je remercie Jeffrey Mehlman d'avoir attiré mon attention sur le fait que Gustave Hervé, le fondateur (en 1906) de l'hebdomadaire révolutionnaire intitulé *La Guerre sociale*, fut également (dès 1935) l'inventeur du slogan « C'est Pétain qu'il nous faut », et devint alors l'un des plus ardents défenseurs du Maréchal. Voir, sur ce point, la biographie de Gilles Heuré, *Gustave Hervé : itinéraire d'un provocateur*, Paris, La Découverte, 1997.
4. Christian Delacampagne, « L'antisémitisme en France », dans Léon Poliakov, *Histoire de l'antisémitisme (1945-1993)*, Paris, Seuil, 1994, p. 145-149.
5. Gilles Deleuze, *Foucault*, Paris, Minuit, 1986, p. 32.
6. Michel Foucault, *Dits et Écrits*, Paris, Gallimard, III, p. 400-401.
7. *Ibid.*, p. 422.
8. Gilles Deleuze, *op. cit.*, p. 32.
9. Michel Foucault, *Dits et Écrits*, *op. cit.*, II, p. 719.
10. Gilles Deleuze, *op. cit.*, p. 38.
11. Michel Foucault, *Dits et Écrits*, *op. cit.*, III, p. 535.
12. Michel Foucault, *ibid.*, IV, p. 224.
13. Michel Foucault, *La Volonté de savoir*, Paris, Gallimard, 1976, p. 188.
14. Giorgio Agamben, *Homo sacer I : le pouvoir souverain et la vie nue*, 1995, trad. fr. Paris, Seuil, 1997, p. 94.
15. *Ibid.*, p. 98.
16. *Ibid.*, p. 132.
17. *Ibid.*, p. 129.
18. *Ibid.*, p. 133.

Chapitre VIII : Un hiver en Gironde

1. La manière dont, dans la mémoire parisienne, le second de ces événements a éclipsé le premier est assez curieuse. Il faut dire que le premier est demeuré, pendant longtemps, un secret bien gardé : dans son édition datée du 19 octobre 1961, publiée au lendemain de la manifes-

tation du 17 octobre, *Le Monde* annonçait, sans trop se poser de questions, un bilan de trois morts (dont un Français « métropolitain »). Quant aux nombreux cadavres d'Algériens qui, au fil des semaines suivantes, remontèrent à la surface de la Seine, la presse française n'hésita pas à les attribuer à des « règlements de compte » internes au FLN. C'était quand même plus simple. Il y eut, heureusement, quelques exceptions : des articles courageux dans le *Libération* d'alors (dirigé par Emmanuel d'Astier de la Vigerie) ainsi que dans *Témoignages et documents*, sans parler de la pétition signée par près de deux cents personnalités – et qui assimile (un peu vite ?) « les Algériens entassés au palais des Sports en attendant d'être refoulés » et « les juifs parqués à Drancy avant la déportation » (voir, sur ce point, Gérard Guicheteau, *Papon Maurice ou la continuité de l'État*, Paris, Éditions Mille et une nuits, 1998, p. 67).

2. « La peine de mort pour les auteurs de rapts d'enfants vient d'être réclamée par le préfet de police Maurice Papon. Ce vœu a été déposé devant le Parlement afin qu'une loi soit promulguée » – peut-on lire à la p. 29 du n° 113 (daté du 15 janvier 1961) du journal *Top – Réalités Jeunesse*. Je remercie Jean-François Delacampagne de m'avoir signalé cette publication qui, en son temps, enchanta les adolescents de notre génération.

3. Ce texte a été réédité, avec celui d'un article intitulé « Dans l'honneur et la dignité » (article datant de 1948), dans Vladimir Jankélévitch, *L'Imprescriptible*, Paris, Seuil, 1986.

4. Vladimir Jankélévitch, *L'Imprescriptible, op. cit.*, p. 50.

5. Voir, sur ce point, Didier Daeninckx, « Le jeune poulpe et la vieille taupe : chronologie d'un combat des profondeurs », texte publié d'abord dans l'ouvrage collectif *Négationnistes : les chiffonniers de l'histoire*, Paris, Éditions Golias et Éditions Syllepse, 1997, et réédité séparément, la même année, par les Éditions Bérénice (Paris) et Valmont (Montataire).

6. Didier Daeninckx, *Meurtres pour mémoire*, Paris, Gallimard, 1984, rééd. coll. « Série noire », n° 1945, 1996, p. 210-211.

7. Jean-Luc Einaudi, *La Bataille de Paris : 17 octobre 1961*, Paris, Seuil, 1991.

Chapitre IX : De l'Algérie à l'Algérie

1. On pourrait aisément repérer l'origine de ces deux axiomes chez Grotius, *Du droit de la guerre et de la paix*.

2. Catherine Coquery-Vidrovitch et Charles-Robert Ageron, *Histoire de la France coloniale*, Paris, Armand Colin, III, *Le Déclin*, p. 214-215.

3. Dans le travail cité à la note précédente, Ageron parle de onze mille victimes, mais admet que ce chiffre, avancé par l'administration française en 1952, puisse être sous-estimé (Ageron, *op. cit.*, p. 235-236).

4. En France, l'un des rares livres actuellement disponibles sur les « événements » de 1947 à Madagascar demeure celui du psychanalyste Octave Mannoni, *Le Racisme revisité*, Paris, Éditions Universitaires, 1984, réimpression Denoël, 1997 – livre dont une première version, intitulée *Psychologie de la colonisation*, était parue au Seuil en 1950, avant d'être traduite en langue anglaise sous le titre *Prospero and Caliban* (1956 et 1964).

5. Ben Kiernan (*The Pol Pot Regime : Race, Power and Genocide in Cambodia under the Khmer rouge*, New Haven (CT), Yale University Press, 1996, trad. fr. *Le Génocide au Cambodge (1975-1979) : race idéologie et pouvoir*, Paris, Gallimard, 1998) parle d'un million cinq cent mille morts. Dans *Le Livre noir du communisme* dirigé par Stéphane Courtois (Paris, Robert Laffont, 1997, p. 646), Jean-Louis Margolin va légèrement au-delà, et propose (sans donner beaucoup de précisions sur la façon dont il a opéré ses calculs) le décompte suivant : quatre cent mille victimes de la ruralisation forcée (déportations, épuisement au travail, etc.), cinq cent mille exécutions et de sept cent à neuf cent mille victimes de la maladie et de la faim. Ben Kiernan, d'autre part, semble accorder plus d'importance que Margolin au rôle joué par les facteurs ethniques dans les massacres ; mais cette vision de l'idéologie khmère rouge a été contestée par d'autres chercheurs (voir, par exemple, l'article d'Henri Locard, « Des regards myopes sur le Cambodge », dans *Le Monde* du 28 avril 1998).

6. Yves Ternon, *L'État criminel : les génocides au XXe siècle*, Paris, Seuil, 1995, p. 302.

7. Voir l'article de Noam Chomsky, « L'Indonésie, atout maître du jeu américain », *Le Monde diplomatique*, juin 1998.

8. Gérard Prunier, *The Rwanda Crisis : History of a Genocide*, Londres, Hurst and Co, 1995, trad. fr. sous le titre *Rwanda (1959-1996) : histoire d'un génocide*, Paris, Éditions Dagorno, 1997, p. 316-337.

9. *Ibid.*, p. 402.

Chapitre X : Après l'indifférence

1. Auguste Comte, *Cours de philosophie positive*. C'est moi qui souligne.

2. Je rappelle que « révisionnisme » et « négationnisme » ne sont pas synonymes. Contrairement à l'usage qui a prévalu en France dans les années 1970 et 1980, Faurisson n'est pas un « révisionniste », c'est un « négationniste ». Nolte, en revanche, est un « révisionniste ». Il importe de bien distinguer les deux mots, car les positions qu'ils désignent ne sont pas équivalentes (même si la première peut conduire à la seconde) ; le « révisionniste » propose de remplacer une interprétation des faits par une autre (sans nier les faits eux-mêmes), tandis que le « négationniste », lui, nie les faits. Le « négationniste » prétend que la Shoah n'a pas eu lieu ; le « révisionniste » se borne à suggérer que l'agressivité de Hitler envers les juifs avait des raisons « objectives » (la crainte, entre autres, de la menace communiste, incarnée par les nombreux juifs présents dans les instances dirigeantes des partis communistes soviétique et allemand).

3. Dans un article intitulé « Je conspire, Hannah Arendt conspirait, Raymond Aron aussi... », publié par *Le Monde* du 31 janvier 1998, Tzvetan Todorov s'est déclaré offensé par une accusation de ce genre. Je comprends son émotion, d'autant que je connais la sincérité de ses engagements contre l'extrême droite. Je ne doute pas non plus (jusqu'à preuve du contraire) de la sincérité de ceux de Chaumont, Courtois, Conan ou Rousso. Je maintiens cependant que, d'un point de vue éthique, il n'est pas absurde, lorsqu'on écrit, de s'interroger sur la manière dont le texte

qu'on écrit ouvre, de lui-même, la voie qui permettra à d'autres de faire, de lui, les usages les plus contestables qui soient. Todorov ne conspire pas, je lui en donne acte. Mais il ne devrait pas tout à fait exclure la possibilité que d'autres, qui ne sont pas ses amis, concoctent, derrière son dos, un complot dans lequel il pourrait être amené, bien malgré lui, à jouer un rôle.

INDEX DES NOMS DE PERSONNES

Adornato, Fernandino : 104.
Adorno, Theodor W. : 50, 224.
Agamben, Giorgio : 170, 171, **172**, 173, 230.
Ageron, Charles-Robert : 196, **231**.
Althusser, Louis : 221.
Amselle, Jean-Loup : 230.
Anaximandre : 123.
Arendt, Hannah : 13, 54, 72, 74, 75, 76, 79, 80, 81, 82, 83, 92, 93, 102, 108, 115, 142, 225, 226, 227, 232.
Aristote : 9, 170.
Aron, Raymond : 82, 83, 84, 92, 93, 153, 226, 232.
Astier de la Vigerie, Emmanuel (d') : 231.
Attila : 13, 14.

Baeumler, Alfred : 121.
Bakounine, Mikhaïl : 157.
Barbeyrac, Jean : 224.
Barbie, Klaus : 19, 106.
Barre, Raymond : 179, 188.
Bataillon, Marcel : 53, 225.
Beaufret, Jean : 104, 125, 228.
Beccaria, Cesare : 42.
Benes, Edvard : 31.
Benjamin, Walter : 67, 68, 69, 70.
Bodin, Jean : 24.
Bookbinder, Paul : 226, 228.
Bordiga, Amadeo : 159.

Boucoiran, Louis : 182.
Boulainvilliers, Henri (comte de) : 141, 142, 143, 144, 152, 153, 156, 167, 175, 176.
Bourdieu, Pierre : 222.
Bousquet, René : 181, 182, 183.
Brasillach, Robert : 219.
Briand, Aristide : 30.
Broszat, Martin : 94, 100.
Burrin, Philippe : 90, 226.

Callot, Jacques : 154.
Cambon, Joseph : 24, 29.
Carrier, Jean-Baptiste : 24, 29.
Cassirer, Ernst : 117.
Castagnède, Jean-Louis : 185.
Castoriadis, Cornelius : 144.
Chalk, Frank : 225.
Chaumont, Jean-Michel : 105, 106, 227, 232.
Chemin, Ariane : 223, 225.
Chomsky, Noam : 159, 204, 232.
Churchill, Winston : 31.
Clinton, Bill : 204, 206.
Clovis : 175.
Comte, Auguste : 7, 213, 214, 232.
Conan, Éric : 98, 99, 100, 226, 232.
Condominas, Georges : 53.
Coquery-Vidrovitch, Catherine : 231.

Courtois, Stéphane : 63, 64, 65, 104, 225, 232.

Dadrian, Vahakn : 223.
Daeninckx, Didier : 189, 231.
Delacampagne, Christian : 227, 228, 230.
Delacampagne, Jean-François : 231.
Deleuze, Gilles : 160, 162, 165, 166, 230.
Derrida, Jacques : 124.
Descartes : 179.
Djonovich, D. J. : 224.
Donnedieu de Vabres, Henry : 30, 38.
Dreyfus, Alfred : 156.
Droit, Roger-Pol : 165.
Dubos, abbé : 142.
Dumézil, Georges : 156.

Eichmann, Adolf : 13.
Einaudi, Jean-Luc : 190, 231.
Engels, Friedrich : 152.
Évard, Jean-Luc : 226.
Ewald, François : 132.
Eyquem, Michel (voir Montaigne).

Faurisson, Robert : 105, 158, 159, 232.
Fédier, François : 128, 228.
Finkielkraut, Alain : 84, 226.
Fontana, Alessandro : 132.
Foucault, Michel : 22, 111, 131, 132, 133, 134, 135, 136, 137, 138, 139, 140, 141, 142, 143, 144, 145, 146, 147, 148, 149, 150, 151, 152, 153, 154, 155, 156, 158, 159, 160, 161, 162, 165, 166, 167, 168, 170, 171, 172, 173, 174, 206, 221, 222, 229, 230.
Fourier, Charles : 149.
Franche, Dominique : 174, 175.
Franco, Francisco : 146.
Freud, Sigmund : 107.
Freund, Julien : 225.
Friedrich, Carl : 81, 82.

Furet, François : 100, 101, 102, 103, 104, 105, 106, 213, 227.

Gaulle, Charles de : 183, 188, 191.
Gayssot, Jean-Claude : 19, 106, 220.
Gentile, Giovanni : 79.
Glucksmann, André : 84.
Goldhagen, Daniel : 57, 88, 100.
Goya, Francisco de : 154.
Grimme : 117.
Grotius, Hugo : 23, 24, 25, 27, 223, 231.
Guattari, Félix : 161.
Guicheteau, Gérard : 231.
Guillaume, Pierre : 159.
Guizot, François : 152.
Gürün, Kâmuran : 223.

Habermas, Jürgen : 95, 97.
Habyarimana, Juvénal : 207.
Haider, Jorg : 78.
Hegel, G. W. H. : 9, 11, 75.
Heidegger, Martin : 22, 94, 102, 103, 104, 111, 112, 113, 114, 115, 116, 117, 118, 119, 120, 121, 122, 123, 124, 125, 126, 127, 128, 172, 179, 227, 228.
Héraclite : 75, 127.
Hervé, Gustave : 230.
Heuré, Gilles : 230.
Himmler, Heinrich : 89.
Hitler, Adolf : 57, 67, 73, 74, 81, 84, 87, 88, 89, 91, 92, 93, 95, 96, 103, 104, 106, 108, 116, 119, 122, 124, 128, 148, 158, 159, 167, 184, 205, 206, 232.
Hobbes, Thomas : 141, 199.
Hobsbawn, Eric : 227.
Hölderlin, Friedrich : 127.
Honan, William : 223.
Horkheimer, Max : 50, 224.
Hussein, Saddam : 17.
Husserl, Edmund : 115, 116, 117.

Jackson, Robert : 33.
Jahanbegloo, Rawin : 226.
Jankélévitch, Vladimir : 184, 231.

INDEX DES NOMS DE PERSONNES

Jaspers, Karl : 57, 116, 119, 228.
Jaulin, Robert : 53, 225.
Jonassohn, Kurt : 225.
Jünger, Ernst : 80, 116, 117.
Kant, Emmanuel : 25, 26, 27, 117, 224.
Karabekir, Kâzim : 16.
Kellogg, Frank : 30.
Kershaw, Ian : 80, 83, 84, 226.
Khrouchtchev, Nikita : 161.
Kiernan, Ben : 232.
Krieck, Ernst : 121, 122, 123.
Kuper, Leo : 60, 225.

Lacoue-Labarthe, Philippe : 228.
Las Casas, Bartolomé de : 53.
Lefort, Claude : 144.
Leguay, Jean : 181, 182, 183.
Lemkin, Raphael : 23, 30, 35, 38, 52, 224.
Lénine : 70, 82, 103.
Le Pen, Jean-Marie : 78.
Lévi-Strauss, Claude : 52.
Lévy, Bernard-Henri : 84.
Lewis, Bernard : 223.
Locard, Henri : 223.
Louis, saint : 142.
Louis XIV : 137, 142, 153.
Löwith, Karl : 125, 172, 228.
Lucrèce : 10.
Luther, Martin : 88, 114.

Machiavel : 138, 153.
Mannoni, Octave : 231.
Marcuse, Herbert : 125, 126, 228.
Margolin, Jean-Louis : 225, 232.
Martens, clause : 28.
Marx, Karl : 63, 74, 75, 107, 108, 139, 149, 152, 153, 154, 155, 157, 165, 201, 216.
Mathiez, Albert : 101.
Mayer, Arno : 90, 226.
Mehlman, Jeffrey : 230.
Michelet, Jules : 143.
Miller, James : 156.
Mitterrand, François : 197, 206, 207.

Möller van den Bruck, Arthur : 115.
Molotov : 31.
Montaigne : 182.
Montesquieu : 143, 152, 178.
Mörchen, Hermann : 118.
Mussolini, Benito : 79.

Neumann, Franz : 80.
Nicolas II : 27.
Nietzsche, Friedrich : 123, 142.
Nolte, Ernst : 82, 84, 94, 95, 96, 97, 98, 99, 100, 102, 103, 104, 105, 106, 107, 127, 128, 213, 226.

Ott, Hugo : 112, 227, 228.

Paczkowski, Andrzej : 225.
Panné, Jean-Louis : 225.
Papon, Maurice : 19, 22, 35, 111, 129, 177, 178, 179, 180, 181, 182, 183, 184, 185, 186, 187, 188, 189, 190, 191, 227, 228, 231.
Pasquier, Étienne : 175, 176.
Péguy, Charles : 15.
Pella, Vespasien : 30, 38.
Pétain, Philippe : 182, 183.
Pol Pot : 65, 200, 201.
Poliakov, Léon : 91, 93, 226.
Popper, Karl : 72, 74, 75, 76, 79, 80, 81, 226.
Procacci, Giulio : 227.
Proudhon, Pierre-Joseph : 157.
Prunier, Gérard : 207, 232.

Rancière, Jacques : 161.
Rassinier, Paul : 158, 159.
Röhm, Ernest : 122.
Roosevelt, Franklin : 31.
Roosevelt, Theodore : 28.
Rosenberg, Alfred : 121.
Rousseau, Jean-Jacques : 25, 199.
Rousso, Henry : 98, 99, 100, 226, 227, 232.

Sabatier, Maurice : 182, 183.
Safranski, Rüdiger : 112, 227, 228.
Sartre, Jean-Paul : 11, 68, 143, 225.

Schmitt, Carl : 79, 80, 116, 117, 171, 172, 226.
Scholem, Gershom : 68.
Soboul, Albert : 101.
Sophocle : 24.
Spengler, Oswald : 115.
Staline, Joseph : 54, 63, 70, 77, 81, 82, 84, 92, 93, 101, 106, 161, 167.
Steiner, George : 91, 226.
Sudomo : 202.
Suharto : 202, 203.
Sukarno : 202.

Ternon, Yves : 28, 203, 223, 224, 232.

Thierry, Augustin : 152.
Todorov, Tzvetan : 105, 106, 227, 232, 233.
Toussenel, Alphonse : 149, 154, 156.
Touvier, Paul : 19, 106.
Trotski, Léon : 70.
Truman, Harry : 33.

Wacker : 121.
Werth, Nicolas : 225.
Wilson, Thomas Woodrow : 29.
Wittgenstein, Ludwig : 47, 112.
Wyman, David : 32, 224.

TABLE

Avant-propos 9
Chapitre I. Puissances du mal, formes du droit 23
Chapitre II. Grammaire de « génocide » 47
Chapitre III. Nazisme et communisme 67
Chapitre IV. L'« oubli » de la Shoah 87
Chapitre V. Papon, lecteur de Heidegger 111
Chapitre VI. La « guerre des races » 131
Chapitre VII. Jusqu'au bout du fantasme 151
Chapitre VIII. Un hiver en Gironde 177
Chapitre IX. De l'Algérie à l'Algérie 193
Chapitre X. Après l'indifférence 211
Notes 223
Index des noms de personnes 233

CET OUVRAGE A ÉTÉ TRANSCODÉ
ET ACHEVÉ D'IMPRIMER SUR ROTO-PAGE
PAR L'IMPRIMERIE FLOCH À MAYENNE
EN OCTOBRE 1998

N° d'impression : 44245.
N° d'édition : 7381-0629-X.
Dépôt légal : octobre 1998.

Imprimé en France.